# 人类群星闪耀时

〔奥〕斯蒂芬·茨威格 著
潘子力　高中甫 译

時代文藝出版社

**图书在版编目（CIP）数据**

人类群星闪耀时 /（奥）斯蒂芬·茨威格著；潘子力，高中甫译.
—长春：时代文艺出版社，2018.1（2023.9重印）

ISBN 978-7-5387-5604-3

Ⅰ.①人… Ⅱ.①斯… ②潘… ③高… Ⅲ.①历史人物－列传－世界 Ⅳ.①K811

**中国版本图书馆 CIP 数据核字（2017）第 295324 号**

**出 品 人　陈　琛**
**产品总监　郭力家**
**出版总监　宁德伟　周新桂**
**策划编辑　宋丽娜**
**责任编辑　田　野**
**助理编辑　吕　天**
**装帧设计　临风设计**
**排版制作　芳华时代**



# 人类群星闪耀时

〔奥〕斯蒂芬·茨威格 著　潘子力 高中甫 译

出版发行 / 时代文艺出版社
地址 / 长春市福祉大路5788号 龙腾国际大厦A座15层 时代文艺出版社
邮编 / 130118
总编办 / 0431-81629751 发行部 / 0431-81629755
官方微博 / weibo.com / tlapress
印刷 / 大地飞达（天津）印刷有限公司
开本 / 880mm × 1230mm　1 / 32　字数 / 204 千字　印张 / 8.75
版次 / 2018 年 1 月第 1 版　印次 / 2023 年 9 月第11次印刷　定价 / 28.00 元

**图书如有印装错误　请寄回印厂调换**

# 译　　序

斯蒂芬·茨威格（1881—1942）是我国读者颇为熟悉的德语作家。他出生于奥匈帝国一个犹太富商家庭，少有文才，十六岁前开始发表文学作品，后进入维也纳大学攻读德国和法国文学，一九〇三年获博士学位。

茨威格一生著作繁富，举凡小说、诗歌、戏剧、散文、游记、文论、传记，等等，均有作品问世，并翻译文学名著。但使他蜚声世界文坛的成就主要是中短篇小说和传记。

他的小说以细腻而深刻的心理刻画名世，文笔清新、优美，深受读者喜爱与评论家称许。《一个女人一生中的二十四小时》《一个陌生女人的来信》是其代表作，其他如《夜色朦胧》《国际象棋的故事》等都是足以体现其创作风格的重要作品。其传记创作的代表作当推论述巴尔扎克、狄更斯和陀思妥耶夫斯基的传记巨著《三大师》；此外，《罗曼·罗兰》、《自画像》（记述卡萨诺瓦、司汤达和托尔斯泰)、《精神疗法》等都是他留给后人的重要精神财富。

茨威格一生执着追求创作艺术精品，他曾说过："如果我写了一千页，一再修改之后，八百页扔进了字纸篓，只留下二百页精华，我也绝无怨言。"因此，他的作品既经受得住苛刻的批评家挑剔目光的反复审视，又拥有数以千百万计的热心读者。世人公认茨威格是二十世纪德语中短篇小说三大名家之一。

一九三三年希特勒上台，维也纳政治环境恶化，茨威格遂于一九三四年移居伦敦。一九三八年德国兼并奥地利后，茨威格便入英国籍，不久赴美，旋于一九四〇年经纽约前往巴西。这个时期，他创作的《国际象棋的故事》，尖锐地揭露和抨击法西斯的罪行及其严重恶果。这是茨威格直面严酷现实、具有强烈时代感和批判意义的上乘佳作，不仅脍炙人口，而且表明了他的思想和创作上升到了一个新的阶段。

茨威格很明白自己属于"过去的时代"。这从他的长篇自传的标题《昨日的世界——一个欧洲人的回忆录》也能看出端倪。在法西斯势力甚嚣尘上的日子里，他看不到人类战胜法西斯的希望。他绝望了。一九四二年二月二十三日，他偕夫人在他的巴西寓所服毒自杀，留下一纸遗书，其中写道："与我操同一种语言的世界对我来说业已沉沦，我的精神故乡欧洲也已自我毁灭……由于长年浪迹天涯、无家可归，我的力量已经消耗殆尽。所以，我认为还不如及时不失尊严地结束自己的生命为好。我向所有的朋友们致意。愿他们经过这漫漫长夜还能看到旭日东升！而我这个过于性急的人要先他们而去了！"

由于世界观的局限，茨威格看不到反法西斯斗争尽管尚处于困难阶段，但正在艰难而扎实地一步步走向胜利，看不到胜利的曙光。他的死是一个悲剧，一位极为看重人类美好的精神财富并为增添这种财富做出巨大贡献的正直的资产阶级作家的悲剧。茨威格去世后，巴西总统下令为他举行隆重的国葬，全国为他致哀一周。作为在异国去世的作家，这是难得一见的至高殊荣。

和茨威格的某些大部头著作相比，《人类群星闪耀时》（一译《人类命运攸关的时刻》）不过是一本小书。作者为这本小书立了一个很有意思的副标题——十二幅历史袖珍画。这是有别于历来习见的文学体裁的另一种文学样式。它不是小说，却有如小说一般扣人心弦，令人开卷便不忍释手；它不是传记，却有传记的真实性；它不是报告文学，却能予人以报告文学的现场感。拿破仑、列宁、歌德、托尔斯泰……仅仅想到能有幸一窥世界史上这些叱咤风云的英雄豪杰、伟人名家传奇一生中极具戏剧性的插曲，便足以令人怦然心跳；加之作者以极富表现力的语言描述史实，指点评说，清词丽句与深刻的人生哲理交相辉映，予人以极大的文学享受，无怪乎此书面市之后，一时“洛阳纸贵”，当年德国大学生几乎人手一册，不读不快，足见文学巨匠大手笔的非凡魅力。

《作者序》中所说“一个影响至为深远的决定系于唯一的一个日期，唯一的一个小时，常常还只系于一分钟”等语，窃以为不妨视为一家之言，不必深究。因为我们知道，历史的发展自有其必然性，作者也说：“真正的事件均有待于发展。”在偶然性的表象下面，存在着构成重大事件的因素积累，绝非纯系偶然。

自知学识才力有限，唯恐对不起原作者和读者，虽兢兢业业，不敢草率从事，但错失不当之处，在所难免，尚祈海内外专家学者与读者诸君不吝批评指正。

潘子力

# 作 者 序

没有一个艺术家平日一天二十四小时始终是艺术家的，艺术家创造的重要的一切、恒久的一切，总是只在罕有的充满灵感的时刻完成的。我们视为古往今来最伟大的诗人和表演家的历史亦复如此，他绝不是不息的创造者。在这歌德敬畏地称之为“上帝神秘的作坊”的历史里，平淡无奇、无足轻重之事多如牛毛。这里，玄妙莫测、令人难忘的时刻至为罕见，此种情形，在艺术上、生活上也是随处皆然。

他往往仅仅作为编年史家，漠然而不懈地罗列一个个事实，一环又一环地套上那纵贯数千年的巨大链条。因为绷紧链条也要有准备的时间，真正的事件均有待于发展。向来是：一个民族，千百万人里面才出一个天才，人世间数百万个闲暇的小时流逝过去，方始出现一个真正的历史性时刻，人类星光璀璨的时辰。

倘若艺术界出现一位天才，此人必千载不朽；倘若出现这样一个决定命运的历史性时刻，这一时刻必将影响数十年乃至数百年。此时，无比丰富的事件集中发生在极短的时间里，一如整个太空的电聚集于避雷针的尖端。平素缓慢地先后或平行发生的事件，凝聚到决定一切的唯一的瞬间：唯一的一声“行”，唯一的一声“不”，太早或者太迟，使这一时刻长留史册，它决定了一个人的生死，一个民族的存亡，甚至于全人类的命运。

一个影响至为深远的决定系于唯一的一个日期，唯一的一个小时，常常还只系于一分钟，这样一些戏剧性的时刻，命运攸关的时刻，在个人的生活上，在历史的演进中，都是极为罕见的。这里，我试图描述极不同的时代、极不同的地域的若干这类星光璀璨的时刻，我之所以这样称呼它们，乃是因为它们有如星辰放射光芒，而且永恒不变，照亮空幻的暗夜。对书中描述的事件与人物心理的真实性，绝无一处企图借笔者的臆想予以冲淡或加强，因为历史在他从事完美塑造的那些玄妙的瞬间，是无须他人辅助的。历史作为诗人、作为戏剧家在行事，任何诗人都不应企图超越他。

（潘子力　译）

# 目　录

# 不朽的逃亡者

太平洋的发现
一五一三年九月二十五日

❖

## 装备好一艘船

哥伦布[①]发现美洲后第一次归来，凯旋的队列穿过塞维利亚和巴塞罗那人群拥挤的街道时，展示了数不胜数的稀世奇珍：一种迄今不为人知的红种人[②]，从未见过的珍禽异兽，色彩斑斓大声叫喊的鹦鹉，体态笨拙的貘[③]；接着是不久便在欧洲安家落户的奇异植物和果实，印度谷种、烟草和椰子。所有这一切都使欢呼的

---

① 哥伦布（约1451—1506），意大利著名探险家、航海家，一四九二至一五〇二年间，先后四次横渡大西洋。一四九二年他试图寻找通往印度和中国的最短海路，一直向西航行，发现了后来被称为“新世界”的美洲。

② 红种人，欧洲人对印第安人的误称，因印第安人有在脸上涂红泥的传统，欧洲人误以为他们的皮肤是红色的。

③ 貘，一种哺乳动物，外形像犀牛但比犀牛矮小，尾巴很短，鼻子很长，并且能自由伸缩，皮厚毛少，前肢有四趾，后肢有三趾，擅长游泳。

人群深感好奇，不胜惊讶。

但最使国王、王后和他们的谋臣激动的，却是哥伦布从新印度[①]带回来的装着金子的几口小木箱、几只小篮子。哥伦布从新印度带回来的金子并不多，不过是他从当地土著人那里换来或抢来的若干装饰品、几小块金条、几把与其说是金子不如说是金粉的金粒——全部虏获物充其量也就只够铸几百枚杜卡登金币[②]。

可是，天才的幻想家哥伦布总是狂热地相信自己愿意相信的事情，他狂热地把开辟通往印度海路的光荣归于自己，一本正经地夸耀说，这只是小小的初次尝试。他说他得到可靠的消息，在这新群岛上蕴藏着丰富的金矿脉；那里，在多处旷野，一层薄薄的土地表层底下很浅很浅的地方，就有这种贵重的金属，用一把普通的铁锹就能轻而易举地挖出黄金。再往南走，有几个王国，国王们用金杯饮酒，那里的黄金还不如西班牙的铅值钱。

关于新俄斐[③]的描述使贪求黄金永无餍足的国王听得入迷，当时人们还不太了解哥伦布此人好吹牛皮，对他的种种许诺深信不疑。于是立即为第二次远航装备起一支庞大的舰队，不必派专人去招募海员。发现了新俄斐，那里只用两只手就能刨出金子，这消息使整个西班牙如醉如狂：数百人、数千人如潮水般涌来，都要去那黄金国度。

可是，贪欲从城镇和乡村冲刷出来的是怎样的一股浊流啊！前来报名的不只是想使他们的族徽整个儿地镀上黄金的名门贵胄，也不只是胆大鲁莽的冒险家，而是西班牙所有的垃圾和渣滓统统涌向巴罗斯和加的斯来了。试图在黄金国一显身手发大财的

---

① 新印度，哥伦布发现新大陆的时候，误以为是到了印度。

② 杜卡登金币，十四世纪至十九世纪在欧洲通用的金币名称。

③ 俄斐，《圣经》中盛产黄金和宝石的地方，比喻黄金国。

烙了金印的窃贼，拦路抢劫的强盗、瘪三[①]，想甩掉债主的负债者，想摆脱好吵架的妻子的丈夫，有前科的、被法警追捕的在逃犯……所有这些穷困潦倒不得志的人们，都来报名参加舰队。

这些落魄之徒，乌合之众，全都横下一条心，为了立即致富，什么暴力手段都敢用，什么罪恶勾当都敢干。哥伦布说的在那些国度只要把铁锹插进土里，面前就会出现闪光的金块，移民中的富有者都要带上仆人和骡子才能大批运送这种贵金属等等虚夸之辞，更使他们一个个想入非非。

那些没有被吸收到探险队里的人就铤而走险，另辟蹊径；胆大妄为的冒险家不去多费力气求得国王准许，便自己装备起船只，只求迅速前往，攫取黄金、黄金、黄金；西班牙不安定分子和最危险的社会渣滓一下子都放出来了。

伊斯帕尼奥拉[②]的总督惊恐地眼看这些不速之客潮水般地涌上他管辖的岛屿。海船年复一年运来新的货物和越来越不受管束的人。然而，新来者同样感到异常失望，因为这里绝非遍地黄金，他们像野兽一样向多灾多难的当地土著人扑过去，但从他们那里已榨不出一小粒金子了。于是这些不逞之徒四处游荡、劫掠，既令不幸的印第安人恐惧，也令总督惊慌。总督想让他们当殖民者，拨给他们土地，分给他们牲畜，甚至给他们为数可观的“人畜”，即给他们每人六七十个土著人当奴隶。

但这一切全都无济于事。无论出身于名门望族的骑士，还是往日的拦路劫盗，对经营农场全都不感兴趣。他们漂洋过海来到

① 瘪三，流氓、无赖；原为上海话，通常指无正当职业，以乞讨或偷窃为生的游民。

② 伊斯帕尼奥拉，即后来的圣多明各岛，又称“海地岛”，意为“小西班牙”，是西印度群岛中仅次于古巴的第二大岛。

这里不是为了种小麦、养家畜的；他们不为种子和收成操心，而去折磨不幸的印第安人——要不了几年他们就会把所有当地人统统灭绝的，要不就泡在下流酒吧里。

不多久，这些人便负债累累，不得不在变卖地产之后再卖掉大衣、帽子和最后一件衬衣，落得只能依靠商人和高利贷者生活。

因此，伊斯帕尼奥拉岛一位受人敬重的法学家，马丁·费尔南德斯·德·恩西索学士，为了带一批新人马去援助大陆上他那一块殖民地，于一五一〇年装备了一艘船的消息，便广受这些落魄汉子的欢迎。

阿隆索·德·奥赫达和迭戈·德·尼古萨这两个著名的冒险家获得斐迪南国王颁赐特权，在邻近巴拿马海峡和委内瑞拉海岸一带建立一块殖民地，他们匆匆忙忙地称之为卡斯蒂利亚[①]·德尔·奥罗，即黄金的卡斯蒂利亚；精通法律但不谙世事的恩西索陶醉于这美妙动听的名字，被谎言所迷惑，把他的全部财产投入到这项事业中去。

可是从位于乌拉巴海湾的圣塞瓦斯蒂安的新建殖民地不见送来黄金，只传来刺耳的求救的呼声。他的人员一半死于和当地土著人的战斗，另一半死于饥饿。为了拯救他的投资，恩西索孤注一掷，用他剩下的钱去装备一支救援探险队。

伊斯帕尼奥拉岛上所有潦倒绝望的人听说恩西索需要新的士兵，都想利用这个机会随他离开此地。只要离开就好了，只要能摆脱债主、摆脱心存戒备的严厉的总督就好了！

可是，债主们也都在小心防范。他们察觉那些负债最多的

① 卡斯蒂利亚，西班牙历史上的一个王国，由西班牙西北部的老卡斯蒂利亚和中部的新卡斯蒂利亚组成，一〇三五年斐迪南一世正式建立卡斯蒂利亚王国。

债务人企图溜之大吉，永不复返，便死命缠着总督，要他发布命令，未经他特许任何人都不得离开该岛。总督满足了他们的愿望，设置了一条严密的封锁线，只许恩西索的船停在港外，政府的小船负责巡逻，以防未经特许者偷渡上大船。那些害怕诚实的劳动和累累债务甚于害怕死亡的亡命徒，只好无限愤怒地眼睁睁看着恩西索的船扬帆远航，前去冒险。

## 木箱里的人

恩西索的船扯满风帆，从伊斯帕尼奥拉岛向美洲大陆驶去，海岛的轮廓已沉没在蓝色的地平线下。这是一次平静的航行，起初并没有什么特殊情况，只不过有一条特别雄壮有力的大狼狗——名种狼狗贝塞里科的狗崽、自己也很有名的莱昂西科——在甲板上跑来跑去，到处闻闻这儿，闻闻那儿。谁都不知道这条大狼狗是谁的，它是怎么跑上船的。

后来，它在开船前一天运上船的一个装食物的特大木箱前面停下不走了，这就更引起人们的注意。忽然，简直匪夷所思，木箱的箱盖自动打开，从里面爬出一个约莫三十五岁的人来，佩剑执盾，头戴铁盔，全副武装，犹如卡斯蒂利亚的圣徒圣地亚哥[①]。此人就是瓦斯科·努涅斯·德·巴尔博亚。

他就以这样的方式对他那令人惊讶的大胆和机智做了第一次试验。此人出生在赫雷斯·德·洛斯·卡巴雷洛斯的一个贵族家庭，曾以普通士兵的身份随罗德里戈·德·巴斯蒂达斯远航到这个新

---

① 圣地亚哥，即圣地亚哥骑士团，因守护西班牙的圣人陵墓而闻名。

世界，他们的船只在多次迷航之后终于在伊斯帕尼奥拉岛靠岸。

总督想使努涅斯·德·巴尔博亚成为一名顶呱呱的殖民者，但是白费力气；没过几个月，他就抛弃分给他的土地，彻底破产，无法向他的债权人交代。然而，当其他负债的人们握紧拳头，在岸上冲着使他们无法逃上恩西索大船的政府小船干瞪眼的时候，努涅斯·德·巴尔博亚躲在一个空的大木箱里，在起碇[1]前的混乱中让他的手下人把这个空食物箱搬上船，大胆地绕过迭戈·哥伦布[2]的封锁线而没有被人识破诡计。直至他知道船已远离海岸，绝不会为他一人再掉转头回去，这个偷渡客才公开露面。现在他就在船上。

恩西索学士是个法学家，像大多数法学家那样，他对罗曼蒂克不感兴趣。作为有治安权的长官，作为新殖民地的警察总监，他不能容忍白吃饭和身份可疑的人。因此，学士向努涅斯·德·巴尔博亚宣布他不想把他带走，经过下一个岛屿时，不管岛上有没有人住，都要把他留在海滩上。

不过后来事情没有发展到这一步。就在这艘船驶往卡斯蒂利亚的途中，他们遇见一条载满了人的船，这真是一个奇迹，因为当时只有几十条船航行在这尚不为人知的海域。

率领他们的人名叫弗朗西斯科·皮萨罗[3]，在这之后不久，此人的名字便传遍世界。他的乘客来自恩西索的殖民地圣塞巴斯蒂安，起初人们还以为他们是擅离职守的造反者。但是他们的报告使恩西索大为震惊：圣塞巴斯蒂安已经不存在了，他们是这块前殖民地的最后一批人，司令官奥赫达已乘船逃走，剩下的人只有

---

① 起碇，船起锚。

② 迭戈·哥伦布（1480—1526），哥伦布的儿子，时任伊斯帕尼奥拉岛总督。

③ 弗朗西斯科·皮萨罗，西班牙冒险家，秘鲁印加帝国的征服者。

两条双桅小帆船，不得不等到死得只剩下七十人了才动身离开，否则两条小船装不下他们。两条双桅小帆船中又有一条失事，皮萨罗率领的这三十四人就是卡斯蒂利亚最后的幸存者。

现在去哪里好呢？恩西索手下的人听了皮萨罗的叙述后，已没有多大兴趣再回去领教荒凉的移民区内可怕的沼泽气候和土著人的毒箭；返回伊斯帕尼奥拉似乎是他们唯一的选择。

就在这危急关头，巴尔博亚突然站了出来。他声称在他随罗德里戈·德·巴斯蒂达斯首次航海时对中美洲全部海岸都有所了解，还记得当年经过一个叫作达连[①]的地方，在一条含有金子的河流的河岸旁，居住着待人友善的土著人。他说，应该去那里建立新定居点，而不是返回倒霉的伊斯帕尼奥拉。

所有人全都表示赞成巴尔博亚的主意。他们根据他的建议，向巴拿马地峡的达连驶去，在那里照例先对土著人进行血腥屠杀。由于掠夺来的财物中也有黄金，这伙亡命徒便决定在这里定居，他们怀着虔诚的感激之心把这座新城称为圣玛丽亚的达连[②]。

## 危险的上升

不久，不幸的殖民地投资人恩西索学士就对没有及时将大木箱连同藏在里面的努涅斯·巴尔博亚一起投入大海深感悔恨，因为这个大胆的汉子几个星期后就控制了全部权力。

---

① 达连，巴拿马的一个省，位于巴拿马东部，面向太平洋巴拿马湾。

② 圣玛丽亚的达连，一五一〇年弗朗西斯科·皮萨罗和费尔南德斯·恩西索在乌拉瓦湾西侧试建欧洲人在南美洲的第一个居民点，名为达连安提瓜圣玛丽亚区，数年后被废弃。

在纪律和秩序的思想观念中长大成人的法学家恩西索试图以待任总督的身份管理这块殖民地，使之有利于西班牙王室，他在简陋的印第安人茅舍签发书写工整、措辞严厉的法令，仿佛是在塞维利亚自己的法律办公室里。他禁止士兵在这迄今无人涉足的蛮荒之地从土著人那里搞到黄金，因为那是王室的资源；他力图迫使这伙无法无天的歹徒遵守秩序和法律，但这些冒险者本能地信服武力而群起反对这位文人学士。

不久，巴尔博亚成了这块殖民地真正的主人；恩西索为求活命，被迫出逃，当国王派到新大陆的总督之一尼古萨终于抵达，要来整顿秩序的时候，巴尔博亚根本不让他上岸，不幸的尼古萨被从国王赐予他的土地上驱逐出去，在归途中溺死在大海里。

于是努涅斯·德·巴尔博亚这个从大木箱里爬出来的人成了这块殖民地的主人。但是，他虽然获得了成功，却并不愉快。因为他违抗王命，公然造反，加上以前来赴任的总督因他而死，获得宽恕的希望更加渺茫。他知道逃走的恩西索正在返回西班牙的途中，他会控告他，或迟或早，他必将因叛乱罪受到审判。不过，西班牙毕竟无比遥远，一艘船只横渡大洋，一来一回之间，他有充裕的时间。

为了尽可能长久地掌握自己篡夺来的权力，他聪明而大胆地寻找唯一的手段。他知道，在那个时代，成就可以为每一种罪行辩护，向王室的财库进贡大量黄金可以免受惩罚或推迟惩处；因此，当务之急是聚敛黄金，因为黄金就是权力！

他同弗朗西斯科·皮萨罗一道压迫和掠夺附近的土著人，经过几次血腥屠杀，他获得了决定性的成功。他阴险而粗暴地袭击待他友善的一个名叫卡雷塔的酋长，已决定将他处死。卡雷塔向他进言，劝他不要和印第安人为敌，而应与他的部落结盟，并把自己的女儿献给他，作为对他忠诚的担保。

努涅斯·德·巴尔博亚立即认识到在土著人当中有一个可靠而有势力的朋友的重要性；他接受卡雷塔的建议，尤其令人惊异的是，一直到生命的最后一刻，他始终对那位印第安姑娘极其温柔体贴。

他同卡雷塔酋长一道征服周围所有的印第安人，在土著人当中树立了巨大的权威，以至于最后连势力最强大的酋长柯马格莱也毕恭毕敬地邀请他去访问。

至今为止，巴尔博亚只不过是一个亡命徒，一个敢于违抗国王旨意、注定要被卡斯蒂利亚法庭判处绞刑或砍头的反叛者，可是，强大的酋长的这次邀请访问使他的一生发生了具有世界历史意义的转折。

柯马格莱酋长在一座宽敞的石砌房子里接待他，其陈设之奢华令巴尔博亚极为惊诧，没等客人提出要求，主人便馈赠四千盎司[①]黄金。接着就轮到酋长大感惊讶了。因为，他毕恭毕敬地接待的这些天之骄子，这些强大的、如同上帝一般的外来者，一见到金子，就把尊严抛到一边去了。他们像一群解开铁链的狗，向着对方扑过去，拔出刀剑，攥紧拳头，声嘶力竭地狂吼，人人都想比别人得到更多黄金。

酋长看着这场闹剧，既惊奇又鄙夷：这是天涯海角不谙世事的人们对文明人永远的惊讶，在这些文明人眼里，一小撮黄色金属比他们的文明在精神上和技术上的成就还要宝贵。

酋长终于对他们讲了一番话，西班牙人贪婪而惊讶地听着译员翻译。柯马格莱说，很奇怪，你们为这种毫无价值的东西

① 盎司，英美制质量或重量单位，1 盎司合 28.3495 克。

争斗，为了一种这么平常的金属吃了那么多苦头，经受那么多危险。对面那边，在这高高的群山后面，有一片辽阔的海洋，所有的河流都夹带着金子汇入大海。那里居住着一个民族，像你们一样乘坐有帆有桨的船，那里的国王饮食都用黄金器皿。你们可以在那里找到这种黄色金属，想要多少就有多少。这是一条危险的路，因为酋长们肯定会阻拦你们。不过，到那里也就只有几天的路程。

这一席话正中巴尔博亚下怀。他终于找到了多少年来梦寐以求的传说中的黄金国的线索。他的先行者们走遍南方和北方各地，寻找这个地方，如今，如果这个酋长说得没错的话，只需几天路程就能到达那里。同时，终于也证明了另一个大洋的存在，哥伦布、卡博特、科雷列亚尔等等著名的航海家都寻找过，但都没有找到通往这个大洋的道路；发现这条路其实也就是发现了环地球航行的海路。谁首先望见并为他的祖国占有这一片新的海洋，谁就会名垂千古。

巴尔博亚十分清楚，为了赎罪，为了博取不朽的荣誉，他必须采取什么行动：作为第一个横越巴拿马地峡到达通向印度的南海的人，并为西班牙王室占领新俄斐。在柯马格莱酋长家里的这一小时，决定了巴尔博亚的命运。从这一瞬间起，这个出来撞大运的冒险家的生活便具有了一种崇高的、超越时间的意义。

## 逃遁到不朽的事业中去

一个人最大的幸福莫过于在人生的中途，富有创造力的壮年，发现自己此生的使命。

巴尔博亚知道他的赌注——要么惨死在断头台上，要么名垂千古。首先，他必须花钱疏通，取得朝廷的谅解，追认他篡权的罪恶行径合法、有效！

因此，昨天的反叛者摇身一变，成了最殷勤的臣仆，不仅给在伊斯帕尼奥拉岛上的朝廷财务大臣帕萨蒙特送去依法应给朝廷的柯马格莱的赏金的五分之一，而且，他比刻板的法学家恩西索熟谙世故，还私下付给财务大臣大宗赠款，请求财务大臣确认他是这块殖民地的长官。财务大臣帕萨蒙特虽然无权这样做，但看在金灿灿的黄金的份上，仍然发给巴尔博亚一份临时文件——实际上是毫无价值的一纸空文。

同时，为求各方面保险起见，在此之前，巴尔博亚已派了两个最可靠的心腹去西班牙，向朝廷奏明他为朝廷建树的功勋，并报告他诱骗酋长说出的重要消息。

巴尔博亚派人向塞维利亚报告说，他只需要一千兵力，就足以完成在他之前还没有一个西班牙人做过的事情。他认为自己有责任去发现这一片新的海洋，并占领终于被发现的黄金国。哥伦布曾经许诺要找到而始终没有找到的黄金国，他，巴尔博亚，如今要去征服它了。

对于这个输家、叛乱者和亡命徒，一切似乎都已好转。但是，来自西班牙的下一条船带来了坏消息。参与叛乱后，受他派遣去挫败恩西索在朝廷对他指控的一个帮手报告说，大事不妙，他甚至会有生命危险。

被激怒的学士已向西班牙法庭控告夺走他的权力的强盗，法庭判处巴尔博亚应赔偿他的损失。相反，或许有可能拯救他的关于南海就在附近的消息却还没有送到西班牙；无论如何，一位法官将乘下一条船前来清算巴尔博亚的叛乱，不是将他就地处决，就是把他套上镣铐，带回西班牙。

巴尔博亚明白他完蛋了。他们还没有得到他送去的关于附近的南海和黄金海岸的消息，就对他做出了判决。不言而喻，有人会充分利用它的，在他人头落地的时候，或许就会有某个人去完成他魂牵梦萦的事业；他自己再也不可能指望从西班牙获得什么东西了。

谁都知道是他逼得国王派来的合法总督一命呜呼，是他擅自赶跑了行政长官，如果只判他徒刑，而不在断头台上惩处他的胆大妄为，他就该称这判决是宽大的了。他不能指望有权势的朋友，因为他自己已经没有权力了，而他的最好的说情者——黄金——的声音又十分微弱，不足以确保他能获得宽恕。

现在只有一个办法能救他，使他不致因他的大胆行为而受到惩罚——那就是去干一桩更大胆、更勇敢的事情。如果他在法官到达之前，在捕吏捉住他、拘捕他之前，发现了另一个海洋，发现了新俄斐，他就得救了。在人类居住的世界的尽头，对于他只能有一种逃亡形式，那就是逃遁到宏伟壮丽的事业中去，逃遁到不朽的事业中去。

于是，巴尔博亚决定不再等待为征服那一片未知的大洋恳请西班牙派来的一千兵力到达，也不等候法官到来。他宁愿带领和他一样坚决的一小批人去冒险，去干这件大事！与其双手被捆绑着屈辱地被拖上断头台，不如为一切时代最英勇的冒险行动之一光荣牺牲！

巴尔博亚召集殖民地所有的人，向他们说明他穿越地峡的意图，他并不隐讳种种困难，问他们谁愿意随他前往。他的勇气鼓舞了其他人。一百九十个士兵，这块殖民地的几乎全体武装人员都表示愿意追随他。不需要为装备过多操心，因为这些人一直都在战争中生活。一五一三年九月一日，为了摆脱绞架，摆脱监狱，英雄和匪徒、冒险家和叛乱者努涅斯·德·巴尔博亚开始逃亡，开始向他不朽的事业进军。

## 永恒的瞬间

卡雷塔酋长的女儿是巴尔博亚的伴侣，穿越巴拿马地峡的行动就从卡雷塔小小的王国所在的科伊瓦[1]开始；后来的事实证明，巴尔博亚没有选择通过最狭窄地带的路线，由于不了解情况，他们危险的行程延长了好几天。对他而言，最重要的事情大概是在断然向未知之境挺进时能有一个友善的印第安部族保障他的后方或撤退。

全队一百九十个配备有长矛、剑、火枪和弩的士兵，带着一大群令人望而生畏的狼狗，乘十条大独木舟从达连向科伊瓦进发。那个结盟的酋长提供他部落里的印第安人作为向导和用来驮物品的牲口，九月六日开始那一次穿越地峡的光荣进军。这次行军即使对这些如此大胆勇猛、历经考验的冒险者的意志力也是巨大的挑战。

首先，西班牙人必须在令人昏昏欲睡如感窒息的赤道火烤似的炎热中穿越过大片大片低洼地，那里的沼泽和热病在几百年后修建巴拿马运河时还使数千人丧生。一开始就必须使用刀剑和斧子，在从未有人到过、遍布有毒藤蔓的热带丛林中开出一条路。有如穿过一座巨大无比的绿色矿山，走在队伍前面的人为后面的

---

① 科伊瓦，即科伊瓦岛，位于巴拿马太平洋海岸附近。

人开出一条穿过丛莽的狭窄小道，这支西班牙占领者的军队排成长长的无尽的单人队列，一个跟在一个后面，始终武器不离手，无论白天黑夜，总是保持高度警惕，随时准备对付土著人的突然袭击。

参天大树的上空，太阳无情地烘烤着，树冠连成一片，在这潮湿的拱顶下面，阴沉沉的，又闷又热，叫人透不过气来。他们背着沉重的装备，大汗淋漓，嘴唇干裂，一里[①]一里地艰难前进；突然又会大雨滂沱，涓涓溪流顿时变为湍急的河流，只能涉水而过，或踩着印第安人迅速用韧树皮搭成的摇摇晃晃的临时便桥过去。

西班牙人的食物只有很少一点儿玉米；他们睡眠不足，又饥又渴，身边总是围绕着无数蜇人的吸血昆虫，他们身上的衣服被荆棘撕成了碎片，脚部受伤，双眼布满血丝，面颊被嗡嗡叫的蚊虫叮得红肿，白天不能休息，晚上无法睡觉，很快便精疲力竭，疲惫不堪。

行军才一个星期，大多数人已经无法承受这般劳累。巴尔博亚知道，真正的危险还在前面，他下令宁可把害热病的人和那些已疲乏得无法继续行军的人统统留下来。他要只率领他的部队中精选的人员，大胆地进行决定性的冒险行动。

地势终于开始缓缓上升。只在低洼的沼泽地带才能长得异常茂密繁盛的热带丛林变得稀疏了。可是这时丛林已不能再为他们遮阴，赤道斜射的阳光明晃晃地、火烧一般地照射在他们沉重的装备上。这一群疲惫不堪的人只能一小步一小步地、缓慢地爬上一个丘陵地带，它连接着犹如一根石脊梁隔断两个大洋之间的狭长地带的连绵群山。视野渐渐开阔，夜晚清风凉爽。

---

① 里，长度单位，1 里合 500 米。

经过十八天艰苦卓绝的行军，最严重的困难似乎已经克服了；山脊已在他们面前升起，据印第安向导说，站在山峰上就能望见大西洋和当时尚未为人所知、尚未命名的太平洋这两个大洋。

然而恰恰在此时，在顽强而诡谲的大自然似乎已被治服了的时候，新的敌人，当地一个印第安部落的酋长率领数百名武士迎面挡住外来者的去路。同印第安人作战，巴尔博亚是饶有经验了。只要来一次火枪齐射就万事大吉了，人造的雷鸣闪电将又一次证明他拥有制服土著人的魔力。惊慌失措的印第安人喊叫着逃命不迭，西班牙人和狼狗紧追不舍。

但是，像一切西班牙占领者一样，巴尔博亚并不满足于轻易取得的胜利，他的骇人听闻的残暴玷污了他的名誉，他让一大批被捆绑者、无力自卫的俘虏任凭一群饥饿的狼狗活活撕裂、撕碎和咬吃，以取代观看斗牛和古罗马斗士格斗的娱乐。巴尔博亚名垂千古之日的前一天夜晚，一场令人恶心的大屠杀玷污了他的名声。

这些西班牙占领者的性格和行事方式是一种难以解释的独特的混合物。他们以基督徒才有的虔诚和信仰狂热地、发自内心地祈求上帝，同时又以上帝的名义干出历史上最卑鄙无耻的非人道的勾当。他们的胆识、献身精神和承受艰险磨难的能力，可以做出最壮丽的英雄业绩；同时他们又无耻至极地尔虞我诈，互相争斗，而在他们卑鄙的态度中又有一种明显的荣誉感和对于他们的历史使命的伟大意义所具有的奇妙的、真正令人赞叹的意识。

巴尔博亚在此前一天夜晚，把被捆绑起来、无自卫能力的俘虏抛给狼狗，并且或许还抚摸过还在滴着新鲜人血的狼狗嘴巴，他完全明白他的业绩在人类历史上的意义，在决定性的时刻，他找到了一个世世代代永远不会被遗忘的姿态。他知道，那一年的九月二十五日，将会是一个具有世界意义的日子，这个行事果断的硬汉冒险家以西班牙人奇妙的激情宣告他多么充分理解他超越时间的使命的重大意义。

这是巴尔博亚绝妙的姿态：就在血腥屠杀的当天晚上，一个土著人指着一座远处的山峰对他说，从山顶上就能望见那个尚不为人知的南海。巴尔博亚立即发布命令。他把伤兵和疲惫不堪的人一起留在被洗劫过的村子，命令还能行军的人——从达连出发时的一百九十人中，现在只有六十七人——去攀登那座山峰。

上午十时许，他们已接近顶峰，只要再爬上一个光秃秃的圆形小山的山顶，就可极目远眺茫无涯际的海天了。就在这一刻，巴尔博亚下令停止前进。他不让任何一个人随在他后面，因为他不愿和任何人分享第一次看见这未知的大洋的殊荣。

他要自己一个人、永远就他自己一个人，是横渡我们这个宇宙浩瀚的大西洋之后又看见另一个未知的大洋——太平洋的第一个西班牙人、第一个欧洲人、第一个基督徒。他深刻感受到这一瞬间的历史意义，心怦怦跳，左手举旗，右手提剑，缓缓登山，广阔无垠的周遭只有他一个孤单的身影。他不慌不忙地慢慢走上山来，因为真正的事业已经完成。只要再走几步，越来越少的几步，便大功告成。

的确，他一登上峰顶，眼前便展现一派非凡的景色。郁郁葱葱的森林覆盖着的渐次低缓下去的山峦和丘陵后面，是一望无际波光粼粼的万顷碧波，这就是那个新的海洋，未知的海洋，迄今只有人梦想过而不曾有人见到的、哥伦布和他的所有后继者们年复一年徒然寻找的神奇的大洋，它的波涛拍打着美洲、印度和中国的海岸。巴尔博亚望了又望，自豪而幸福地意识到自己是第一个把大洋无尽的碧波尽收眼底的欧洲人。

巴尔博亚欣喜若狂地久久凝望远方。之后，他呼唤伙伴们上来分享他的喜悦和骄傲。他们不安地、激动地、气喘吁吁地爬山，奔上山顶，兴奋的目光惊奇地凝视着。突然，随队同行的神父[①]安德列斯·德·巴拉唱起了感恩诗，喧哗和叫喊立刻停止了；这群士兵、冒险家和匪徒生硬的粗嗓门汇合成为虔诚的合唱。

印第安人惊讶地看到他们听了神父说一句话便砍倒一棵树，用它做一个十字架，在上面刻下西班牙国王名字的第一个大写花体字字母。十字架竖立起来了，看上去仿佛它张开两只木头臂膀要拥抱大西洋和太平洋这两个大洋和大洋后面所有眼不可见的远方似的。

庄严肃穆中巴尔博亚站了出来，向他的士兵发表讲话，要他们感谢上帝赐予他们这份荣誉与恩惠，并且祈求上帝继续佑助他们占领这个海洋和所有这些国家。如果他们愿意一如既往地继续追随他，忠贞不贰，他们从这新印度回国时就将是最富有的西班牙人。

他神色庄重地举起旗子向四面八方迎风挥动，表示这风所吹到的远方，他一概要为西班牙去占领。接着，他叫安德列斯·德·巴尔德拉瓦诺草拟了一份文件，把这庄严的一幕永远记录下来。

安德列斯·德·巴尔德拉瓦诺展开一张羊皮纸，他先前把它和墨盒、鹅毛笔一起密封在一个木匣子里面背着走过原始森林，这时他要求所有贵族、骑士和士兵——这些品德高尚、诚实正直的人们——证实他们在“卓越而备受敬重的队长、国王陛下的总督瓦斯科·努涅斯·巴尔博亚发现南海时全都在场”，证实“是

---

① 神父，罗马天主教和东正教的宗教职位，职位在主教之下，通常是一个教堂的负责人。

这位瓦斯科·努涅斯先生第一个看见这个海洋，并指给追随在他身后的人看”。

随后，六十七人从山顶下来，一五一三年九月二十五日这一天，人类知道了地球上当时还不为人知的最后一片海洋。

## 黄金和珍珠

确凿无疑：他们看见了这个海洋。现在下山到海岸边去，去感受潮乎乎的海潮，触摸它、感觉它、品尝它，攫取海滨的虏获物！

下山的路程走了两天，为了寻找从山麓到大海的捷径，巴尔博亚把全队分成若干小组。第三组在阿隆索·马丁的率领下首先到达海滨，这支探险小队的成员，甚至连普通士兵，一个个都充满渴望荣誉的虚荣心，渴望不朽；阿隆索·马丁这个头脑简单的汉子甚至立即让文书白纸黑字写成文件，证明他是第一个把手脚浸入这尚无名字的水域的人。他一直等到给自己如此渺小的“我”记上如一粒微尘似的不朽业绩之后，才向巴尔博亚报告他来到了大海边，亲手触摸了海水。巴尔博亚立刻准备做出新的慷慨激昂的姿态。

次日正好是教历圣米歇尔[①]节，他只带二十二人出现在大海边，他像圣米歇尔一样全副武装，在庄严的仪式中占领这个新的海洋。他不立即奔入大海的波涛，他恍如海涛的主人和主宰者，高傲地在一棵树下休憩，等待大海涨潮，海浪卷到他跟前，像一条驯顺的狗献媚地用舌头舔他的双脚。这时他才站起身来，把盾

① 圣米歇尔，基督教的大天使。

牌背到背上，让它在阳光下像镜子一样闪闪发亮，他一手提剑，一手高举绣着圣母像的卡斯蒂利亚旗帜，迈开大步跨进大海。

直至波浪拍打他的臀部，他全身浸泡在这陌生的汪洋大海之中，巴尔博亚，这个之前的反叛者和亡命徒，如今国王最忠实的仆人和凯旋者，才向四面八方挥动旗子，同时高呼："卡斯蒂利亚、莱昂、亚拉冈至高无上的君主斐迪南和胡安娜万岁！为了卡斯蒂利亚王室的利益，我以他们的名义，真正地、实实在在地、永远占领所有这些海洋、陆地、海岸港口和岛屿。

"我发誓，任何亲王、总督，任何人，无论是基督徒还是异教徒，无论他是何种信仰、何种地位，如果对这些陆地和海洋提出任何要求，我都要以卡斯蒂利亚君王的名义捍卫它们，它们现在是卡斯蒂利亚君主的财产，只要世界存在一天，直至末日审判[①]，任何时候都是他们的财产。"

全体西班牙人都重复一遍这一誓言，他们的声音在片刻之间淹没了海涛的喧嚣。每个人都用海水濡湿嘴唇。文书安德列斯·德·巴尔德拉瓦诺再次把这一占领记录在案，他的文件的结束语是："这二十六人和文书安德列斯·德·巴尔德拉瓦诺是第一批把脚伸进南海的基督教徒，大家都用手试一试海水，用嘴唇舔一舔海水，看它是否像另一个大洋一样是咸的。当他们知道确实是咸海水的时候，众人齐声感谢上帝。"

伟大的事业已经完成。现在必须从这英勇的历险中谋取尘世的好处。西班牙人从一些土著人那里抢夺或换了一些黄金。但在他们高奏凯歌之际，又有新的惊喜等待着他们。

---

① 末日审判，基督教认为，在世界终结前上帝要对已经死去的和当时还活着的人进行审判。

附近岛屿上发现了多得不得了的珍珠，印第安人双手满满地捧着价值连城的珍珠献给他们，其中一颗名唤“佩莱格丽娜”的珍珠是所有珍珠中最美的一颗，因它装饰了西班牙和英国国王的王冠而被塞万提斯①和洛佩·德·维加②吟咏过。

西班牙人把这些珍品塞满他们大大小小的口袋，这些东西在当地并不比海螺和沙子更值钱。他们贪婪地继续打听哪里有对他们来说是世上最重要的东西——黄金，一个印第安人酋长指着南方地平线上隐隐的一脉远山，他解释道：那里有一个国家，拥有无穷无尽的珍宝，那里的统治者用黄金器皿宴饮，还有四条腿的高大动物（酋长说的是美洲驼）把大批最华美的珍宝运到国王的宝库里去。他说出那个在大海那边、远山后面的国家的名称，听起来像“比鲁”，声音悦耳动听又令人觉得陌生。

巴尔博亚顺着酋长伸出的手所指的方向，凝神遥望远方，那里淡淡的远山隐没在天际。“比鲁”，这个柔和而充满诱惑力的词立即深深铭刻在他的心头。他的心不平静地怦怦跳。他这一生中第二次意外地获得伟大的预示。柯马格莱所说的关于南海就在附近的话已经得到证实。他已发现了珍珠海岸和南海，说不定他还会有第二个发现，发现并征服这个地球上的黄金国——印加帝国。

## 诸神难得佑助……

巴尔博亚痴迷的目光依然凝视着远方。“比鲁”，即秘鲁，这

① 塞万提斯（1547—1616），西班牙著名小说家、剧作家、诗人。

② 洛佩·德·维加（1562—1635），西班牙著名戏剧家。

个字眼犹如金钟的钟声在他的心头回荡。可是这一回，他不敢贸然去侦察，只好忍痛放弃。只有疲乏不堪的二三十人，是征服不了一个帝国的，暂且回到达连去，待日后重整旗鼓，再沿着业已发现的道路奔向新俄斐。

但回程也绝不轻松。西班牙人必须再次奋力穿过热带丛林，再次击退当地土著人的突然袭击。这已不成其为一支作战部队，而是一小股身染热病、凭着最后一点儿力气踉踉跄跄往前走的武装。巴尔博亚本人病得几乎快死了，印第安人用吊床抬着他，经过骇人听闻的艰苦跋涉才于一五一四年一月十九日回到达连。

历史上最伟大的事业毕竟已经完成了。巴尔博亚兑现了自己的诺言，随他前往未知之境的人个个成了富人；他的士兵从南海海岸带回去的珠宝是哥伦布和其他征服者无法相比的，其余的殖民者也都分到一份。五分之一的财富进贡给王室。这个凯旋者在分战利品的时候，为了犒劳凶猛地把土著人撕成碎块的他的狗莱昂西科，像对待任何一个战士一样也分给它五百块金比索[①]，没有人对此表示不满。

在他取得如此辉煌的成就之后，殖民地再也没有一个人对他作为总督的权威持有异议。人们像尊崇上帝一样崇敬这个冒险家和反叛者，他可以骄傲地向西班牙报告，说他为卡斯蒂利亚朝廷完成了哥伦布以来最伟大的事业。他的幸福的太阳冲破迄今笼罩着他的阴云，冉冉上升，如今她正处于中天的顶点。

然而，好景不长。几个月后，六月里阳光灿烂的一天，达连的居民惊讶地拥向海滩。一片风帆出现在地平线上，在这被世人遗忘的角落，它本身就是一个奇迹。可是，看吧，在它身边出现

① 比索，一种货币单位，主要在前西班牙殖民地国家使用。

了第二张风帆，第三张、第四张、第五张，很快就出现了十艘帆船，不，是十五艘，不，二十艘，一支完整的舰队向着海港驶来。很快他们便了解到，这一切都是巴尔博亚的信件促成的。不是他那封报捷信，那封信还没到达西班牙，而是他早先那封转述那个酋长关于附近的南海和黄金国的报告信，他在信中请求派遣一支一千人的兵力去占领那些土地。

西班牙朝廷毫不犹豫地装备了一支如此强大的舰队，然而塞维利亚和巴塞罗那的当政者一分钟也不想把这么重要的任务托付给一个像巴尔博亚这样声名狼藉的冒险家和反叛者。他们派一个自己的总督随船前来，一个备受尊敬的富裕贵族、年已六旬的佩德罗·阿里亚斯·达维拉（人们大多称呼他为佩德拉里亚斯），以国王委任的总督的身份最终在殖民地建立秩序，对迄今的犯罪行为执行法律，发现那个南海并占领致人幸福的黄金国。

此时佩德拉里亚斯颇为自己的处境感到懊恼。一方面，他奉命追究反叛者巴尔博亚早先驱逐总督的责任，一旦证明他有罪，就要将他逮捕归案，否则就证明他并无过失；另一方面，他又负有发现南海的使命。但他的船刚靠岸，便得知就是这个他要绳之以法的巴尔博亚，已经靠自己的力量完成了这一伟大业绩，这个反叛者已经庆祝完了本该属于他的胜利，为西班牙朝廷建立了自发现美洲以来最显赫的功勋。

自然，对这么一个人，他现在不能像对待一个普普通通的犯罪分子那样把他捉去砍头，他必须彬彬有礼地向他问候，真诚地向他表示祝贺。但从这一刻起，巴尔博亚已经完蛋了。佩德拉里亚斯永远不会原谅这个对手擅自做成这件事，他是奉命前来完成这项使命的，这项事业本该使他流芳百世。

为了不过早激怒那些殖民者，他不得不把对他的仇恨深深隐埋在心里。

调查推迟进行，佩德拉里亚斯甚至让还留在西班牙的亲生女儿和巴尔博亚订婚，造成和平的假象。但他对巴尔博亚的嫉妒和憎恨绝不稍减，相反，当西班牙终于获悉巴尔博亚的行动，从国内发来一份法令，追授这个前反叛者适当头衔，也任命他做总督，并嘱咐佩德拉里亚斯一切大事都要和巴尔博亚商量的时候，他对巴尔博亚更是恨得咬牙切齿。

这个小地方有两个总督实在太多了，必须有一个让位，两人中必有一个要完蛋。巴尔博亚感觉到自己头上悬着一把利剑，因为佩德拉里亚斯掌握着兵权和司法权。

于是，他试图再次逃亡，他的第一次逃亡是个很了不起的成功，使他成了不朽的逃亡者。他恳求佩德拉里亚斯允许他装备一支探险队，去查明环南海海岸，占领更广阔的地域。

这个老反叛者的秘密意图是在大海彼岸摆脱任何监督和控制，自己建立一支舰队，当自己领域的主人，可能的话，也去占领神话般的秘鲁——这新世界的俄斐。老谋深算的佩德拉里亚斯表示同意。巴尔博亚如在此次行动中丧生，更好；如果他获得成功，以后反正还有时间除掉这个野心勃勃的家伙。

于是巴尔博亚开始了为追求不朽的、新的逃亡。他的第二次行动也许会比第一次更加辉煌，然而历史向来只褒扬成功者，此次行动在历史上并未获得同样的荣誉。这一次，巴尔博亚不仅带着他的队伍穿越地峡，而且让数千名土著人拉着木材，板材，四艘双桅帆船用的船缆、船帆、船锚翻山越岭。因为到了山那边，他若有一支舰队，就可以占领所有海岸，征服盛产珍珠的岛屿和秘鲁，那神奇的秘鲁。

可是这一次，命运偏和大胆的冒险者作对，他不断遇到新的反抗。在穿过潮湿的热带丛林的行军途中，蛀虫咬坏了木材，木板霉烂，无法使用。巴尔博亚毫不气馁，他命人在巴拿马海湾砍伐新的树干，制作新的木板。

他的精力创造出真正的奇迹，似乎一切都成功了，双桅帆船造好了，太平洋的第一批双桅帆船。突然，一场猛烈的龙卷风风暴导致造好了的船只停泊的河流河水激涨，船被卷走，在海上撞得粉碎。他不得不第三次从头开始，终于造好了两条双桅帆船。

巴尔博亚只需要再有两三条船，就可以出发去占领自从当年那个酋长伸手指向南方，他第一次听到“比鲁”这充满诱惑力的字眼以来，便日日夜夜魂牵梦萦的那片土地。只要再派几个勇敢的军官前来，并为他的队伍提供良好的补给，他就可以建立自己的帝国了！只要再给他几个月时间，只要让他的大胆计划交上一点儿好运，世界史就不会把皮萨罗，而会把努涅斯·德·巴尔博亚称为印加人[①]的战胜者、秘鲁的征服者了。

然而，即使对她自己的宠儿，命运从来都不是慷慨无度的。诸神难得佑助凡人完成超乎一切的一项独一无二的不朽功业。

## 死　亡

努涅斯·德·巴尔博亚以钢铁般顽强的毅力为他一展宏图进行准备。然而恰恰是他的非凡成就给他招致了危险，因为佩德拉里亚斯猜忌的眼睛一直不安地审视着他的下属的意图。也许是有

① 印加人，又称“印卡人”，南美洲印第安人，主要生活在安第斯山脉中段，中心在秘鲁的库斯科城，曾建立印加帝国，因印加帝国的统治者称“印加”（太阳之子），所以居民也称为“印加人”。

人告密，使他获悉巴尔博亚野心勃勃梦想建立自己的统治，也许他只不过出于嫉妒，担心这个老反叛者再度获得成功。

总之，他突然派人给巴尔博亚送去一封非常热情、恳切的信，请他在开始最终的远征之前，回达连附近的城市阿克拉去做一次商谈。巴尔博亚希望他的探险队能从佩德拉里亚斯那里继续得到支援，便如其所请，立即返回。阿克拉城门前，一小队士兵迈着正步向他迎面而来，好像是来迎接他；他急忙朝他们奔过去，要拥抱他们的队长、发现南海时的伙伴、他多年的战友和密友弗朗西斯科·皮萨罗。

可是，皮萨罗把手重重地按在他的肩上，宣布他被捕了。皮萨罗也渴望不朽，渴望占领黄金国，除掉这么一个桀骜不驯、无所忌惮的挡路人也许正中下怀。总督佩德拉里亚斯开庭审判所谓的叛乱案，迅速做出了不公正的判决。几天后，瓦斯科·努涅斯·德·巴尔博亚同他的几个最忠诚的伙伴走上断头台；刽子手刀光一闪，人头落地，一秒钟后，同时看见环绕着我们这个地球的两个大洋的人类第一双眼睛便永远闭上了。

（潘子力　译）

# 拜占庭的陷落[①]

一四五三年五月二十九日

❖

## 认识到危险

一四五一年二月五日，一名密使来到小亚细亚[②]，给穆拉德苏丹[③]的长子、二十一岁的穆罕默德[④]送来其父辞世的消息。狡黠而

① 拜占庭原是古希腊殖民城市，古罗马皇帝君士坦丁一世（三〇六年至三三七年在位）为借助东部行省的经济力量以挽回帝国日趋衰落的颓势，于三三〇年将帝国首都从罗马城迁往拜占庭，改称君士坦丁堡（罗马仍为首都之一）。一四五三年奥斯曼土耳其人攻破君士坦丁堡，不久，奥斯曼帝国迁都到这里，更名为伊斯坦布尔。君士坦丁堡的陷落标志着延续一千余年的东罗马帝国的灭亡。

② 小亚细亚，一般指安纳托利亚，亚洲西南部的一个半岛，大体上相当于土耳其的亚洲部分。北临黑海，西临爱琴海，南濒地中海，东接伊朗高原，拜占庭帝国曾统治这片区域。

③ 苏丹，意为“有权威的人”，某些伊斯兰教国家最高统治者的称号，奥斯曼帝国的君主十四世纪起称“苏丹”。

④ 穆罕默德，即奥斯曼帝国苏丹穆罕默德二世（一四五一年至一四八一年在位），绰号“征服者”。

精力充沛的亲王闻讯之后，不同他的大臣和幕僚打声招呼便飞身跃上骏马，狠命鞭打胯下纯种良驹，疾驰一百二十英里[①]直抵博斯普鲁斯海峡[②]，随即渡过海峡在加里波利半岛踏上欧洲海岸。到了那里，他才向他的亲信透露其父的死讯。

为了将任何觊觎王位的图谋粉碎在萌芽状态，他率领一支精兵前往亚得里亚堡[③]。他果然被尊为奥斯曼帝国的统治者，并无人表示异议。

穆罕默德即位后的第一个行动就显示出他极其果断、残忍的性格。为了消灭同血缘的对手，免除后患，他命人将未成年的胞弟溺死在浴池里，随即又叫被他收买来干这桩勾当的凶手紧跟被害者之后一命呜呼——这也证明他事有预谋，狡诈野蛮。

这个年纪轻轻、性情暴烈而又好大喜功的穆罕默德嗣位比较小心谨慎的穆拉德后，当上了土耳其苏丹，这消息使拜占庭惊恐万分。由于有成百个暗探，人们知道这个虚荣心很重的人曾经发誓要占领一度成为世界中心的拜占庭，又知道他虽年轻，却为其平生宏图日夜思虑谋略；同时，所有报告一致称这位新君具有卓越的军事和外交才能。

穆罕默德集两种类型的品质于一身：既虔诚又残暴；既热情又阴险；既有教养、酷爱艺术、能阅读用拉丁文写的恺撒和其他古罗马人物的传记，同时又是个杀人不眨眼的野蛮人。此人长着一对忧郁的细眼睛，尖尖的线条分明的鹦鹉鼻子。他证

---

① 英里，英美制长度单位，1 英里合 1.609344 千米。

② 博斯普鲁斯海峡，又称“伊斯坦布尔海峡”，位于小亚细亚半岛和巴尔干半岛之间，北连黑海，南通马尔马拉海和地中海，将土耳其分成亚洲和欧洲部分，与达达尼尔海峡和马尔马拉海一起组成土耳其海峡（又叫“黑海海峡”），为黑海沿岸国家外出海上的唯一通道。

③ 亚得里亚堡，又称“哈德良堡”，曾是奥斯曼帝国的首都（1365—1453）。

明自己一身而三任：不知疲倦的工人、凶悍勇猛的战士、厚颜无耻的外交家。

所有这一切危险的力量全都为了实现一个思想而集中在一起：他的祖父巴亚采特和他的父亲穆拉德曾让欧洲领教过新土耳其民族的军事优势，穆罕默德决心远远超过他先祖的功业。

人们知道，人们感觉到，他的第一个打击目标必将是君士坦丁[①]和查士丁尼[②]皇冠上硕果仅存的璀璨宝石——拜占庭。

对一只坚定的手来说，这颗“宝石”确实是没有保护的，近在咫尺，伸手可及。拜占庭帝国，也就是东罗马帝国，它的疆域一度宽广无垠，从波斯直至阿尔卑斯山脉，又延伸到亚洲的荒野。

那是一个费时数月也难以从一端到达另一端的世界帝国，如今步行三小时，轻轻松松，便可横越全境：可怜盛极一时的拜占庭帝国，只剩下个没有身躯的脑袋，没有国土的首都；甚至君士坦丁堡这个古老的拜占庭帝国的京城本身，属于巴塞勒斯[③]的也就只有今天斯坦波尔[④]这弹丸之地，加拉太[⑤]已落入热那亚人[⑥]之手，城墙外面的土地尽属土耳其人所有；末代皇帝的帝国只有一只小碟子那么大，正好有一座环形大墙，把教堂、宫殿和杂乱无

---

① 君士坦丁，指古罗马皇帝君士坦丁一世（三〇六年至三三七年在位），又称“君士坦丁大帝”。

② 查士丁尼，即查士丁尼一世，东罗马帝国皇帝（五二七年至五六五年在位）。

③ 巴塞勒斯，拜占庭帝国皇帝的称呼，这里即东罗马帝国的末代皇帝君士坦丁十一世。

④ 斯坦波尔，今土耳其城市伊斯坦布尔的一个市区。

⑤ 加拉太，位于金角湾与博斯普鲁斯海峡交汇处的一个小据点，向南隔金角湾与君士坦丁堡相望，当时由热那亚人控制，为“中立地区”。

⑥ 热那亚，一个历史很悠久的古城，曾是罗马帝国的一个自治城市，在罗马帝国灭亡之后，落入拜占庭帝国手中。

章的住宅围在里面，人们就管这叫拜占庭。

从前，该城一度被十字军士兵洗劫一空，瘟疫肆虐，十室九空，为抵御诺曼民族的不断侵扰而疲于奔命，又因民族不和、宗教纠纷而陷于四分五裂之中，因而该城既不能组建军队，又缺乏依靠自己的力量抗击敌人的英勇气概。敌人早已将它团团围困；拜占庭末代皇帝君士坦丁·帕列奥列格的紫袍①无非是一袭清风织就的大衣，他的皇冠不过是命运的戏弄。

然而，恰恰因为拜占庭业已陷入土耳其人的重围，又由于它与西方世界有千年之久的共同文化而被视为神圣，因而对欧洲来说，拜占庭乃是欧洲荣誉的象征；因为只有罗马天主教国家同心协力保护这个业已倒塌的东方的最后堡垒——圣索非亚，东罗马基督教的最后、又是最美丽的大教堂才能继续成为信仰的殿堂。

君士坦丁立即认识到这一危险，他怀着不难理解的恐惧接连遣使前往意大利，或觐见教皇，或赴威尼斯、热那亚，要求他们派遣橹舰，出兵相助。但罗马犹豫不决，威尼斯同样如此。因为东西方信仰之间古老的神学鸿沟②，依然未能弥合。希腊教会憎恶罗马教会，希腊教会牧首拒不承认教皇为至高无上的大主教。

鉴于土耳其人的威胁，虽然在费拉拉和佛罗伦萨的两次教法会议上通过了两大教会重新联合的决定，保证在反抗土耳其人的斗争中向拜占庭提供援助，然而拜占庭预感到自己并非危在旦夕，希腊教的高级教会会议便拒绝使条约生效。

---

① 紫色是拜占庭皇帝的专用色。

② 罗马帝国在公元三九五年分裂为以君士坦丁堡为首都的东罗马帝国和以罗马城为都城的西罗马帝国，不久，基督教也在实际上分为东正教和天主教两大支。东方君士坦丁堡牧首逐渐成为东正教领袖；西方罗马主教是罗马天主教的领袖，自公元四世纪起自称教皇。东正教与天主教在一〇五四年正式分裂，史称“东西教会大分裂”。

直到这时，穆罕默德当上了苏丹，危难才折服正统观念的偏执：拜占庭在遣使赴罗马求救的同时，带去了让步的信息。于是士兵和军需运上了橹舰，教皇特使另乘一艘船同时起航，以便举行西方两大教会和解的庄严仪式，并向世界宣告，谁进攻拜占庭，就是向联合起来的基督教挑战。

## 和解的弥撒

十二月的那一天，在富丽的长方形教堂举行庆祝和解的盛典，场面的确很壮观。在今天的清真寺里，我们绝难想象那里昔日华美的大理石、豪华的镶嵌艺术、稀世奇珍、珠光宝气，是何等气派！君士坦丁十一世在帝国全体显贵簇拥下亲临教堂，以他的皇冠为永恒的和睦充当至高无上的佐证。

巨大的厅堂人头汹涌，无数烛光将大厅照耀通明；罗马教皇的特使伊西多鲁斯和希腊正教①牧首都格雷戈里乌斯亲如兄弟，一起在祭坛前做弥撒②；在这座教堂里，祈祷词中第一次出现了教皇的名字，拉丁语和希腊语同时吟唱的虔诚歌声第一次升上不朽的大教堂的圆形穹窿，斯皮里迪翁的圣体由言归于好的两大教会神职人员庄严地抬进来。东方和西方、一种信仰和另一种信仰似乎永远结合在一起，经过多年罪恶的争吵，欧洲的思想、西方的意识，终于再度占了上风。

然而历史上理智与和解的瞬间总是短暂而易逝的。就在教堂

---

① 希腊正教，即东正教。

② 弥撒，天主教、正教的一种宗教仪式，用面饼和葡萄酒代表耶稣的身体和血来祭祀天主。

里不同语言的声音在共同的祈祷中虔诚结合的当儿，博学的教士盖纳迪奥斯已在修道院外面的一间房间里激烈地攻讦操拉丁语的人，抨击对真正信仰的背叛；没等理智织就和平的纽带，它已被狂热撕得粉碎。

说希腊语的教士不愿真正俯首臣服，同样，地中海彼岸的朋友们也遗忘了他们许诺的援助，只派来几艘橹舰、几百士兵；随后便让这座孤城听凭命运的摆布。

## 战 争 开 始

世上的暴君若准备打一场战争，不到万事俱备，总是要侈谈和平的。穆罕默德登基之时，也正是以最娓娓动听、令人宽慰的词句接待君士坦丁皇帝的使节；他以神和先知的名义，以天使和《古兰经》的名义在大庭广众之下信誓旦旦，表示决心恪守和君士坦丁十一世签订的和约。

同时，诡计多端的苏丹又同匈牙利人和塞尔维利亚人签订双边中立协议，为期三年——这正是他要不受干扰地攻占拜占庭所需的那三年。穆罕默德允诺并发誓要维持和平的话说够了，便背信弃义，挑起战争。

直到这时，土耳其人只占有博斯普鲁斯海峡的亚洲海岸，拜占庭的海船可以自由通过海峡，进入它的谷仓——黑海。此时穆罕默德不说明任何理由，便下令在欧洲岸边鲁米里·希萨尔附近建造一座要塞，扼守这一海上通道。那里正是海峡最窄的地段，当年波斯人统治时期，英勇的薛西斯[1]就在这里渡过海峡。

一夜之间，成千上万名掘土工人登上条约规定不许建造要塞的欧洲岸边（但对迷信暴力者来说，一纸空文算得了什么?!），他们以掠夺周围地里的庄稼为生。为了取得强行修建要塞所需的石料，他们不但拆毁民房，还拆毁以古老闻名的圣米哈埃尔斯教堂。苏丹亲自指挥修建工程，昼夜不停地施工，拜占庭无可奈何地眼睁睁地看着人家违约卡死它通向黑海的自由通道。

首批船舶要通过迄今自由航行的海面，未经宣战即遭袭击，初次武力试验既已成功，不久，一切伪装自属多余。一四五二年八月，穆罕默德召集文官武将，公开宣布进击并占领拜占庭的意图。宣布不久，暴力行动便告开始：传令官被派往土耳其帝国各地征集兵丁；一四五三年四月五日，望不到尽头的奥斯曼军队犹如猝然袭来的大海怒潮，铺天盖地向拜占庭平原压过来，直抵拜占庭城下。

苏丹装束华丽，策马奔驰在部队前列，以便在吕卡斯城门对面架设帐篷。他命人在地上铺开祈祷用的地毯，然后在大本营前面升起君主旗。他跣足上前，面向麦加行三鞠躬，额头触地，在他后面，数万大军朝同一个方向，一齐深深鞠躬，以同一个节奏向安拉[2]诵出同一祷词，祈求他赐予他们力量和胜利。

这场面确实是够壮观的。祈祷完毕，苏丹才站起来。卑躬者重又成为挑战者，上帝的仆人重又成为统帅和士兵，他的传令使匆匆穿越整个营盘，在鼓声和长号声伴随下反复宣告："围城开始了！"

---

① 薛西斯，即薛西斯一世，为波斯帝国国王（公元前四八六年至公元前四六五年在位）。

② 安拉，伊斯兰教所信仰的唯一主宰。

## 城墙与大炮

此时的拜占庭只拥有一种力量，这就是它的城墙。它那一度囊括世界的往昔，一个比较伟大、比较幸福的时代留给它的就只有这么点儿遗产。这座城市呈三角形，有三重铁甲护卫。它南临马尔马拉海，北濒金角湾，掩护南北两侧翼的围墙虽不甚高，却很坚固；与此相反，面对开阔陆地的泰奥多西城墙巍然耸立。昔日君士坦丁皇帝由于认识到未来的危险，用方石块绕拜占庭砌了一道围墙，尤斯蒂尼安继续扩建、加固；但直到泰奥多西乌斯方才把这长达七公里的大墙建成为名副其实的要塞。

时至今日，爬满常春藤的大墙遗迹尚可为其方石的威力做证。这座环形大墙雄伟壮观，上有城垛、枪眼，外有护城壕沟，高高的四方形瞭望塔昼夜瞭望，两三道城墙并列，千余年来，历代皇帝一再加固、重修，当时堪称固若金汤，实是尽善尽美的象征。

这些方石曾经嘲笑过放肆地蜂拥而来的野蛮人游牧民族，嘲笑过土耳其军队，今天也还在嘲笑发明的一切战争工具，古代破城器、攻城车的石弹，甚至十六世纪的野战重炮和臼炮①的炮弹也无力地从挺直的城墙反弹回去，泰奥多西大墙护卫下的君士坦丁堡比任何欧洲城市都更坚不可摧。

穆罕默德比谁都了解这几堵城墙和它们的威力。几个月来，甚至若干年来，无论他是在梦中或是夜半醒来，心中念念不忘的只有一件事情：攻占这几道不可攻克的城墙，摧毁这几道坚不可摧的城墙。他的案头有成堆的敌方堡垒的图样、尺寸、平面图，

---

① 臼炮，一种曲射火炮，炮身短、口径大、初速低、高弧线弹道。其射程近，弹丸重且威力大，主要用于破坏坚固工事。因其外形类似中国的石臼，因此被称为“臼炮”。在一四五三年君士坦丁堡攻城战中，使用的是大口径臼炮。

他对大墙前后每一块高坡、每一处洼地、每一条河流走向，全都了如指掌，他的工程人员同他一道细致地考虑了每一个细节。然而令人失望：他们都计算过了，迄今使用的大炮无法摧毁泰奥多西城墙。

这就是说，必须建造威力更大的大炮！比战争艺术迄今所知的更长、射程更远、打击力更强的大炮！要用更坚硬的石料做炮弹，要比已经造成的一切炮弹更沉重，更有毁灭性，更有破坏力！必须组建一支新的炮兵来对付这堵难以靠近的城墙，除此之外，别无他法。穆罕默德表示不惜任何代价，一定要得到这种新的攻击手段。

不惜一切代价——这种宣告本身往往能够唤醒创造力和推动力。于是，在苏丹宣战后不久，创造才能与丰富经验都够得上举世无双的大炮铸造师，匈牙利人乌尔巴斯应运而至。此人虽说是个基督教徒，不久前还在为君士坦丁皇帝效力，但他想凭借自己的技艺，接受更艰巨的任务，博取穆罕默德的重金酬谢，于是声称倘若拥有无限的手段，他可以铸造一尊世人从未见过的极大的大炮。

他的预期果然不错。就像那些被一个念头迷住心窍的人一样，无论花费多少钱财，苏丹都不认为代价过高。他立即下令拨给工匠人等，要多少人给多少人，成千辆手推车将矿砂运往亚得里亚堡；铸炮匠费时三个月，艰苦备尝，准备好一个黏土模型，用一种秘法使黏土硬化，然后便是炽热的金属熔液令人激动地浇铸。铸造成功了。敲掉泥模，露出世人迄今见所未见的硕大无朋的炮筒，使之冷却。

试炮前，穆罕默德派出传令兵晓谕全城孕妇。随着轰雷似的震天巨响，火光闪耀的炮口吐出巨大石弹，仅仅试炮一发，便轰破城墙。穆罕默德当即下令照此特大尺寸铸造装备一支炮队的全数大炮。

希腊作家惊恐地称之为第一台巨型“投石机”的这尊大炮就要顺利竣工了。但还有更难办的问题：如何将这龙形金属怪物拖过整个色雷斯，直抵拜占庭城下呢？无比艰辛的旅程开始了。一整支民夫，一整支军队拖着这个僵硬的长颈庞然大物跋涉两个月之久。

几队骑兵在前开路，不断巡逻，以防这宝贝遭到袭击。在他们后面，几百，也许几千名挖土工为运输这个超重的怪物日夜不停地整修道路，路修好才几个月，这怪物走过又坏了。用一百头公牛拉车，巨大金属管的重量均匀分布在车轴上，如同奥伯里斯克从埃及向罗马的漫游；二百个大汉在两边小心扶持这根因自身重量而左右摇摆的金属管，同时，五十名车夫和木匠不停地忙碌着倒换圆滚木，给滚木涂油，加固支柱，铺垫路面；不难设想，这支运输队只能用水牛走路那样缓慢的速度一步一步为自己开辟道路，穿过草原，越过山冈。

村民大为惊奇，纷纷在这金属怪物面前画起十字，它像战神一样由它的仆人和祭司从一个国度运往另一个国度；过了不久，用同样的泥模子、同样的方法浇铸成的兄弟又被运往前线；人的意志又一次使不可能的事情成为可能。已经有二三十只这样的庞然大物冲着拜占庭张开它们乌黑浑圆的大口；重炮载入了战争史，东罗马帝国皇帝的千年古城墙和新苏丹的新大炮之间的决战开始了。

## 又一次希望

古代巨炮闪光的咬啮，缓慢地、顽强地，但又不可抗拒地摧毁拜占庭的城墙。起先一门巨炮一天只能打六七发炮弹，但苏丹的新炮与日俱增，每次炮轰，总在将塌的石墙上打开新的缺口，硝烟弥漫，碎石横飞。

缺口虽然在夜里又被困守者用越来越可怜的木栅、布包堵上了，但他们守卫的已非昔日牢不可破的城墙。大墙后面的八千人恐怖地默想穆罕默德二世的十五万大军向这岌岌可危的堡垒发起攻击的决定性时刻到来了。

是时候了，欧洲、基督教该记起它的承诺了；一群群妇女带着孩子从早到晚跪在教堂里收藏圣徒遗骨的木匣前面，瞭望塔上的哨兵日夜瞭望，但愿布满土耳其舰只的马尔马拉海上出现教皇和威尼斯答应派出的增援舰队。

一个信号终于在四月二十日凌晨三时许闪现了。有人望见远处的帆影。不是魂牵梦萦的基督教国家的强大舰队，不，但总归是舰只：三艘热那亚大船凭借风力缓缓驶来，第四艘是一条小一些的拜占庭运粮船，夹在三条大船中间受它们护卫。整个君士坦丁堡欢欣鼓舞，人们立即聚集到临海的壁垒，欢迎援军到来。

就在这时，穆罕默德跃上马背，从他的帅帐风驰电掣般向土耳其舰队停泊的海港狂奔而去，下令不惜任何代价，务必阻拦热那亚船只，不使它们进入拜占庭海港金角湾。

土耳其舰队有一百五十艘战船，都是比较小的，数千只船桨立即伸进大海，哗啦哗啦地划水前进。这一百五十艘中古时期的帆船在钩爪锚、投火器、射石机的掩护下，奋力接近四艘意大利橹舰。风大船快，四条大船超越了矢石齐发、喊声大作的土耳其小船。它们不把这些攻击者放在眼里，扯满风帆，堂堂皇皇地驶向安全的金角湾，那里从斯坦波尔直至加拉太的著名铁链将长期保护它们不受任何攻击。

此时，这四艘橹舰离它们的目的地已经很近：大墙上的数千人已能看清船上人员的面目，男男女女已跪倒在地，为光荣的拯救感谢上帝和圣徒。为了迎接前来解围的援军船只，海港已响起铁链的叮当声。

这时，忽然发生了一件可怕的事情。风突然停了。在距离安全的海港只有百米之遥的地方，四艘橹舰像被磁铁吸住，一动也不动。敌军的小船发出狂野的欢呼声，全体蜂拥而上，向四条大船猛扑过来，这几条船犹如四座塔楼瘫在海面，无法动弹。十六桨艇犹如猎犬紧紧咬住大船，人们用钩爪锚钩住大船的船帮，用利斧砍船，要把它凿沉，一队队士兵抓着船锚链索向上攀缘，朝船帆投掷火炬和着火物，使它烧毁。

土耳其无敌舰队的司令驾着他自己的旗舰猛冲过来，要从侧面撞沉运粮船；两艘舰只很快就像两个拳击手一样扭打在一起。头顶铁盔的热那亚水兵起初从高高的船舷还能抵挡攀登上来的敌兵，用钩、石块和火击退进攻者。但这场搏斗注定要很快结束。众寡悬殊，热那亚船只危在旦夕。

对作壁上观的几千人来说，这是多么惊心动魄的一幕啊！这些从前在竞技场从很近的距离兴致勃勃地观看血腥搏斗的人们，如今痛苦万分地从近距离亲眼观察一场海战，观看他们一方的人似乎不可避免的结局。因为至多只需两个小时，四条大船就要在海上竞技场屈服于敌手。援救者来了也没用，没用！

君士坦丁堡城墙上绝望的希腊人离他们的兄弟也就只有扔一块石头能达到的那么远的距离，他们站着，攥紧拳头，高声呼喊，怒火满腔而无能为力，对前来拯救他们的人不能有所帮助。有些人做出种种狂野的姿态，激励战斗中的朋友们。另外一些人朝天上举起双手，向基督和大天使米哈埃尔、向数百年来庇佑他们的所有教会和修道院的圣徒祈祷，祈求他们显示神功。

但在对岸加拉太附近，土耳其人也在等候、呐喊，以同样的激情祈祷胜利：海洋已经成为比武场，一场海战已经成了古罗马斗士的角斗。苏丹策马亲临督战。他在一群高级将领的簇拥下催马直下海滩，海水打湿了他的上衣，他用双手围成传声筒，愤怒地叫喊，向他的将士下达命令：不惜任何代价攻占这几条罗马天主教的船只。若有一只大桡战舰被击退，他总要怒骂不止，挥舞弯刀，威胁他的舰队司令："打不胜不要活着回来！"

四艘援军海船仍然坚持战斗。但是战斗已近尾声，用以击退土耳其大桡战舰的投石弹即将告罄，水兵们同比自己强大五十倍的敌人苦战数小时，都已手臂酸软无力。白昼将尽，地平线上，红日西沉。再过一个钟头，这几条船必将丧失抵抗力，到那时候，即便不沦入土耳其人之手，也会被海潮冲到加拉太后面土耳其人占领的岸边。完了，完了，完了！

就在这时，发生了一点儿什么。号啕大哭、怨天尤人、心中绝望的拜占庭人感到仿佛出现了奇迹。忽然，响起轻微的飒飒声，一下子起风了。四艘大船疲软的船帆顿时鼓得又圆又大。风，人们渴念的风，祈求的风，又苏醒了！橹舰的船头凯旋式地向上昂起，蓦然起动，一个猛冲，把包围它的小船甩在后面。它们自由了，它们得救了。

这时，城墙上的数千人发出震天动地的欢呼声，第一艘大船、第二艘大船、第三艘、第四艘次第驶进安全的海港。降下的障碍铁链又再升高，以防敌船闯入。在他们后面，土耳其人的小船无可奈何地星散在海面；希望的欢呼声有如一团紫云，又一次飘浮在这阴郁而绝望的孤城上空。

# 舰队翻山越岭

困守者一夜欢欣若狂。黑夜总是激起感官丰富的想象，以梦幻、甜蜜的毒汁使希望紊乱。被围困的人们有一夜之久以为自己业已获救，安全无忧。他们梦想此后每个星期都会有新的船舶来到，像这四艘海船一样幸运地卸下粮食，运来士兵。欧洲没有忘记他们，他们怀着过于匆忙的期望，似乎看见拜占庭业已解围，敌师败绩，士无斗志。

然而穆罕默德也是一个梦想家，自然是另一种类型的、更为罕见的梦想家，这种人懂得通过意志使梦想变为现实。就在那几艘橹舰安全抵达金角湾的当口，他拟定一个极富想象力的大胆计划，足以媲美战争史上汉尼拔[①]和拿破仑最勇敢的行动。拜占庭在他面前犹如金色的果实，可他就是抓不到手；他攫取、攻击的主要障碍是深深凹进去的海湾，保障君士坦丁堡一翼安全的状若盲肠的金角海湾。

入侵海湾实际上是不可能的，因为穆罕默德已签订条约保证位于海湾入口处的热那亚据点加拉太的中立地位，从那里有一条大铁链横贯海面，与敌城相接。因此，舰队若从正面攻击，无法进入海湾，只有从邻近热那亚领地的内港出击，或许有可能捕获基督教的战舰。但如何造就一支用于内海湾的舰队呢？不错，可以建造一支舰队。但这要费几个月时间，而性情暴躁的穆罕默德是不愿等待这么久的。

于是穆罕默德拟定出一个天才的计划，把他的舰队从无用武

① 汉尼拔·巴卡（前247—前183或前182），西班牙迦太基统帅，是欧洲历史上最伟大的四大军事统帅之一，被誉为战略之父。

之地的外海经山岬角运到金角湾内港。携带数百舰只翻越嶙峋的岬角，这一极其大胆的狂想从一开始就显得如此荒谬，无法实施，以致拜占庭人和加拉太的热那亚人根本没有从战略上考虑到这个可能性，犹如此前的罗马人和此后的奥地利人不曾想到汉尼拔和拿破仑会经由险峻陡峭的山道翻越阿尔卑斯山。

根据人世间的全部经验，船舶只能在水中航行，舰队翻山越岭乃是旷古奇闻。然而，将无法实现之事付诸实现正是非凡意志的真正标志；人们历来只把在战争中无视一般的战争规律，在特定的瞬间不沿用屡试不爽的方法，而使出临时想到的绝招的人视为军事天才。历史年鉴中无可比拟的巨大行动开始了。

穆罕默德命人悄悄备办无数圆木，由木匠制成巨橇，然后把从海里拖出来的船舶固定在上面，就像放在一座活动的干船坞里。在这时候，已有数千名挖土工平整路面，使越过培拉小山的狭窄小道尽可能适于运输。为了不使敌人对突然征集这么多工匠有所察觉，苏丹下令越过中立城加拉太上空用臼炮昼夜不断地进行猛烈的炮击。炮击本身并没有意义，它唯一的目的是吸引敌人的注意力，掩护船队翻山越岭，从一个水域运到另一个水域。

拜占庭人一心以为敌军只能从陆路发起攻击，于是加紧防备。正在此时，无数圆滚木涂上厚厚的油脂滚动起来，大圆滚木上安放巨橇。无数水牛在前面拉，水手们帮着从后面推，把一艘艘船舶运过山去。

夜幕低垂，视线模糊，这次不可思议的漫游便开始了。像一切伟大的事业一样默默无闻，像一切办得聪明的事情一样深思熟虑，奇迹中的奇迹完成了：一支舰队越过了山岭。

出其不意的突袭时机一向是一切重大军事行动的决定性因素。在这里，穆罕默德卓越地证明了自己具有非凡的才能。谁都不可能预感到他将采取什么行动——“我这把胡子里头若有哪一根胡须知道我在想些什么，我就把它拔掉”——在大炮轰击城墙的隆隆炮声中，他的命令有条不紊地在实施。七十艘船舶在四月二十二日，一夜之间翻山越岭，穿过葡萄园，穿过田野和森林，从一个海域运到另一个海域。

次日清晨，拜占庭人以为自己是在做梦：一支敌军舰队仿佛从天而降，满载士兵，扬帆行驶在他们原以为无法进入的海湾心脏，桅旗迎风飘扬；他们揉揉眼睛，没等弄明白这奇迹从何而来，迄今在港湾屏护下的石墙上已传来一片欢呼声，长号、铙钹、战鼓齐鸣。

苏丹妙计大获成功，除了罗马天主教舰队扼守的加拉太那一小块狭小的中立地区，整个金角湾都已落入苏丹及其军队之手。现在苏丹的军队可以通过浮桥向守备薄弱的城墙长驱直入，威胁薄弱的侧翼，迫使拜占庭方面原已不足的守城兵力分散在更加广阔的战线上。卡在牺牲者喉咙上的铁拳收得越来越紧了。

## 救救吧，欧洲！

围城中的人们十分清楚自己的险恶处境。他们明白：侧翼已经出现缺口，如果援兵不能及时赶到，以八千兵力对十五万大军，他们是无法凭借残垣断壁长期固守的。

威尼斯的高级官员不是已庄严允诺派船相助吗？西方最富丽堂皇的圣索非亚大教堂一旦面临沦为不信上帝的清真寺的危险，教皇难道能够泰然处之？囿于歧见，又因百十重卑劣的妒忌而陷于四分五裂的欧洲，难道还不明白西方文化的危险所在？或许——困守孤城的人们这么自我安慰——援军舰队早已集结待命，只因情况不明，迁延而未起碇，只要让他们意识到这致命的耽误重大责任，也就够了。

可是如何告知威尼斯舰队呢？土耳其舰只遍布马尔马拉海面；整个舰队突围，无异于葬送舰队，使城防减少数百兵力，而守城是一个人要顶一个人用的。因此决定只派少数几人乘一只小船去冒险。总共十二个人冒险从事这桩英雄事业——倘若史书公正，他们当如阿尔戈船上的英雄们[①]一样著名，可是我们却不知道他们的名字。

为了避免惹人注目，十二个人一式土耳其人打扮，缠上穆斯林的头巾。五月三日午夜时分，悄悄放松海港的障碍铁链，勇敢的小船在夜幕掩护下轻划船桨，驶出港湾。瞧，奇迹发生了，这一叶扁舟神不知鬼不觉，穿过达达尼尔海峡，进入爱琴海。使敌人麻痹大意的，正是过人的英勇。穆罕默德什么都想到了，就是没想到会出现这种难以想象的事情：十二名勇士，一片孤帆，竟敢闯过他的舰队做一次阿尔戈船式的远游。

然而，令人失望的是，爱琴海上并未闪现威尼斯船队的风帆。没有舰队候命待发。威尼斯和教皇全都冷落拜占庭，忘却拜占庭，他们热衷于玩弄无足轻重的教会政治，指天誓日，沽名钓誉。正当各方面力量亟待联合起来，集中起来保护欧洲文化的时候，各国和诸王侯却片刻也按捺不下彼此间无关宏旨的竞争与对抗。

这种铸成悲剧的瞬间，在历史上屡见不鲜。热那亚和威尼斯都把排挤对方看得比联合几小时抗击共同的敌人更为重要。海面

---

① 希腊神话中一群英雄由伊阿宋率领乘船去海外寻找金羊毛，他们的船叫“阿尔戈”，这些人也被称为“阿尔戈英雄”。

上空空荡荡，勇士们心中绝望，小船从一个岛屿划到另一个岛屿。所有的海港都被敌军占领了，没有一艘友好船只敢于进入战区。

怎么办？十二勇士中有几位感到气馁了，这不是毫无道理的。为什么要再走一趟危险的路程返回君士坦丁堡呢？他们没能带回希望。也许该城已经陷落；如果他们返回，等待他们的，不是被俘，就是死亡。

但是，这些无名英雄都是好样的！多数人毅然决定返回。既然任务交给了他们，就必须完成。他们是被派去送信的，必须带回消息，哪怕是最令人担忧的消息也罢。于是这一叶孤舟再度取道达达尼尔海峡，穿过马尔马拉海和敌军舰只归来。他们出海二十天后，君士坦丁堡的人们早以为这条小船报销了，谁都不以为会有什么消息传来，会有船只归来。

五月二十三日，城墙上几名哨兵忽然摇动小旗，因为有一只小船急速划桨朝金角湾疾驶而来。困守城中的人们雷鸣似的欢呼声惊动了土耳其人，他们发现这条悬挂土耳其旗、驶过他们水域的双桅小帆船原来是条敌船。土耳其人很是吃惊，从四面八方驾船朝它冲来，企图在小船驶进安全港之前将它捕获。

一瞬间，数千人的欢呼声使拜占庭陶醉于幸福的希望，以为欧洲没忘记它，这条船只是先派来送信的。一直到晚上，严重的真实情况才传播开来。罗马天主教国家把拜占庭忘了。围城中的人们孤立无援，如果他们不能自救，他们就要完蛋。

## 总 攻 前 夕

六个星期过去了，几乎天天都有战斗，苏丹变得焦躁难耐。

他的大炮轰毁了多处城墙，但至今部署的历次强攻，均被击退。作为军事统帅，他只剩下两种抉择，或者撤兵，或者在无数次进攻之后，组织大规模的决定性总攻。

穆罕默德召集将领举行军事会议，他的狂热意志战胜了一切犹豫、顾虑。他决定在五月二十九日发起大规模的决定性总攻。苏丹一向行事果断，这一次还是以他习惯的这种作风进行各项准备工作。

他下令举行节日盛典，十五万大军，从最高统帅到普通士兵，都必须按照伊斯兰教规定的节庆礼仪，一天洗七次，做三次隆重的祈祷。剩下的所有火药、炮弹统统用作炮火强攻，以便为攻城铺平道路。他分派各部队攻击任务。从清晨到深夜，穆罕默德没有休息一个钟头。从金角湾到马尔马拉海，他策马走遍全军广阔的驻地，从一个帐篷到另一个帐篷，所到之处，无不亲自激励将士的斗志。

他是精明的心理学家，懂得如何最有效地煽起十五万大军疯狂的战斗热情。他许下可怕的诺言，这诺言后来他确是毫厘不爽地履行了，使他因此既获美誉，又声名狼藉。

他的宣令使在鼓声和长号声中向四面八方高声宣读他的许诺："穆罕默德以安拉的名义发誓，以穆罕默德和四千先知的名义发誓，以他的父王穆拉德苏丹的灵魂，以他孩子的头颅和他的战刀发誓，破城之后，他的将士有权任意劫掠三天。城墙里面的一切，无论家具、财物，金银首饰，珍珠、宝石，男人、妇女、儿童，统统属于胜利的士兵。除了攻克东罗马帝国这座最后堡垒的光荣，他本人放弃分享任何战果。"

士兵们用疯狂的欢呼接受这野蛮的宣告。千万人的欢呼声和"安拉——伊尔——安拉"的狂喊声汇成巨响轰鸣，犹如风暴袭向惊惶不安的小城。“Jagma，Jagma！”“劫掠！劫掠！”这一个词变成了战斗口号，随着鼓声敲打出来，随着铙钹和长号声吹奏出来，土耳其兵营的夜晚变成一片喜庆的光海。

被围者心惊胆战，从大墙上但见无数灯光和火炬在平原和山丘燃烧，敌人吹着喇叭、笛子，敲打战鼓和小手鼓，在胜利之前庆祝胜利；这种场面很像异教祭司在献祭之前举行的残忍而喧闹的仪式。但到午夜时分，遵从穆罕默德之命，所有灯火忽然一齐熄灭，千千万万人的热烈闹腾忽然消失了。那些心慌意乱侧耳谛听的人们感到，这突如其来的沉寂和沉重的黑暗，带着决然的威胁，比闹嚷嚷的灯火、狂热的欢呼更加可怕。

## 圣索非亚大教堂里的最后一次弥撒

不需要报信人和倒戈者，被围困的人们也明白等待他们的将是什么。他们知道总攻令已经下达。肩负巨大义务，面临巨大危险的不祥预感，如同暴风雨的云团压在整个城市的上空。在这最后几小时，往常因宗教争端陷于分裂的该城居民聚集到一起来了——往往待到大难临头，尘世才出现无比团结一致的场面。

为了使所有人做好精神准备，奋起捍卫他们的信仰，伟大的过去和共同的文化，君士坦丁十一世下令举行一次感人至深的仪式。全城百姓，无论正教徒还是天主教徒，神职人员还是世俗人士，白发苍苍的老人还是孩子，全都集合起来，举行一次空前绝后的游行。谁都不许待在家里，谁也不愿待在家里，从富豪到赤贫，全都虔诚地参加到庄严的游行队伍中来。

队伍先在内城游行，后来才走到外墙。队伍前面是从教堂取来的神圣的圣像和圣人遗物。哪儿的墙上打开一个缺口，就在哪儿挂上一帧圣像，他们认为圣像比尘世的武器能更有效地抵挡不信神的人的冲击。

同时，君士坦丁十一世召集元老、贵族和军事指挥官，向他们做最后的训示，鼓舞他们的斗志。确实，他无法像穆罕默德那样许诺他们无穷尽的掳获物。但他向他们描述抵挡住这决定性的最后总攻，他们将为基督教和整个西方世界赢得何等光荣；如果屈服于这伙杀人放火的野蛮人，又会有什么样的危险。穆罕默德和君士坦丁两人都很清楚：这一天将决定几百年的历史。

然后，最后一幕开始了，这是欧洲最感人肺腑的几幕中的一幕，人们沉沦在难忘的极度兴奋之中。命中注定必有一死的人们集合在当时举世最富丽堂皇的圣索非亚大教堂，自从那天两大教重修旧好以来，两大教的教徒都很少到这里来。

宫廷的全体臣僚、贵族，希腊与罗马的神职人员，热那亚和威尼斯的士兵和水手，一律顶盔披甲，佩带武器，齐集在皇帝周围；成千上万人口中喃喃的黑影——深感恐惧、忧心如焚的民众默默而敬畏地跪在他们后面；与弥漫在穹窿下的黑暗艰难抗争的烛光照着像一个人的躯体一样在祈祷中一致俯伏的群众。这是拜占庭的灵魂在向上帝祈祷。牧首威严地、发出号召似的提高嗓音，众人齐声回答，在这殿堂再次响起神圣的音乐，西方永恒的声音。

接着以皇帝为首，人们鱼贯走到祭坛前面，领受信仰的安慰话语，不间断的祈祷声有如澎湃的波涛在巨大的厅堂震响、回旋，上升到高高的拱顶。东罗马帝国最后一次安魂弥撒开始了。在查士丁尼的这座大教堂里，这是基督教最后一次祈祷。

这次震撼人心的仪式结束之后，皇帝匆匆回宫，请求全体臣仆原谅他平生可能对他们做出的不公处置。接着他翻身上马——同他的大敌手穆罕默德一样，在同一个时辰——从城墙这一头跑到那一头，鼓舞战士的斗志。时已夜深。没有人说话，没有兵器撞击声。但围墙内的几千人心情激动，他们等待着白昼，等待着死亡。

## 凯卡波尔塔，被遗忘的小门

凌晨一点钟，苏丹发出攻击信号。巨大的君主旗展开了，十万人口呼“安拉”，手执武器、云梯、绳索、挠钩向城墙猛冲过来。战鼓齐鸣，长号劲吹，大鼓、铙钹、笛子发出尖锐刺耳的声音，杀声震耳，炮声如雷，汇成一场绝无仅有的大风暴。

尚不熟练的非正规军首先被无情地驱去攻城——从某种意义上说，这批半裸的身躯在苏丹的进攻方案中只是某种缓冲器而已，为的是使守敌疲劳不堪并受到削弱，然后他再投入精锐部队，发起决定性攻击。被驱使者抬着成百架云梯在黑暗中奔跑，攀爬上城垛，被击落，再冲上前去，又被打退，如此几度反复，因为他们实在是后退无路：这批毫无价值的“人肉材料”只是派来做牺牲的，精锐部队在他们后面，一再驱赶他们奔赴几乎肯定无疑的死地。

守军还占着上风，他们身穿网眼铁甲，矢石如雨也没能伤害他们。但穆罕默德算计得不差，他们真正的危险是疲乏。他们身穿铠甲，不停迎战一批又一批势如潮涌的轻装敌军，老是从一个受到攻击的地方跳跃到另一个受到攻击的地方，这种被动防御消耗掉他们一大部分体力。

激战开始两小时后，东方开始发白，此时亚细亚人组成的第二突击梯队开始出击，战局变得更危险了。这些亚细亚兵纪律严明，训练有素，同样身围网眼铁甲，此外，他们在人数上占优势，又是经过充分休息的，而守城士兵却不得不忽此忽彼地去抗击入侵者。

不过，不管在什么地方，攻城部队都没能得手，苏丹只好动用他最后的后备部队、奥斯曼大军的精锐卫队——近卫军。他亲自率领一万两千名精选的年轻士兵，他们是当时欧洲公认的最优秀的战士，一声呐喊，向精疲力竭的敌人猛扑过去。是时候了，现在城里钟声齐鸣，召唤最后一批还有点儿战斗力的人们去守城，把船上的水兵调过来，因为真正的决定性战斗展开了。

不幸，一块石头击中英勇的热那亚将领乔瓦尼·朱斯蒂尼亚尼，他身负重伤，被送到船上，他的重伤使守军的斗志发生片刻动摇。皇帝很快亲自赶到，阻止危险的突破，攻城云梯又一次被推下墙头：果断对最后的果断，呼吸之间，拜占庭似乎得救了，巨大的苦难战胜最野蛮的进攻。这时，一个悲剧性的意外事件，往往对历史做出神秘莫测裁决的那神秘的一秒钟，一下子决定了拜占庭的命运。

出现了令人难以置信的情况。几个土耳其人通过外墙缺口侵入到距离攻击点不远的地方。他们不敢攻打内墙，就好奇地、无计划地在第一道城墙和第二道城墙之间来回转悠，发现内城墙的小门中有一个，就是人称凯卡波尔塔的小门，出于难以理解的疏忽，完全敞开着。

这只是一个小门而已，和平时期大门紧闭的那几个钟头，行人可以由此出入；正因它不具有军事意义，最后一夜，人们普遍情绪激动，显然忘却了它的存在。

近卫军发现坚固的堡垒中间此门敞开，可以从容进入，十分惊异。他们起初以为这是一种诡计，因为堡垒的每一处缺口、每一个天窗、每一座大门前，死者数以千计，尸体堆积如山，熊熊燃烧的油脂、投枪呼啸着掷下城墙，而这里凯卡波尔塔小门却如过节一般，一片升平景象，敞开直通城中心，如此荒唐之事，他们难以置信。他们立即召来增援部队，丝毫未受抵抗，整个部队突入内城，出其不意地从背后突袭还蒙在鼓里的守军。

几个战士发觉自己队伍后面出现土耳其人。这时响起了比每一场血战中所有大炮还要可怕的那种致命的喊声、虚假谣言的喊声："占领城市了！"土耳其人继续欢呼："占领城市了！"声音越来越响亮，喊声瓦解了抵抗。雇佣军感到自己被出卖了，便撤离守地，好及时奔回港湾上船，保全自己。君士坦丁皇帝率少数亲随迎战入侵敌兵，死于乱军之中。直到次日在敌尸堆中发现一双饰有金莺的紫鞋，这才断定东罗马的末代皇帝已同他的帝国同归于尽了。以罗马人的观念论，这是光荣的死。一个微不足道的偶然事件，凯卡波尔塔，被遗忘的小门，决定了世界的历史。

## 十字架倒下了

有时候历史是在做数字游戏。因为汪达尔人[①]正好在如此纪念地劫掠罗马一千年之后，拜占庭开始被劫掠。胜利者穆罕默德忠于他的誓言，可怕地履行了他的诺言。在第一场大屠杀之后，他听任麾下将士肆意掳掠全城的屋舍殿宇、教堂、修道院，男人、妇女、儿童，成千上万人像地狱里的魔鬼一样在大街小巷狂

---

① 汪达尔人，日耳曼人的一支，曾在罗马帝国末期入侵过罗马，后于四三九年夺取迦太基城，建立汪达尔王国。

奔，每个人都想抢在别人前面。

冲锋的第一目标是教堂，那里金器熠熠耀眼，珠宝光芒四射。他们冲进哪一家，立刻就在门前竖起旗子，使后来者知道此处的战利品已有所属；战利品不仅包括宝石、衣料、钱币和可动产，妇女也是卖给土耳其后宫的商品，男人和儿童则在奴隶市场上出售。逃进教堂避难的苦命人被鞭打、驱赶出来，老年人被当作浪费粮食的废物、卖不出去的累赘惨遭杀害，年轻人像牲畜一样被捆绑拉走。抢劫之外，又肆行毫无意义的破坏。

经过十字军或许同样可怕的劫掠之后幸而保存下来的宝贵圣物、艺术珍品，都被疯狂的胜利者捣毁、撕碎，名贵的图画、精美的雕塑，悉遭破坏，数百年智慧结晶的典籍文书，希腊人思想和创作的不朽财富，本应妥为保存，流传久远，却被付诸一炬，或漫不经心地随意抛掷。

人类永远无法完全知悉，在那个命运注定的时辰，通过敞开的凯卡波尔塔小门侵入的是何等深重的灾难，对罗马、对亚历山大里亚和拜占庭的洗劫又使精神世界丧失几多宝贵财富！

土耳其军队大获全胜，直到当天下午巷战结束之后，穆罕默德才进入这座被占领的城市。他跨着漂亮的坐骑，一脸骄矜与严峻的神情，沿途抢劫掳掠的野蛮场面他都视若无睹。他信守诺言，不干预为他赢得胜利的士兵所干的令人发指的勾当。但他首先察看的不是战利品，因他已赢得一切，他傲然策马前往大教堂，察看拜占庭金碧辉煌的冠冕。

五十多天来，他从帐篷翘望圣索非亚大教堂光芒四射却无法企及的半球形圆屋顶，如今他可以以胜利者的姿态跨过它的青铜大门了。但穆罕默德又一次克制住自己的焦躁心情：他要先感谢安拉，然后将这座教堂永远永远地奉献给他。

苏丹卑恭地下马，深深低头祈祷。他从地上抓起一把土撒在头上，这是为了提醒自己：他本人也是一个凡人，切不可妄自炫耀胜利。对神祇表示过恭顺谦卑，安拉的首席仆人苏丹这才昂首挺胸，迈步跨进查士丁尼大帝修建的神圣智慧的殿堂——圣索非亚大教堂。

苏丹观看这座豪华的建筑，高高的拱顶在大理石和镶嵌图案的映衬下微光闪烁，柔和的弧形线条从昏暗中向明亮处延伸，苏丹心中又是好奇，又是感动；他觉得这座祈祷的崇高殿堂不属于他，而属于他的真主。他随即派人唤来一个伊玛目[①]，登上布道坛宣告穆罕默德的信仰，同时，土耳其君王面向麦加，在这基督教的大教堂向三界的主宰者安拉做首次祈祷。

次日，工匠奉命清除原信仰的一切标志；拆毁祭坛，粉刷掉虔诚的镶嵌图案，一千年来伸展双臂，欲图包容尘世万般苦难的圣索非亚大教堂无比崇高的十字架掉到地上，发出轰然巨响。

巨石坠毁的声音在教堂。在教堂外的远方回荡。整个西方为它的倒塌而震颤。惊耗在罗马，在热那亚，在威尼斯发出回响，有如告警的隆隆雷声，传往法国和德国。欧洲悚然认识到，由于它的麻木不仁，命运注定的一股破坏的暴力从不祥的凯卡波尔塔这被遗忘的小门突然冲了进来，这股势力将束缚欧洲达数百年之久，使其无从发挥自己的力量。然而历史好比人生，抱憾的心情无法使业已失去的一瞬重返，绝无仅有的一小时，所贻误的，千载难以赎回。

（潘子力　译）

① 伊玛目，原意为“站在前列者”“表率”“领袖”等，伊斯兰教做祈祷的主持人。

# 亨德尔[1]的复活

一七四一年八月二十一日

❖

一七三七年四月十三日下午，乔治·弗里德里希·亨德尔的男仆坐在布鲁克街寓所楼下的窗前，干着很奇特的事。他发现烟叶抽完了，十分恼火。其实只要走过两条街，就能在他的女友多莉的小货摊上买到新鲜的烟草。但主人狂怒未息，他不敢擅自离家外出。

乔治·弗里德里希·亨德尔排练完毕回家，怒气冲冲，热血激荡，满脸通红，太阳穴上青筋隆起，砰的一声关上大门。此刻他正在二楼走来走去，仆人听见主人的脚步如此猛烈，以至楼板都微微震颤：在主人这般暴怒的时候，还是小心周到地侍候为好。

男仆不能从他那陶制短烟斗吐出一环环美丽的蓝色烟圈，就想法吹肥皂泡消遣。他泡好一小碗肥皂水放在身边，快活地把五彩缤纷的肥皂泡吹到街上。行人停下脚步，开心地拿手仗戳破一个又一个彩色的小圆球。他们挥手，欢笑，但并不感到惊奇。因

① 亨德尔（1685—1759），英国籍德国人，世界著名作曲家，本文所述的清唱剧《弥赛亚》是使他名满天下的传世之作。

为人们知道在布鲁克街这幢房子里什么事情都会发生；这里，深夜会突然响起羽管键琴[①]震耳的琴声；这里，人们会听到女歌唱家号啕大哭或低声抽泣。她们若把一个八分之一音符唱得太高或太低，那个性情暴躁的德国人狂怒之下，就要吓唬她们。对格罗斯文诺尔街区的邻人来说，布鲁克街二十五号早就是一座疯人院了。

男仆一声不吭，不住地吹他的彩色肥皂泡。过一会儿，他的技术大有长进，类似大理石花纹的肥皂泡球越吹越大、越薄、越来越轻，飘得越来越高，有个肥皂泡甚至飘过对面房屋低矮的屋脊。就在这时，突然砰的一声响动，把他吓了一跳，沉闷的拍打声震动了整个房屋。窗玻璃颤动作响，窗帘晃动，准是楼上什么又大又沉的东西摔倒在地上了。男仆一跃而起，飞步上楼，径奔工作室。

大师工作时坐的圈椅上没有人，房间里空无一人，仆人正要奔向卧室，忽然发现亨德尔躺在地上，一动不动，睁着两只眼睛，目光呆滞。仆人一惊之下，呆呆地站着，只听主人喉咙里发出沉闷而吃力的喘息声。这个壮汉仰面朝天躺着喘气，或者毋宁说：从他嘴里发出一声声短促的、越来越微弱的呻吟。

仆人大惊失色，以为亨德尔就要死了，于是，急忙跪下去救助处于半昏迷状态的主人。他尽力要扶他起来，把他抱到沙发上，但是亨德尔异常魁伟，他的身体实在太重，无法挪动。于是，仆人解开紧紧束着亨德尔脖颈的蝴蝶结，这么一来，他喉头的喘息声也就随着停止了。

这时，大师的助手克里斯托夫·施密特已经从楼下赶来。他是为了抄几首咏叹调刚刚到这里来的，方才一声沉闷的巨响也使

① 羽管键琴，又名“拨弦古钢琴”“大键琴”，十六世纪至十八世纪盛行于欧洲的键盘乐器，后被钢琴替代。

他大吃一惊。现在他俩合力抬起这沉重的大汉——他的胳膊像死人一般疲软下垂——把他安放好，头部垫高。

“把他的衣服脱下来，”施密特用命令的口气对仆人说，“我去请医生。给他喷冷水，直到他苏醒。”

时间紧迫，克里斯托夫·施密特没顾上穿外衣就走了。他穿过布鲁克街向榜德街匆匆走去，见一辆马车就挥手招呼，可是马车神气活现地慢悠悠驶过去，全都对这个只穿衬衣、气喘吁吁的胖子不屑一顾。

终于有一辆马车停了下来，钱多斯公爵的马车夫认得施密特。施密特忘了一切礼仪，一把拉开马车的门。“亨德尔快死了！”他朝公爵喊道，他知道公爵酷爱音乐，是他敬爱的大师慷慨的资助者。“我得去请大夫。”公爵马上邀他上车，鞭子无情地抽打奔马。

就这样，他们接走正在舰队街的一间小屋里紧张地化验小便样品的詹金斯大夫。大夫当即同施密特登上他那辆漂亮的轻便马车，驰赴布鲁克街。

“这是时常发怒造成的，”大师的助手在途中绝望地埋怨说，“是他们把他折磨死的，这些该死的歌唱家、被阉割的歌手①，滑头、蹩脚的评论家，统统都是害人虫！他为拯救歌剧院，今年写了四部歌剧②，别人却躲在女人和庭院后面，那个意大利人还让他们都发疯了，这个蹩脚的评论家，这只抽搐的‘吼猴’③。啊，他

① 被阉割的歌手，十七八世纪受过阉割术的歌剧演员或歌唱家，他们具有宽广音域的童声音质。

② 四部歌剧，在一七三六年五月至一七三七年五月期间，亨德尔为了使剧院运转下去，以超人的精力完成了四部歌剧：《阿塔兰塔》《阿尔米尼奥》《朱斯蒂诺》和《贝伦尼切》。

③ 吼猴，指当时与亨德尔敌对的另一家意大利歌剧院的主持人，也是十八世纪最著名的意大利作曲家尼克拉·波尔波拉。

们叫咱们善良的亨德尔受多大罪！他拿出自己的全部储蓄，一万英镑[①]，他们还拿着债券向他逼债，往死里逼他。

“从来没有一个人取得这么辉煌的成就，从来没有一个人像他那么呕心沥血、全神贯注。像他这么干，就是巨人也要累垮的。啊，多么高尚的男子！多么辉煌的天才！”

詹金斯大夫冷静地侧耳倾听，一言不发。进屋前，他又吸了一口烟，敲掉烟斗里的烟灰：“他多大年纪？”

“五十二岁。”施密特回答。

“危险的年龄。他像牛一样拼命干，他的体魄也像牛一样强壮。好吧，我们很快就会知道能够做些什么。”

仆人捧着碗，克里斯托夫·施密特抬起亨德尔的手臂，现在，大夫对准血管扎下针去。血液喷射出来，淡红的、温热的鲜血，病人紧闭的双唇随即吐出一声如释重负的叹息。亨德尔深深地吸了一口气，睁开双眼。这双眼睛依然疲乏、异样、没有意识。往日眼里的光辉业已熄灭。

大夫包扎手臂。没有多少事情可做了。他正要站起来，却见亨德尔双唇微动。他凑近前去。很轻很轻地，简直像是呼吸声，亨德尔费劲地喘着气说：“完了……我完了……没有力量……没有力量，我不活了……”詹金斯大夫把腰弯得更低，俯身注视病人。他发现亨德尔右眼呆滞直视，左眼却依旧有神。他试着提起他的右臂。一撒手，右臂就垂落下去，似乎毫无知觉；又提起左臂，左臂能保持住新的姿势。现在詹金斯大夫心里完全明白了。

大夫走出房间，施密特紧紧尾随在后，向楼梯口走去，胆怯地、惶惑地问：“怎么样？”

---

① 英镑，英国的本位货币。

“中风。右侧瘫痪。”

“那——”施密特一时说不出话来，“好得了吗？”

詹金斯大夫慢条斯理地捏出一小撮鼻烟。他不爱听这一类问题。

“也许吧。什么事情都有可能发生。”

“他会永远瘫痪吗？”

“很可能，如果不出现奇迹的话。”

施密特仍然不肯罢休，他已发誓为了大师不惜牺牲一切。

“将来他，将来他至少还可以工作吧？他不创作是不可想象的。”

詹金斯大夫已经站在楼梯口。

“创作是永远休想了。”他说这话的声音很轻、很轻，“也许我们能够保全他的生命，至于这位音乐家，我们已经失去了。他是脑中风。”

施密特呆呆地望着他。他那万分绝望的目光使大夫深感惊诧。“刚才我说过，”他又把无法恢复工作的话说了一遍，“除非出现奇迹。自然啰，我还没见过这种奇迹。”

乔治·弗里德里希·亨德尔疲软无力地活过四个月，而力量一向就是他的生命。他的右半身毫无知觉。他走不了路，写不了字，无法用右手按下琴键，让它发出音响。他说不了话。可怕的裂痕贯穿他的躯体，裂痕一侧，嘴唇歪斜耷拉着。口中流出的字音含混不清。友人为他演奏乐曲，他的眼里便流动些许光辉，接着，沉重的不驯顺的身体扭动起来，像一个睡梦中的病人。

他想和着音乐的节拍动作，但四肢之中像有一股冷气，一种骇人的僵硬，意念与肌肉均已不再听从指挥；从前的伟丈夫感到自己被禁锢在无形的墓穴之中，无能为力。一曲终了，眼皮又沉重地垂下，他又像一具死尸一般僵卧不动。医生进退维谷——大师显然无法治愈——最后只好建议把他送去亚琛[1]，那里的温泉浴场对他恢复健康也许不无裨益。

犹如地下神秘的热泉，在僵硬的躯壳中尚有难以捉摸的活力在，那是亨德尔的意志，他那尚未被毁灭性的一击触动过的原始的生命力，在濒临死亡的肉体中依然不肯放弃对“不朽”的追求。伟男子还不心甘情愿低头认输。他还要生活，他还要创作。这种意志终于战胜自然规律而创造出奇迹。

在亚琛，大夫极力告诫他在地热泉水中沐浴不得超过三小时，否则心脏可能无法支持，甚至可能丧命。然而为了生命，为了狂野的生之欢乐，为了恢复健康，他决意甘冒死亡的风险。亨德尔每天泡在热浪蒸腾的浴池长达九小时之久，这可把大夫们给吓坏了。但他的力气与意志力与日俱增。一星期后，他又能艰难地移步了，又过了一星期，他已能活动手臂。这是意志和信心的巨大胜利。他又一次挣脱死神致人瘫痪的桎梏，以大病初愈者独具的那种非言语所能形容的幸福感，怀着比从前任何时候都更激越、更炽烈的感情去拥抱生活。

亨德尔已能完全主宰自己的身体，临离开亚琛的最后一天，他在教堂前停下脚步。他一向不是特别虔诚的人，可是现在，当他有幸康复，自由地迈步登上放着管风琴的教堂高座，心中深感世事难测。

他试着用左手触按琴键。管风琴鸣响了，琴音清亮、纯净，流过若有所待的大厅。犹犹豫豫地，久已僵硬、久已不用的右手也来试一试。瞧，右手弹出的琴音也如银白清泉叮当喷涌。渐渐

---

① 亚琛，德国中西部城市，毗邻比利时、荷兰，城郊多温泉和矿泉，是著名的疗养胜地。

地，他开始即兴弹奏起来，琴声也把他带到奔腾的浩川大河。音响的方块奇妙地自行建造、堆高，直抵目力不及的处所。他那天才的缥缈楼阁愈升愈高，光华灿烂，纤影皆无，这是空灵而明丽的音乐之光。

台下，不知名的修女和虔诚的教徒侧耳聆听。他们有生以来从未听过尘寰中人奏出这等音乐。亨德尔卑恭地俯首弹奏。他又找到向上帝、向永恒、向人类倾诉心曲的语言。他又能奏乐，又能创作了。此时此刻，他才感觉自己真正康复了。

“我从地狱归来了。”乔治·弗里德里希·亨德尔挺起宽阔的胸膛，伸开结实的手臂，骄傲地对他的伦敦医生说。大夫对这医学上的奇迹不胜惊讶。他怀着无法抑止的工作热忱和初愈者加倍强烈的欲望，立即精力充沛地重新投入创作。

昔日的战斗豪情再度在这五十三岁的音乐家胸中奔腾激荡。康愈的手活动灵巧，随心所欲，他写作一部歌剧，又一部歌剧，第三部歌剧，又创作大型清唱剧[①]《以色列王扫罗》《在埃及的以色列人》和《诗人的冥想》[②]；他的创作兴致如久被堵塞的泉水一样喷涌而出，源源不尽。

然而时世偏偏和他作对。演出因王后[③]逝世而中断，西班牙战争接踵而来，广场上人群麇集，呐喊、歌唱，歌剧院却无人问津，亨德尔债台高筑。这时已经到了严峻的冬天。严寒笼罩着伦敦。泰晤士河冰封雪冻；铃儿叮当，雪橇驶过光洁可鉴的河面；在这倒霉的季节，一切厅堂尽皆关门大吉，因为无论什么美妙的

---

① 清唱剧，以《圣经》故事为题材创作的音乐，又译“神剧”“圣剧”。

②《诗人的冥想》，亨德尔于一七四〇年，仅用十六天时间创作的清唱剧。歌词采用英国著名诗人约翰·弥尔顿的诗。

③ 王后，英王乔治二世的王后卡罗琳（1683—1737）。

音乐也敌不过大厅里彻骨的严寒。

歌唱演员也病倒了，一场场演出只好告吹；亨德尔的境况原已欠佳，这一来更加不妙。债主逼债，评论家讪笑，观众漠然无动于衷、噤若寒蝉；绝望苦斗的亨德尔渐渐失去勇气。举行一场义演使他偿还了若干债务，然而靠乞讨度日，简直是奇耻大辱！亨德尔愈来愈深居简出，心境愈来愈阴郁。先前的半身不遂，比起眼下的心如槁木，不是还略胜一筹？

一七四〇年，亨德尔便又觉得自己是被征服的人，是战败者，是他一度煊赫荣名的熔渣与灰烬。他费力地从自己早先的作品中拼凑些断简残篇，偶尔也写点儿小玩意儿。但是滔滔滚滚的奔流已经干涸，他康复的体内原始的生命力业已消失；这个魁梧的壮汉破题儿第一遭感到自己筋疲力尽，英勇的斗士有生以来第一次感到自己已被击败，他心中创作兴致的圣河初次干涸、枯竭，这是五十五年来流过一个世界的创造之河啊。完了，又一次完了。他明白，或者说，这个绝望的人自以为明了：永远完了。

他仰天长叹：既然世人重新将我埋葬，上帝又何必让我从病中复活？与其在这寒冷空虚的尘世中无声无息地苟延残喘，不如一死了之。盛怒之下，他常嘟囔着被钉在十字架上的那个人[①]说过的这句话："上帝啊，我的上帝，你为什么将我抛弃？"

那几个月，亨德尔惘然若失，灰心绝望，晚间常在伦敦四处徘徊，对自己感到厌倦，不相信自己的力量，兴许也不相信上帝。他要等到天晚了才敢出门，因为白天持有债券的债主们守在门口要抓他，他讨厌街上行人冷漠、轻蔑的目光。有时候他想，是不是该逃到爱尔兰，那里人们还相信他的荣誉——啊，他们

---

① 即耶稣。

万万没有料到他的精力已经消耗殆尽——或是逃往德国，逃往意大利；或许到了那里，心灵的冰冻会再次消融，在甘美的南风吹拂之下，旋律会再次冲破心灵荒芜的岩层喷薄而出。

不，不能创作，不能活动，这是他无法忍受的，乔治·弗里德里希·亨德尔被征服，这是他无法忍受的。他有时在教堂前驻足停立。但他明白，言语不能使他得到慰藉。有时他到小酒店稍坐片刻；然而，又有谁在领略过创作纯洁而近乎陶醉的欢欣之后，能不对劣等烧酒感到恶心？

有时候他从泰晤士河桥上凝眸俯视暗夜中黝黑静默的河水，心想不如断然一跃，一切尽皆付诸东流！只要不再背负这虚空的重压，只要能驱除被上帝、被人群遗弃的可怖的孤独感，那就好了！

他近来又常独自踯躅徘徊。一七四一年八月二十一日这一天，天气灼热。伦敦上空云蒸雾绕，天幕低垂，有如熔融的金属；直到夜间，亨德尔才步出家门，到绿园呼吸点儿清新空气。在那谁也看不见他，谁也没法去折磨他的幽深的树荫里，他倦然坐下。倦意犹如疾患，成为他的千钧重负，他已倦于说话，倦于书写、弹奏、思索，倦于感受，倦于生活。究竟为了什么，为了谁，要做这一切呢？然后他像一个醉汉，沿着蓓尔美尔街[①]，沿着圣詹姆斯大街走回家去，心中念念不忘的唯有一件事情：睡觉去，睡觉去，什么也不想知道，只要休息，安静，最好是永远安息。

到了布鲁克大街的家里，人们都已沉入梦乡。他缓慢地——啊，他多么劳累，这些人逼得他多么劳累啊！——一级一级爬上楼梯，每迈出沉重的一步，楼梯木板都震得吱吱嘎嘎响。终于到了自己的房间。他打火点亮写字台上的蜡烛：他只是机械地，不动脑子

① 蓓尔美尔街，伦敦街道，以俱乐部多而闻名。

地做这些动作，多年来他要坐下来工作的时候都是这么做的。

从前——他的唇间不由嘘出一声悲叹——散步回来，脑海里总浮现一段旋律，一个主题，每次他都匆匆写下，以免一觉醒来，想好的乐句又遗忘了。可现在，桌上空空如也。一张乐谱纸也没有。神圣的磨坊水车在冰封的河上停止转动。没有什么可以开始，没有什么可以完成。桌上空空如也。

否，不是空无一物！那儿，淡颜色的四方形里，不是有纸一类白色的什么东西在闪亮吗？亨德尔伸手一把抓了过来。这是一件包裹，他感觉到里面有书写品。他迅速打开包裹。最上面是一封信，《以色列王扫罗》和《在埃及的以色列人》的词作者、诗人詹南斯写给他的一封信。信上说，寄上一部新的神剧脚本，但愿音乐崇高的守护神垂怜作者贫乏的语汇，用她的翅膀载着这部歌词在“不朽”的天空翱翔。

亨德尔像触到什么令人恶心的东西，霍然跳起来。难道他这个瘫痪过的人，垂死之际，还要受詹南斯一番羞辱？他把信扯碎，揉成一团，扔到地上，再踩上一脚。“流氓！无赖！”他咆哮着。不太机灵的诗人捅到了亨德尔内心深处灼痛的伤疤，撕开新的伤口，令他心中的痛楚无以复加。

他愤然吹灭烛火，浑浑噩噩地摸黑进了卧室，一头栽倒在床上：两行热泪骤然夺眶而出，浑身战栗，怒火中烧而无可奈何。被掠夺者还要被嘲笑，受难者又得受折磨，如此世界，何其可悲！在他心如死灰、精疲力竭之际，为什么还要呼唤他？在他灵魂麻木、理智无力之时，为什么还要求他谱写一部新的作品？眼下只要睡觉，像动物一般鲁钝，只要遗忘，只要什么都不是！他沉重地躺在卧榻上，精神恍惚，惘然若失。

但他睡不着觉。愤怒激起他内心的不安，一种神秘的、恶毒的不安，有如风暴激起大海的怒涛。他辗转反侧，不能成眠，反而愈来愈少睡意。是不是起来看一看歌词？不，他已行将就木，歌词于他又有何用?! 不，上帝让他坠入深渊，让他游离于生活的圣河之外，人间于他已不复有慰藉可言！然而在他心中，仍有一种异常好奇的力量在搏动，在催促他，而他对此却无力抗拒。

亨德尔站起来，回到工作间，激动得发抖的双手又一次点燃烛火。不是已经出现一次奇迹，使他从半身不遂的桎梏中获得解放？也许上帝还知道救治灵魂的良方，能给心灵以慰藉。亨德尔将烛台移近文稿。第一页上写着："The Messiah[①]！"啊，又一部清唱剧！最近这几部都失败了。他带着不安的心情翻过扉页，开始读起来。

看到第一句，他就跳起来，"Comfort ye!"（"鼓起勇气！"）歌词这样开始。这句话简直像是魔术。不，这不是一句话，这是上帝给予的回答，是诸天之上天使的呼唤流进他那沮丧的心灵。"Comfort ye"——一读出声，胆怯的灵魂便为这创造之语衷心震撼。语音刚落，几乎还没来得及细细品味，亨德尔便已听到这句歌词业已化为音乐，飘浮于音响之中，呼唤着，歌唱着，有如松涛流水之声。啊，多么幸福啊！在这段音乐中，他感到、他听到，天门已经开启！

他一页一页翻过去，双手微微颤抖。是的，他被召唤、被呼唤，字字句句以万钧之力深入他的肺腑。"Thus saith the Lord!"（"上帝这样说！"）这不是对他、对他一个人说的吗？这不是将他击倒在地，现在又慈爱地把他从地上扶起来的同一只手吗？

---

① The Messiah，英语，译为"弥赛亚"。弥赛亚一词源出于希伯来文，意为救世主。下文出现多处《弥赛亚》英语歌词的句子，作者已译成德语，不再加注。

“And he shall Purify.”（“他将使你纯净。”）——是的，这在他身上已经应验；黑暗从他心头一扫而尽，光明骤然降临，音响之光，水晶般晶莹剔透。只有他才熟知他的艰难困顿，不是他又有谁能促使柯伯索尔的三流诗人，可怜的詹南斯写出如此气势雄浑的词句？

“That they may offer unto the Lord.”（“以使他们向上帝奉献祭品。”）——是的，从燃烧的心中点燃起牺牲的火焰，烈焰猝然上升直抵霄汉，对这庄严的召唤给予回答。“你雄健的词句传达的呼唤”是对他说的，只对他一人——啊，大声宣布这件事，用隆隆的长号宣示，用震耳的合唱的威力，用管风琴雷鸣般的音响宣示，让这句话，让这神圣的理智又一次如泰初时那样唤醒所有其他犹在黑暗中绝望行走的芸芸众生，因为，确实，“Behold, darkness shall cover the earth.”（“看，黑暗将笼罩大地。”）黑暗还笼罩着大地，他们尚不知此时向他昭示的解脱的极大幸福。

刚一读完“Wonderful，counsellor，the mighty God.”（“妙哉，顾问，万能的上帝。”）这感激的呼声便以完成式在他胸中激荡。——是的，如此赞美他，这有良策、善实行的绝妙者，是他给恍惚的心带来安宁！“上帝的天使趋近他们”——是的，天使抖动银白的翅膀飞进屋里，抚摸了他，解脱了他。怎能不衷心感激，欢呼歌唱，用千百种不同的声音汇成巨大的声音，赞美“光荣属于我主！”

亨德尔俯首读稿，犹如置身于大风暴之下。他从来不曾这么感受过他的力量，从来不曾感受过类似的创作快感流贯他的整个身心。语句依旧如同温暖的、令人心旷神怡的光流，向他源源倾泻过来，一句句，一字字，全都说到他的心坎上，全都拥有驱魔辟邪、解除桎梏的力量！

“Rejoice”（“欢欣吧”）——随着这一合唱的华丽展现，他不由抬起头，伸展开双臂。“他是真正的拯救者”——是的，他决心证明这一点，尘世上的人们谁都没有这样做过，但他要在世人的头顶上高高举起他的证据，犹如一块闪亮的纪念碑。唯有饱经忧患的人才能真正懂得欢乐，唯有备受磨难的人才能预感赦免的最后恩惠，他的职责是在人类面前证明他曾亲历死而复生。

当亨德尔读到“He was despised”（“他受歧视”），沉痛的回忆迅即化为忧伤、沉重的音响。他们以为已经将他征服，把他活活埋葬，对他嘲讽讥诮——“And they that see him，laugh.”（“看见他，他们都笑了。”）“无一人给忍气吞声者以安慰。”没有人帮助他，在他软弱无力的时候，没有人安慰他，然而，奇异的力量，“He trusted in God.But thou didst not leave his soul in hell.”（“他信赖主，看吧，他没让他在墓中安息。”）不，上帝没有让他这个桎梏中的人、已消失的人的灵魂留在他那绝望的墓穴、无力的地狱，不，他再一次号召他把欢乐的信息送给人类。

“Lift up your heads”（“抬起你们的头”）——这时，这句话从他心胸中化为音响迸发出来，这道庄严宣布的伟大命令！他猝然惊呆了，因为可怜的詹南斯写下的是：“The Lord gave the word.”（“这是主说的话。”）

他屏住呼吸。这里，借偶然选中的凡人之口道出了真理：上帝向他传话，从天上传话给他。“The Lord gave the word”：话语是从他那儿传来的，音响是从他那儿发出的，恩惠是他赐予的！这话语必须回归到他身上，由激涨的心潮载到他身旁，赞美我主乃是每一个创作者最大的欢欣，最大的义务。

啊，对这句话要理解它、把握它、举起它、挥动它，使它扩大伸张，广阔一如世界，使它包容世间一切欢呼，使它如同说出这句话的上帝一样伟大！啊，要让这句平凡的话，易朽的话，因美与无穷的激情而回归天上，化为永恒！

看吧，它已经写下了，它发出音响，是可以无限重复、可以转化的，这就是："哈利路亚[①]！哈利路亚！哈利路亚！"是的，要让这个词包容尘世上的一切声音，嘹亮的和低沉的声音，刚毅的男声和柔顺的女声，充盈，升高，变化，在节奏鲜明的合唱中让它们有合有分，登上又走下雅各[②]梦中的音响之梯，用小提琴甘美的琴声系住它，用长号激越的吹奏赋予它火一样的热情，用管风琴奏出雷鸣般的咆哮：哈利路亚！哈利路亚！哈利路亚！——用这个词语，这样的感激之情，创造一阵欢呼声，从尘寰发出隆隆巨响，复又回归到宇宙的创造者身旁！

泪水模糊了亨德尔的眼睛，热情在他心中燃烧。还有没读完的诗稿、清唱剧的第三部分，在这"哈利路亚，哈利路亚"之后他已无法继续读下去。这欢呼声的元音充满他的整个心灵，它扩大、伸展，已如流体火焰般令人灼痛难耐，它要倾泻，它要奔流而去。啊，多么憋闷，多么挤迫，因为它仿佛要从他心中脱颖而出，飞腾云天。

亨德尔匆匆抓起鹅毛笔，写下乐谱，一个个音符如被神灵驱使，极迅速地奔赴笔端。他无法停下，犹如被暴风中鼓帆疾驰的小舟负载着一样遥遥而去。周遭是万籁俱寂的静夜，这座大城市的上空，潮湿昏暗，渊默无声。然而在他心中，光明在奔涌，在这间斗室轰然鸣响着别人听不见的宇宙之音乐。

次日清晨，仆人蹑手蹑脚走进房间的时候，亨德尔还坐在书

① 哈利路亚，犹太教和基督教的欢呼语，意为"赞美上帝"。

② 雅各，《圣经》中的人物，这里指犹太人的祖先之一以色列。相传他在梦中看见天使在天地间上下的天梯。

桌旁写着。他的助手克里斯托夫·施密特怯生生地问他要不要帮他誊抄，他不答话，只用低沉的声音不满地嘟囔着，样子很吓人。谁都不敢再走近他身边。这三个星期，他寸步不离工作室。给他端饭来，他就用左手急匆匆掰下点儿面包塞进嘴里，右手继续挥笔疾书，就像酩酊大醉，身不由己似的，停不下来。有时他站起来在房间里走来走去，一边大声唱，一边打拍子，这时他的眼神与平日判若两人；有人跟他说话，他会忽然吓一大跳，糊里糊涂，答非所问。

那些天，仆人的日子真不好过。有来逼兑债券的债主，有来恳求参加节庆合唱的歌唱家，还有奉命传邀亨德尔进宫的使臣；所有这些人，都得由仆人婉言谢绝，因为只要他想跟聚精会神在创作的亨德尔哪怕只说一句话，亨德尔也会大发雷霆。

那几个星期，乔治·弗里德里希·亨德尔不再知道时间是什么，分不清白昼与黑夜，在他全神贯注于其中的领域，衡量时间的唯有节奏与节拍。他心潮起伏，他的身心被从心中奔涌而出的激流席卷而去，作品愈近尾声，愈接近神圣的流速，激流便愈见狂野、愈见急骤。他成了自身的俘虏。他用有力的脚步踏着拍子，丈量他自设的囚室面积，他歌唱，他弹羽管键琴，又再坐下来挥笔疾书，直至手指发疼；他平生还不曾感受过这样炽热的创作欲，还不曾这样生活过，还从来不曾在音乐中尝受过这么大的苦楚。

过了不到三个星期——即使在今天也是不可理解的，永远不可理解！在九月十四日，这部作品终于完成了。不久前还是干巴巴的词句，如今已经变成音乐，鸣响着，如同永不凋谢的鲜花。被点燃的灵魂又一次成就了意志的奇迹，一如先前瘫痪的躯体成就了复活的奇迹。

一切都已写了，创作了，塑造了，在旋律中，在激情中展开了——只差一个词，这部作品的最后一个词：“阿门”。可是，亨德尔要用这只有两个音节的“阿门”来建造一座直达上苍的阶梯。在变化不定的合唱中，他把它们分配给不同的声部，使这两个音节延展，一再拉开距离，而后又倍加炽热地融合在一起。他的热情有如上帝的嘘息，流贯他这部伟大祷词的结束语，使它像世界一样广阔无垠，一样饱满丰富。

这最后一个词不让他罢手，他也不将它轻轻一带而过。他用第一个字母，响亮的“A”，鸿蒙初辟时最早发出的声音，以壮丽的赋格曲式建造这“阿门”，直至它成为一座大教堂，轰然鸣响，又丰富充实。大教堂的顶端高耸云霄，还在不断地升高、下降，又升高，终于被管风琴的风暴攫住，被联合一致人声的伟力一次又一次地掷向高处，充满所有空间，直至这感谢的赞歌声中似乎也有天使在同声歌唱，桁架被永不止息的“阿门！阿门！阿门！”所震撼，裂成碎片，纷纷坠落。

亨德尔疲惫地站起身，羽毛笔从他手里掉下来。他不知道自己在哪里。他看不见，听不见，只感觉疲乏困顿，深不可测的困倦。他步履踉跄，站不住脚，不得不倚着墙壁。他的力量已经消耗殆尽，身体疲惫万分，感觉迟钝、混乱。他像盲人一样一步一步扶着墙走，随后便一头栽倒在床上，睡得像个死人。

上午，仆人轻轻按了三次门铃。大师酣睡未醒，他深沉的面孔一动也不动，宛如白石雕成。中午，仆人第四次来唤醒他。他大声咳嗽，门敲得很响，但什么声音都打不破他那深深的熟睡，什么话都到不了他耳朵里。下午，克里斯托夫·施密特前来帮忙，亨德尔依然僵卧着，纹丝不动。他俯身望着睡梦中的亨德尔：他躺在那儿，像赢得胜利之后战死疆场的英雄，在完成了不可言说的壮举之后死于过度疲劳。

但克里斯托夫和仆人对英雄伟业和胜利全都毫无所知；他们只感到害怕，因为他们见他长时间一动不动地躺着，心中不安；他们担心又一次中风会把他彻底整垮。到了晚上，怎么摇晃也叫不醒亨德尔——他已经像死尸一样毫无知觉地躺了十七个小时了——克里斯托夫·施密特又跑去请医生了。

他没能马上找到他，詹金斯大夫利用温和的晚上去泰晤士河岸边钓鱼去了。终于找到了，大夫对这不受欢迎的打搅喃喃抱怨几句。直到听见请他给亨德尔看病，他才收拾绳索、钓具，取了外科手术器械——这已费去很长时间——以备万一需要放血时使用。轻便的马车终于载着他俩奔向布鲁克大街。

到了那里，只见仆人朝他们挥动双臂。“他起床了。”他隔着一条马路冲他们喊道，“他现在吃得有六个搬运工人的食量那么多，狼吞虎咽，吃了半条约克夏种白猪做的火腿，我不得不给他倒了四品脱[①]啤酒，他还要吃。”

确实，亨德尔坐在摆得满满的餐桌前，俨然主显节的豆王[②]。如同他一昼夜补了三个星期的睡眠，此刻他以他那魁伟体格的全部兴致和力量又吃又喝，仿佛想把几星期来消耗在创作上的精力一下子全都攫取回来似的。

一见大夫，他就笑了。他的笑渐渐变成一阵响亮、震耳、夸张的大笑；施密特回忆说，在那几星期，他始终没见亨德尔嘴角露出一丝笑容，见到的只有紧张和愤怒的神情；可现在，他天性中被抑制的欢快心绪显露出来，有如春潮撞击岩石发出震耳轰

---

① 品脱，计量体积或容积单位，主要用于英国、美国及爱尔兰。

② 豆王，基督教的宗教节日主显节（一月六日，耶稣出现的日子）时，民间流行烧豆子做点心，得到馅中有豆的点心者为“豆王”。

鸣，泛起泡沫，咆哮而去——亨德尔毕生没有像现在这样纵情欢笑，因为此刻他确知自己健康无恙，生之欢乐流遍身心，令他陶然若醉。他高举啤酒杯，迎上前去，向身穿黑礼服的大夫表示欢迎。

“是哪一位要我看病？”詹金斯大夫愕然问道，“您这是怎么啦？刚才您喝的是什么补酒？您的日子过得满惬意啊！您这是怎么回事？”

亨德尔望着他笑，眼里闪耀着光辉。他渐渐恢复严肃的神情，慢慢站起来，走到羽管键琴前坐下。双手先在琴键上方掠过，然后回头异样地微微一笑，轻轻地、半说半唱地开始了宣叙调“听吧，我告诉你们一个秘密”的旋律——这是《弥赛亚》中的歌词，开头诙谐戏谑。可是他的手指一伸进温和的空气，便不能自已。

演奏中，亨德尔忘却旁人，也忘却自我，滚滚心潮将他席卷而去。猝然，他又进入创作。他且歌且奏全曲最后几段合唱，那乐句他迄今只如在梦中塑造的，而今初次听到它业已苏醒：“Oh death where is thy sting?”（“何处是你的利刺，啊，死神？”）他感觉生之热望充盈五内，更有力地提高嗓音，自己既是合唱，又是欢呼、喝彩者，他继续边弹边唱，直至“阿门，阿门，阿门”，他投入音乐的力量如此强大有力，巨大的音响几乎震塌房间。

詹金斯大夫站在那儿，如醉如痴。亨德尔终于站起身来的时候，大夫简直不知如何表达自己景仰的心情，但总得说句话，他只说：“这样的音乐我从来没听过。您真是巧夺天工啊！”

亨德尔脸色突然变得阴沉。他自己也为这部作品大吃一惊，为像在睡梦中降临到他头上的恩惠大吃一惊。同时，他心中羞愧，背过身子，用旁人几乎听不见的很低很低的声音说：“不，我倒相信它是上帝同我一起创作的。”

数月之后，两位衣冠楚楚的先生来到伦敦音乐大师亨德尔在都柏林租赁的寓所前敲门。他们诚惶诚恐地提出要求：亨德尔数月之中以当地听众从未欣赏过的如此辉煌的音乐作品，令爱尔兰的首都为之倾倒。他们听说大师还将在这里首次演出他的又一部清唱剧新作《弥赛亚》，恰恰是这座城市，甚至在伦敦之前，得以聆听他的这一近作，实属莫大荣幸。鉴于这部协奏曲非同寻常，可望获致特丰收益。大师一向慷慨乐施乃人所共知，他们此次前来，意在探询大师是否愿将首场演出的全部收入捐赠给他们所代表的慈善机构。

亨德尔亲切地望着他们。他爱这座城市，因为它给了他爱，他的心扉已经敞开。他微笑，欣然首肯，要求他们说明捐赠这笔收入拟作何用。“接济几个监狱的囚犯。”和蔼的白发男子首先答道。“还有慈惠医院的病人。”另一人补充说。不言而喻，慷慨捐赠的数目只限于首场演出的收入，其余悉归大师所有。

然而亨德尔一口拒绝。“不，”他轻声说，“不要这部作品的钱。我永远不要这部作品一文钱，永远不要，我还欠另一个人的债。无论什么时候，它都属于病人，属于犯人。我自己曾经是个病人，因它而得以康复。我曾是个囚徒，是它解救了我。”

两位先生不无惊愕地抬起头。他们虽然不完全明白，但是深深道谢，鞠躬，离去，在都柏林传播这令人愉快的消息。

一七四二年四月七日，最后一次彩排终于来到。只允许两个大教堂的合唱队员的少数亲戚进去听，为了节省开支，费沙姆伯尔大街上音乐厅的大厅只有微弱的灯光照明。人们这里一两个、那里三五个，稀稀落落，分散在长条椅上，准备听一听来自伦敦的音乐大师新的清唱剧。

大厅又冷又暗，朦朦胧胧。但合唱歌声一开始如飞流瀑布奔腾倾泻，就出了一件怪事。分散坐在长条椅上的人们不由自主地凑集拢来，渐渐聚集成为黑压压的聆听与惊讶的一群，因为人人觉得他们平生从未听到过的，这音乐的重量对于单独的个人来说仿佛太大，仿佛要把他冲走、拽开似的。

他们愈来愈紧地挤在一起，仿佛要一起用一颗心脏来聆听，作为唯一虔诚的宗教团体接受“信心”这个词；它向他们呼啸而来，交织着种种声音，每次出现的形式各不相同。在这异乎寻常的强大力量面前，人人感到自己脆弱，然而又都欣欣然愿被它所把握、所负载，所有的人都像一个人一样感受着欢快的战栗。

第一次响起雷鸣般的“哈利路亚”的时候，其中一人蓦然站了起来，其他人不约而同也一下子随他一齐起立；他们觉得被这么宏伟的力量攫住，人们是不能够黏在地面上的，他们站起来，要让他们的声音更接近上帝一寸，并且恭顺地向他呈献自己的敬畏之感。嗣后他们离去，挨家挨户诉说一部旷世未闻的音响作品已经问世。为了能聆听这部杰作，全城怀着紧张的心情，快乐得战栗了。

六天以后，四月十三日晚上，音乐厅门庭若市。为使大厅容纳更多听众，女士不穿有箍环扩撑的钟式裙[①]，骑士不佩剑。七百人——空前的数字——蜂拥而来，作品尚未公演，美誉已迅速传扬。乐曲开始时，大厅里肃静无哗，连呼吸声也听不到，人们愈来愈肃穆地侧耳聆听，接着迸发出合唱的歌声，拥有暴风雨般的力量，人们的心开始颤抖了。

亨德尔站在管风琴旁边。本来他是要亲自监督、亲自指挥这

---

① 钟式裙，十六至十八世纪流行于欧洲，用鲸鱼骨圈或藤圈撑起来的女裙。

部作品演出的，但它挣脱他的控制，他自己迷失在这作品中，感到它变得陌生了，仿佛自己从未听过、从未创作过这部作品似的，他又一次被心中奔腾的波涛负载而去。到了最后开始唱“阿门”，他的双唇不自觉地张开，同合唱队中齐声歌唱，像这样的唱法在他一生中是绝无仅有的。但当其他人的欢呼声闹嚷嚷地充塞大厅之时，他迅即从边上悄悄离去，为了不向要向他致谢的人群，而向赐予他这部作品的神灵表示感谢。

闸门已经打开。音响之河又年复一年奔流不息。从此以后，无论什么都不能使亨德尔低头屈服，无论什么都不能使复活者再度失去生活的勇气。他在伦敦创建的歌剧院再次破产，持有债券的债权人再次对他催逼：但他昂首挺立，经受住了一切令人不快的事件，年已六旬的老人沿着他作品的里程碑无忧无虑，毫不在乎地走他自己的路。有人给他制造麻烦，但他懂得如何体面地战胜它们。

他日渐年迈力衰，双臂瘫痪，两腿风湿痉挛，但他依旧以不知疲倦的心从事创作，永不中断。最后，视力也不行了：在写作《耶弗塔》的过程中，他失明了①。犹如失聪后的贝多芬，他虽双目俱眇，依然不知疲倦地、不可战胜地创作不已；然而他在人世间的胜利愈辉煌，他在上帝面前愈加谦卑。

如同一切真正的严谨的艺术家，亨德尔从不称道自己的作品。但有一部作品是他由衷地热爱的，这就是《弥赛亚》。他满怀感激之情爱这部作品，因为它把他从自身的深渊中拯救出来，因为他在这部作品中得到了解脱。他在伦敦年复一年演奏《弥赛

① 一七五一年，亨德尔在创作清唱剧《耶弗塔》的总谱时，因患白内障左眼首先失明，此后，虽动过几次眼科手术，但没有成功，最终于一七五三年完全失明。

亚》，每次演出的收入（一次演出五百英镑）全部捐给医院。这是康愈者对病人，已获解放的人对身陷囹圄的人的捐助。他曾带着这部作品走出阴曹地府，他也要以这部作品告别人世。

一七五九年四月六日，已经病重的七十四岁老翁让人把自己领到考文特花园的指挥台。他的忠诚的朋友——音乐家、歌唱家们，围拥着魁伟的盲者：他那空虚的、失去光辉的眼睛已经看不见他们。但当音响的巨浪有如海涛汹涌澎湃，数百人朝向他发出风暴似的确信的欢呼声，此时疲惫的面孔顿时容光焕发。

他挥动手臂打拍子，严肃而虔诚地歌唱，仿佛他是牧师，正站在自己和众人的棺木前，同大家一道，为自己、为众人的解脱祈祷。只有一次，他哆嗦了一下，那时，随着“要吹响长号”的呼喊声响起了激越的长号声，他抬起呆滞的双眼仰望上苍，仿佛此时他已面临末日审判；他知道，他工作得不错。他可以昂首走到上帝面前。

朋友们深受感动，把老盲人送回家去。他们同样觉得：这是一次告别。他在床上还嘴唇微动，喃喃自语，想在耶稣受难日那一天死去。大夫惊讶不已，不能理解，因为他们不知道那年的耶稣受难日是四月十三日，从前那只沉重的手[①]正是在这一天将他击倒在地的，他的《弥赛亚》又是在这一天第一次奏响问世。在万念俱灰的那一天，他复活了。他要死在复活的那一天，以获取为永生而复活的确信。

果然，同主宰生一样，这唯一的意志也主宰死。四月十三日，亨德尔精力耗尽了。他什么也看不见，什么也听不见，庞大的身躯一动也不动地躺在床褥上，已是一具空虚、沉重的躯壳。

---

① 指上帝。

一如空贝壳发出大海喧嚣的涛声，他的心里响起无法听见的音乐，比他平生听过的都更奇异、更瑰丽。催促的渐强音使灵魂缓缓脱离疲癯的躯壳，将它送上失重之境。涛声阵阵，永恒的音响飘上永恒之境。翌日，复活节的钟声还没敲响，乔治·弗里德里希·亨德尔已逝去了。

（潘子力　译）

# 一 夜 天 才

《马赛曲》

一七九二年四月二十五日

❖

一七九二年，法国国民会议对皇帝和国王们的联盟[①]是战是和，犹豫不决，已有两三个月之久。路易十六[②]自己也举棋不定；他既担心革命党人胜利带来的危险，又担心他们失败带来的危险。

各党派各怀异心。吉伦特派[③]催促开战，是为了保住政权，罗伯斯比尔[④]和雅各宾党人力主和平，是为了自己在此期间夺取政权。局势一天比一天紧张，报纸、杂志大声疾呼，俱乐部里争论不休，谣言四起，越来越耸人听闻，公众舆论的情绪变得越来越激烈。

---

① 一七八九年七月法国大革命爆发，震撼欧洲，欧洲的封建君主组织联军武装干预，“皇帝和国王们的联盟”即指此。

② 路易十六（1754—1793），法国大革命时期的法国国王，一七九二年法国大革命后被废，后因勾结外国势力企图扑灭法国革命，于一七九三年一月二十一日以叛国罪被处死。

③ 吉伦特派，法国大革命时期的一个政治集团，代表工商业资产阶级利益。

④ 罗伯斯比尔（1758—1794），法国大革命时期革命最坚决的资产阶级政治派别雅各宾派的主要领袖人物，一七九四年七月“热月政变”后被害。

因此，当四月二十日法国国王终于对奥地利皇帝和普鲁士国王宣战时，这倒成了一种解脱，重大的抉择往往如此。

这几个星期，如电压笼罩在巴黎上空，令人心情沉重，心神不宁，而在边境城市，人们的情绪就更加激昂，更加惶惑不安。部队已经集中在所有临时营地，每一个村庄、每一座城镇，志愿者和国民卫队都已武装起来，到处都在加固要塞。尤其在阿尔萨斯地区，人们知道，德法之间向来是在这一片土地上做出他们的第一个决定。在巴黎，敌人、对手，只是一个模糊的充满激情的修辞学概念，而在莱茵河畔，却是看得见的活生生的现实；因为从桥头堡防御工事、从大教堂的钟塔，用肉眼就能看见普鲁士团队在向前推进。

夜间，敌军炮车行进的隆隆声、武器叮当声、喇叭声随风飘过漠然、无动于衷地在月光下闪烁的河流。谁都知道，只要一句话，只要一声令下，普鲁士大炮沉默的炮口就会喷吐雷电，德国和法国之间上千年的战斗又将再度开始——这一回，一方是以捍卫新自由的名义，另一方则是以维护旧秩序的名义。

因此，当驿站信使于一七九二年四月二十五日把宣战的消息从巴黎带到斯特拉斯堡[①]时，这一天便成了极不寻常的一天。人群立刻从大街小巷、千家万户拥进广场，全体驻军全副武装，一个团队接着一个团队接受最后的检阅。市长迪特里希在中心广场阅兵，他身上佩戴着三色绶带[②]，挥动饰有国徽的帽子向士兵致意。号音嘹亮，喇叭劲吹，随即全场鸦雀无声。

迪特里希在这个广场和该市所有其他广场用法语和德语高声

① 斯特拉斯堡，法国东部阿尔萨斯地区的城市，靠近德国边界，是战略重镇。
② 三色绶带，政府授予有功人士的表彰。

宣读宣战书全文。他的话音刚落，军乐队便奏起第一支革命临时战歌《前进吧！》，这本是略带刺激性的、放纵而有谐谑意味的一支舞曲，然而行将出征的团队雷鸣般的、雄赳赳的步伐却赋予它威武雄壮的节拍。随后人群星散，把被激起的热情带到所有街衢、房舍；人们在咖啡馆、俱乐部发表激动人心的演说，散发各种文告。

“公民们，武装起来！高举战旗！警钟已经敲响！”他们以这一类号召开始，无论在什么地方，一切演讲、一切报纸、一切宣传画、所有一切人的嘴巴都在重复着这样有战斗力的、节奏鲜明的呼声：“公民们，武装起来，让那些头戴王冠的暴君们发抖吧！前进！自由的孩子们！”这些火热的话语每一次都博得群众狂热的欢呼。

每逢宣战，街头广场上的广大群众总是尽情欢呼，然而在这样的时刻，街头的欢呼声总是也激起别样的声音，角落里低一些的声音；每逢宣战，惊恐和忧虑也同时苏醒，所不同的，只是他们在斗室里悄悄低语，或者苍白的嘴唇缄默不语。无论在什么地方，永远是母亲们在对自己说：外国兵会不会杀死我的孩子们？普天下一切国家的农民都为他们的家产忧心忡忡，担忧他们的农田，他们的房舍，他们的牲畜和收成。他们的禾苗会不会被践踏？他们的家园会不会遭残暴的大兵洗劫？他们劳作的田野会不会血流成河？

然而，本是贵族的斯特拉斯堡市长弗里德里希·迪特里希男爵，如同当年把整个身心献给新自由事业的法兰西最优秀的贵族一样，他只想让那些洪亮而铿锵有力、充满自信的声音发言；他有意识地把宣战日转变成为公众的节日。他胸前斜佩绶带，从一个集会匆匆赶赴另一个集会，去激励民众。他派人送去葡萄酒和食品犒劳奔赴前线的士兵，晚上，他邀请全体军事指挥官和军官们以及他最重要的同僚前来他那坐落在布罗格利广场旁的宽敞府第参加告别晚会，热烈的气氛一开始便使这个晚会具有庆功会的性质。

对胜利从来都是充满信心的将军们是晚会的主宾，在战争中看到自己的人生价值的年轻军官们高谈阔论。一个人激励另一个人。有的人挥舞战刀，有的人互相拥抱，有的人手持一杯葡萄美酒发表慷慨激昂的演说，而且越来越慷慨激昂。所有的演讲都一再重复报刊和宣言上那些激励人心的话语："拿起武器，公民们！前进！拯救祖国！头戴王冠的暴君们很快就要发抖了。胜利的旗帜已经展开，三色旗传遍世界的日子已经来临！每个人都要做出最大的努力，为了国王，为了旗帜，为了自由！"在这样的时刻，全体人民，整个国家，都会因了对胜利的信念和为自由事业献身的热情而结成一个神圣的整体。

就在演说声中，敬酒的当儿，市长迪特里希忽然向坐在他身边的要塞部队的年轻上尉鲁日①转过头去。他想起来了：半年前，这个虽说不上英俊，但讨人喜欢的军官在宪法颁布时写过一首相当不错的自由颂歌，团队的乐师普莱叶立即为它谱曲。作品朴素无华，适宜歌唱，军乐队排练之后便在露天广场演奏，同时有人声合唱。

眼下的宣战和出征不也是举行类似庆典的良机吗？于是市长迪特里希很随便地，就像人们请一个熟朋友帮个忙那样，问鲁日上尉（此人擅自给自己加上贵族封号，自称鲁日·德利尔）一句，他是否有意借这个爱国情绪高涨的机缘为将要出征的部队写点儿东西，给明天就要奔赴前线的莱茵军写一支战歌。

鲁日是个谦逊的普通男子，他从不把自己看作一个大作曲家——他的诗从来不曾刊印过，他的几部歌剧均遭拒绝——他知

---

① 鲁日（1760—1836），法国军官，《马赛曲》词曲作者。

道自己即兴创作的诗歌写得不错。为了让座中的达官和他的好友高兴，他表示乐于从命。是的，他要试一试。“好样的，鲁日。”对面的一个将军为他干杯，提醒他这支歌写好了要马上抄一份送到战场给他；莱茵军确实需要一支能加快行军步伐的爱国进行曲。其时，另一个人又开始发表一通演说。又是敬酒，喧哗，痛饮。这短暂的偶然对话旋即被普遍的热情巨浪所淹没。

豪华盛筵愈来愈令人心醉神迷，愈来愈喧闹，人们的情绪愈来愈狂热，客人们离开市长宅第的时候，午夜已过了很久了。

午夜已过了很久了。四月二十五日，令斯特拉斯堡如此激动的宣战日已经结束，其实，四月二十六日已经开始了。夜幕笼罩着千家万户；然而黑夜只是幻象，因为城市仍然激动万分。兵营里士兵全副武装准备开拔，门户紧闭的店铺后面，有些小心谨慎的人也许已经在悄悄地准备逃走。零星小队士兵在街道上行进，其间夹杂着传令骑兵急促的马蹄声，然后又有一队沉重的炮车嘎嘎响着开了过来，从一个哨位到另一个哨位不断响起哨兵单调的口令声。敌人近在咫尺，太不安全了，在这决定性的时刻，全城的人们都激动得无法安睡。

鲁日也是如此，此刻他正爬上螺旋形楼梯，走进中央大道一二六号寓所，他那简朴的小室，心情异乎寻常地激动。他没有忘记自己的承诺，要尽快谱写一支进行曲，为莱茵军谱写一首战歌。他不安地在他的斗室里来回踱步。怎么开头？怎么开头？各种宣言、演讲、祝酒词，所有鼓舞人心的呼声依然混乱地在脑海里翻腾。“公民们，拿起武器！……前进！自由的孩子们！……消灭专制！……高举战旗……”

不过，他同时也想起了在路上听到的那些声音，为自己儿子们的安全担忧的妇女颤抖的声音，农民忧虑的声音，他们唯恐法兰西的农田遭到外国军队践踏，法兰西的田野血流成河。他半无意识地写下头两行，这只是那些呼声的反响、回音和重复。

前进，前进，祖国的儿郎，
那光荣的时刻已来临！

随后，他停下，愣住了。可以。开头不错。现在得赶快找到合适的节奏，配合歌词的旋律。他从柜橱里取出小提琴试试。棒极了：开头几拍节奏和歌词就配合得很好。他急急忙忙接着写下去，此时已被流贯在他胸中的力量所推动、所牵引。此时此刻喷薄而出的一切情感，在街上、酒宴上听到的一切言辞，对暴君的憎恨，为乡土的忧惧，胜利的信心，对自由的热爱，一切、一切，骤然汇合在一起。

鲁日根本不必去创作、去虚构，他只需要把今天，把这绝无仅有的一天里人人都在说的那些话押上韵，使之配合他那旋律激动人心的节奏，他也就表达出了、说出了、唱出了民族灵魂最深处所感受到的一切。

他也无须作曲，因为透过紧闭的百叶窗就传进来街道的节奏，时间的节奏，这抗争的节奏，挑战的节奏，它就在战士行进的步伐声中，在高昂的喇叭声中，在辚辚的炮车推进声中。也许他自己，他聪敏的耳朵并没有听见，但是时代的守护神，只此一夜寄寓在他易朽躯体的时代守护神听到了这节奏。旋律越来越顺从那敲击的节拍，欢呼的节拍，那整个民族心脏跳动的节拍。

鲁日奋笔疾书歌词和乐谱，越写越快，犹如笔录别人的口授——一场他那狭隘的市民心灵从未经历过的风暴已经向他袭来。一种极度兴奋，一种本非他所有的激情，而是凝聚于唯一的爆炸性一秒钟的魔幻伟力，把这个可怜的业余作者千百倍地拔高，把他像一枚火箭似的射出去，直抵星辰，刹那间闪耀着灿烂的光华和火焰。

鲁日·德利尔上尉一夜之间跻身于不朽人物的行列：街头和报刊最初的呼声被吸收、被借用，形成创造性的歌词，并升华为一诗节，其词永世长存，一如曲调不朽。

我们在神圣的祖国面前，
立誓向敌人复仇！
我们渴望珍贵的自由，
决心要为它而战斗！

接着他又写下最后的诗节，第五诗节，在情绪激荡之中一气呵成，词曲配合，极为完美，东方破晓之前，这支不朽名曲已告完成。

鲁日吹灭了灯，扑倒在床上。方才有什么东西，他不知道是什么，把他高高地举起来，直抵他的感官从未感受到的神圣之境，现在，有什么东西把他抛下来，坠入懵懂的极度疲惫。他沉沉昏睡，睡得像死了一样。确实，他心里的创造者、诗人、守护神又都死了。可是，在神圣的陶醉中，奇迹确曾降临在这沉睡者身上，已完成的作品就在桌上，它已和此人分离。如此迅速、如此完美地创作一首歌的词曲，在世界史上恐怕是绝无仅有的。

教堂的钟声一如往昔宣告新的一天早晨的来临。风不时吹送过来莱茵河畔的枪声，最初的交火已经开始。鲁日醒了。他费力地从沉睡的深渊挣扎上来；模模糊糊感觉到发生过什么事情，对此他只有一点儿模糊的回忆。后来他才看见桌上有一张刚书写完的纸片。是诗？我什么时候写的？音乐，我亲手写的吗？我什么时候作的曲？哦，对，朋友迪特里希昨天求我写的，那首《莱茵军进行曲》！

鲁日读他的诗，轻声哼着曲调，像所有刚完成作品的创作者那样，自己感觉完全没有把握。好在自己团队里的一个战友就住在隔壁房间，他拿去给他看，唱给他听。那朋友听了似乎满意，只建议做几处小修改。鲁日从这最初的赞许获得某种信心。怀着一个作者急不可耐的心情和迅速兑现诺言的自豪，他立即匆匆赶往市长迪特里希家里。

此时市长正在花园里做晨间散步，一边为一篇新的讲话打腹稿。怎么，鲁日？已经完了？好，马上试唱。两人离开花园，走进客厅。迪特里希在钢琴琴椅上坐下，他伴奏，鲁日唱歌。被清晨意外的音乐所吸引，市长夫人走进房间，她答应为这首新歌抄几份歌篇，同时，因为她是一位受过专业训练的音乐家，她还答应给它配伴奏，以便今晚的晚会上能和其他歌曲一起演唱给家里的朋友们听。市长迪特里希为自己优美的男高音自豪，表示要更深入地研究这支歌，于是四月二十六日晚上，凌晨作词谱曲的这支歌，当天晚上便在市长家中向一群偶然被选中的社交界人士首次公演。

听众似乎友好地鼓了掌，很可能这是出于礼貌对在座的作者不可缺少的恭维。坐落在斯特拉斯堡大广场旁边的布罗格利大饭店的客人们自然丝毫不曾预感到，一支永恒的旋律展开眼不可见的翅膀业已飘落尘世，降临在他们面前。同时代人难得一眼便理解一个人或一个作品的伟大，而市长夫人给她的兄弟的一封信足以证明她几乎完全没有意识到那个惊人的瞬间。她把一个奇迹轻描淡写地说成社交界发生的一件事情。

“你知道我们得在家里接待许多人，总得想出些点子使娱乐变得更有意思。因此我丈夫想出个主意，让人谱写了一首即兴歌曲。工程部队的上尉鲁日·德利尔是一位和蔼可亲的诗人、作曲家，他很快就写了一首战歌音乐。我丈夫是优秀的男高音歌手，马上唱了这支歌，这支歌很吸引人，并显示出某种特色。演唱颇成功，较活泼，有生气。我也尽我一份力量，发挥为管弦乐配器的才能，给钢琴和其他乐器编写总谱，因此很忙活了一阵。这支歌已在我们这儿演唱了，社交界都很满意。”

“社交界都很满意”——我们今天会觉得这话惊人地冷淡。仅仅表示友好的印象、不冷不热的赞许是可以理解的，因为马赛曲的首演还未能真正宣示出它的力量。马赛曲不是一支供某一位嗓音悦耳的男高音歌手演唱的歌曲，不是为穿插在小资产阶级沙龙里浪漫曲和意大利咏叹调之间而写的独唱曲。

这是一支情绪激昂、节拍强烈、富有战斗力的歌曲，“公民们，武装起来”！这是向一大群人，向群众的呼唤，这支歌真正的乐队伴奏是铿锵作响的武器、劲吹的号音、齐步行进的团队。它不是为漠然坐待舒适享受的听众，而是为共同行动者、为共同战斗者而创作的。它不适于单独一个女高音、单独一个男高音歌唱，而适于成千上万的群众引吭高歌，这是一支堪称典范的进行曲，一支凯歌、悼亡之歌、祖国的颂歌、全体人民的国歌。

鲁日的这支歌在激情中诞生，也只有激情才能赋予它以鼓舞人心的力量。这支歌还没有激起反响，它的歌词、它的旋律还没有深入民族的灵魂，引起神奇的共鸣，军队还不熟悉他们的凯旋进行曲，革命还不熟悉她的永恒赞歌。

即便一夜之间创造了这一奇迹的人，鲁日·德利尔，也和别人一样，没有意识到自己在那一夜像梦游人似的在负心的守护神的引导下创作的东西。应邀前来的宾客使劲鼓掌叫好，对作为作者的他彬彬有礼地恭维，他这个讨人喜欢的勇敢业余作者自然满心喜悦。怀着一个小人物的小小虚荣心，他力图在自己小小的外省交际圈中充分利用他那小小的成就。他在咖啡馆唱这首新歌给他的战友们听，让人誊抄歌篇送去给莱茵军的将军们。

在此期间，由于市长下令和军事当局推荐，斯特拉斯堡军乐团排练《莱茵军战歌》，四天后部队出发时，斯特拉斯堡国民卫队军乐团在大广场演奏这首新的进行曲。斯特拉斯堡出版商怀着爱国热情声称愿意印行吕克内将军[①]的一位部下满怀敬意献给将军的这首《莱茵军战歌》。

可是，莱茵军的将军们谁都不想在部队行军时真的吹奏这支歌或让士兵唱这支歌，于是，就像鲁日迄今为止的一切尝试一样，“前进，前进，祖国的儿郎！”的沙龙成就似乎不过是短暂的成功，永远只是外省发生的一件事，随后就将被人遗忘。

然而，一件作品固有的力量是不会长期深藏不露或被禁锢的。一件艺术品可以被时间遗忘，可以被取缔，被埋葬，但富有生命力的事物总是要战胜只能短暂存在的事物。人们一两个月听不到《莱茵军战歌》。印刷的和手抄的歌篇在漠不关心的人们手中传递。可是事情总是这样：一件作品即使仅仅只使一个人真正欢欣若狂，那也就足够了，因为一切真正的欢欣鼓舞本身都会有创造性。

六月二十二日，在法国的另一端，马赛，宪法之友俱乐部举行宴会送别志愿者。长桌旁坐着五百名血气方刚、身穿崭新的国民卫队制服的年轻人；此刻，他们的情绪和四月二十五日的斯特拉斯堡一样激昂，只是由于马赛人的南方气质而更炽热、更冲

---

① 尼古拉·吕克内（1722—1794），法军高级将领，曾任元帅，一七九四年雅各宾专政时期被处死。

动、更激情，并且不像刚刚宣战后那么盲目地充满必胜的信心。因为革命的法国军队并不像那些将军们夸口的那样，跨过莱茵河去，到处受到热烈欢迎。相反，敌人已深入法国腹地，自由受到威胁，自由的事业处于危险之中。

突然，宴会进行中间，一个名叫米勒的蒙彼利埃[①]大学医学院学生把玻璃杯往桌上一放，站了起来。全场寂静，所有的人都望着他，以为他要演讲，要致辞。但这个年轻人没有发表讲话，他高高举起右手，挥舞着，开始唱一支歌，一支新的歌，一支大家都陌生、谁也不知道怎么到他手里的歌。

“前进，前进，祖国的儿郎！”电光石火，犹如火星落进火药桶。情感和情感，这永恒的两极碰在一起。所有这些明天就要出发，准备为自由而战、为祖国献身的年轻人感到这支歌的歌词表达了自己内心最深处的意志和他们最根本的思想；这支歌的节奏不可抗拒地使他们全体感到极度兴奋，无一例外。

每一诗节都受到欢呼，人们再三再四地不断要求再唱一遍这支歌，这支歌的曲调已经成为他们自己的了，大家唱着它，激动地跳起来，举起酒杯，雷鸣般地同声高唱副歌：“公民们，武装起来！公民们，投入战斗！”人群从街上好奇地挤过来听人们如此热情澎湃地在这里唱些什么，很快他们自己也都跟着唱起来。

第二天，成千上万人都唱这支歌，新印的歌篇使这支歌广为流传，七月二日五百名志愿者出发时，这支歌和他们一起前进。当他们在公路上感觉疲劳，当他们的步伐变得疲软无力的时候，只要有个人起个调唱起这支歌，它那鼓舞人心的节拍就给所有人增添新的力量。行军经过一座村庄的时候，农民们、村民们惊

---

① 蒙彼利埃，法国南部城市，埃罗省首府，临地中海，拥有历史悠久的医学院。

讶、好奇地聚在一起，他们放声齐唱这支歌。它已成为他们自己的歌，他们不知道这支歌原来是为莱茵军而作的，也不知道它的作者是谁，什么时候创作的，便把它拿过来作为自己营的营歌，作为他们生与死的信条。这支歌是他们的，如同那面军旗属于他们一样，他们要在热情的进军中把它传遍世界。

《马赛曲》——鲁日的这首圣歌很快被称为“马赛曲”，它第一个伟大的胜利是在巴黎。七月三十日，马赛营以军旗和这支歌为前导，穿过市郊进入巴黎。成千上万人伫立道旁，隆重地欢迎他们，这五百名男子仿佛一个人似的高唱着这支歌，一再高唱着这支歌，步伐整齐地前进，所有人全都屏息谛听。马赛人唱的是一首什么圣歌？这么美妙动听，鼓舞人心！这伴随着急骤鼓点的号音，这“公民们，武装起来”的歌声，多么震撼人心！两三个小时以后，巴黎所有大街小巷都能听见这支歌的副歌。

那首《前进吧！》被遗忘了，陈旧的进行曲，老掉牙的歌曲，统统被遗忘了：革命辨识出了自己的声音，革命找到了她自己的歌。

于是这支歌如雪崩似的迅猛传播，胜利的进程势不可挡。宴会上唱这支歌，剧院和俱乐部里唱这支歌，后来甚至在教堂，唱完感恩赞美诗后也唱这支歌，它很快就取代了感恩赞美诗。一两个月后，马赛曲成了人民的歌，成了全军的歌。

共和国第一任军事部长赛尔旺以其慧眼看出了这一支世无其匹的民族战歌所具有的振奋人心的雄浑力量。他紧急命令印制十万张歌篇分发全军，两三夜之间，默默无闻者的歌传播之广竟超过莫里哀[①]、拉辛[②]和伏尔泰[③]的所有著作。

---

① 莫里哀（1622—1673），法国古典主义时期著名剧作家。

② 拉辛（1639—1699），法国剧作家，古典主义悲剧的著名代表之一。

③ 伏尔泰（1694—1778），法国哲学家、史学家、文学家，著名启蒙运动思想家。

没有一个盛会不以高唱马赛曲结束，没有一次会战之前团队不高唱这首自由的战歌投入战斗。在热马普和内尔万，团队齐唱这支歌，列队进行决定性的冲锋，只靠用给士兵发双份烧酒的老办法来鼓舞士气的敌军将领，看见成千上万人同时高唱战歌，如同铿锵鸣响的波涛一样冲击自己的队伍，他们为拿不出什么东西可以同这首“可怕的”圣歌的爆炸力相抗衡而大惊失色。于是马赛曲如同长着双翅的胜利女神奈基[①]，翱翔在法国一切战役的上空，令无数人热血沸腾，令无数人沙场殒命。

其时，默默无闻的工程部队上尉鲁日正在许宁根的一个小驻防地郑重其事地画防御工事的草图。也许他已经忘记了他在一七九二年四月二十六日那业已逝去的夜间创作的《莱茵军战歌》，在报上读到另一首颂歌，另一首战歌如狂飙一般征服巴黎的消息时，他压根儿不敢想这充满必胜信心的《马赛曲》的每一字、每一拍无一而非那一夜在他心中、在他身上发生的奇迹。

这真是命运无情的讽刺，《马赛曲》响彻云霄，却没有使唯一的一个人，即创作它的那个人出人头地。整个法国没有一个人关心鲁日·德利尔上尉，一支歌曲所能获致的最巨大荣誉只属于这支歌，丝毫不曾惠及它的作者。歌词上没印上他的名字，在那些辉煌的时刻，他自己完全不被重视，也并不因此愤懑。因为——只有历史才能发明这种天才的怪论——革命圣歌的作者不是一个革命者；相反，没有任何人曾经像他那样，以其不朽的歌曲推动革命向前发展，现在他却竭尽全力企图阻止革命。

当马赛人和巴黎的群众高唱他那首歌曲猛攻杜伊勒里宫，推

① 奈基，希腊神话中的胜利女神。

翻国王的时候，鲁日·德利尔对革命感到厌烦了。他拒绝宣誓效忠革命，宁可辞职，也不愿为雅各宾党人效劳。他那首歌里唱的“珍贵的自由”，对于这位耿直的男子倒不是一句空话：他憎恨国界那边头顶王冠的暴君，也同样厌恶国民会议里的新独裁者、新暴君。

当他的朋友、《马赛曲》的教父、市长迪特里希和吕克内将军（当初《马赛曲》就是献给他的），以及那天晚上作为马赛曲最初听众的军官、贵族统统被拖上断头台时，他公然对福利委员会①发泄不满，不久便发生了把革命的诗人作为反革命分子逮捕监禁的怪事，审讯他，给他加上背叛祖国的罪名。只是由于热月②九日，随着罗伯斯比尔被推翻，打开了监狱的大门，法国革命才得以免除把不朽的革命歌曲的作者送交给“国民的剃刀”的耻辱。

倘若鲁日当时果真被处死，倒还死得壮烈，而不致像后来那么潦倒。因为不幸的鲁日在人世四十多年，度过成千上万个日子，一生中却只有一天真正有创造性。

他被赶出军队，被取消退休金；他写的诗、歌剧、文章不能发表，不能演出。命运不宽恕这位擅自闯入不朽者行列的业余作者。这个小人物干过各种各样并不总是干净的小营生，艰难地度过渺小的余生。卡诺③和后来的波拿巴出于同情试图帮助他，终归徒劳。

那一次残酷的偶然机缘使鲁日有三小时之久成为神和天才，随后又轻蔑地把他再度掷回原先的卑微，这无可救药地毒化了他的性格，使他变得性情乖戾。他同所有的权势者都吵遍了，冲他

① 福利委员会，法国大革命后由罗伯斯比尔于一七九三年建立的附属于国民公会的一个政府机构。

② 热月，法国共和历的第十一个月。

③ 卡诺（1753—1823），法国督政府五成员之一。

们发牢骚，给要帮助他的波拿巴写了几封措辞激烈的无礼信件，公然自豪地宣称自己在全民公决时曾投票反对他。他的生意使他卷入不体面的事务，甚至为一张未付清的汇票而被关进圣佩拉尔热债务监狱。他到哪儿都不受欢迎，债主们追着他逼债，警察不断在暗中监视他，他终于在省里某个地方躲了起来，从那里，像从一个与世隔绝、被人遗忘的坟墓里似的，聆听有关他的不朽歌曲命运的消息。

在他的有生之年，他听到马赛曲和战无不胜的军队一道攻进欧洲各国，后来又听说拿破仑一当上皇帝，认为它太革命，下令把它从一切节目单中删除，以致波旁王朝的后裔完全禁止这支歌曲。过了一代人的时间，待到一八三〇年七月革命爆发，他的诗、他的旋律在巴黎的街垒中又恢复了往昔的活力，资产阶级国王路易·菲力浦[1]因他是诗人授予他一小笔养老金，使他不胜惊讶。人们还记得他，这个销声匿迹的人，被人遗忘的人，觉得这像是一场梦，但这只不过是淡淡的记忆而已。

一八三六年，他终于以七十六岁高龄在舒瓦齐勒罗瓦去世，这时已经没有人知道他是何许人，没有人能说出他的名字。又过了一代人的时间，直至世界大战[2]中，其时《马赛曲》已是国歌，法国各条战线又再度响起这支战歌，这位小小上尉的尸体才被移葬在荣军院，和小小少尉波拿巴的遗体放在同一个地方，这样，一支不朽名曲的极不出名的作者终于长眠在他感到失望的祖国荣誉墓地，但只是作为独一无二的一夜诗人。

（潘子力　译）

---

① 路易·菲力浦（1773—1850），出身于波旁王朝的奥尔良家族，公爵，一八三〇年七月革命后被资产阶级拥立为法国国王，人称“资产阶级国王”。

② 指第一次世界大战。

# 滑铁卢决定胜利的一瞬

拿破仑
一八一五年六月十八日

❖

命运之神向强者和强暴者迎面而来。她多年奴隶般地俯首听命于恺撒[①]、亚历山大[②]、拿破仑[③]等人；因为她喜爱同她一样不可捉摸的强力人物。

然而有时，虽然任何时代都极为罕见，她会出于一种奇特的心情，投入平庸之辈的怀抱。有时——而这则是世界史上最令人惊讶的瞬间——命运之线掌握在一个微不足道的小人物手里一分钟之久。这时，参与英雄豪杰们的世界游戏所要承担的重任总是使这种人感到惊骇甚于感到幸福，他们几乎总是颤抖着与投向他们的命运失之

---

① 恺撒（前 102 或前 100—前 44），罗马统帅、政治家、独裁者，后被共和派贵族刺杀。

② 亚历山大（前 356—前 323），马其顿国王，先后征服希腊、埃及和波斯并侵入印度，建立亚历山大帝国。

③ 拿破仑（1769—1821），法兰西第一帝国（1804—1814）和一八一五年百日王朝皇帝。一七九九年发动雾月十八日政变，自任第一执政官，一八〇四年称帝，建立法兰西第一帝国，并颁布《民法典》，对外连年用兵，滑铁卢战役惨败后被流放于圣赫勒拿岛。

交臂。极少有人能抓住机遇而平步青云。因为大事系于小人物仅仅一秒钟，谁错过了它，永远不会有第二次恩惠降临在他身上。

## 格 鲁 希[1]

拿破仑这头被擒的雄狮挣出了厄尔巴岛[2]的樊笼，这消息犹如呼啸的炮弹一样射进维也纳会议期间的一切舞会、偷情、阴谋和争吵；信使不断飞马报告消息：他占领了里昂，赶走了国王，部队狂热地举着旗帜归附他，他进入巴黎，在杜伊勒里宫中，莱比锡和二十年残杀生灵的战争均属徒劳了。

仿佛被一只兽爪攫住似的，方才还在互相抱怨、争吵不休的各国大臣赶忙聚在一起，匆匆抽调一支英国军队，一支普鲁士军队，一支奥地利军队，一支俄罗斯军队，再次联合起来，以最终击败这个篡位者：帝王们合法的欧洲从来没有比在这最初震惊的时刻更加团结一致了。威灵顿[3]从北面向法国推进，在他的侧翼，普鲁士军队在布吕歇尔[4]的统率下掩护他向前移动，施瓦尔岑贝格[5]在

---

① 格鲁希（1766—1847），法国革命和拿破仑战争时的将领，“百日王朝”中晋升为元帅，在滑铁卢战役中据说因他未能阻遏普军驰援英军，致使拿破仑战败，后流亡美国。

② 厄尔巴岛，一八一四年三月，反法联军进入巴黎，拿破仑被迫退位，后被流放于此。

③ 威灵顿（1769—1852），首任威灵顿公爵，英国陆军元帅，曾任英国首相（1828—1830），以在滑铁卢战役指挥英普联军击败拿破仑而闻名，有“铁公爵”之称。

④ 布吕歇尔（1742—1819），普鲁士陆军元帅，在滑铁卢之战中为击败拿破仑起了关键作用。

⑤ 施瓦尔岑贝格（1771—1820），奥地利元帅，在一八一三年击败拿破仑的德累斯顿和莱比锡大战中任反法联军总司令。

莱茵河畔备战，而作为后备队的俄国军团正步履沉重地缓缓横穿德国而来。

突然，拿破仑看清了致命的危险。他知道没有时间了，不能坐待这群猎狗聚集在一起。他必须赶在俄国人、英国人、奥地利人组成欧洲联军和他的帝国没落之前将他们分割开来，各个击破。他必须迅速采取行动，否则国内的不满分子将会鼓噪闹事，他必须在共和党人壮大势力并同保皇党人联手之前，在富歇[①]这个狡诈善变的两面派同他的对手和影子塔列兰[②]结成同盟，并从背后给他致命一击之前打赢这场战争。他必须利用军队狂热的情绪，以绝无仅有的干劲向敌人发起进攻；每一天都是损失，每小时都有危险。因此，他匆匆忙忙把赌注压在战斗最惨烈的战场上，押在比利时。

六月十五日凌晨三点，拿破仑大军——现在也是他仅有的一支军队——的先头部队越过边界。十六日，法军在林尼村附近与普鲁士军队遭遇，击退普军。这是冲出樊笼的雄狮的第一次猛烈打击，一次可怕的，但还不是致命的打击。普军受重创但未被消灭，向布鲁塞尔方向退却。

此时，拿破仑缩回拳头，准备第二次打击，锋芒指向威灵顿。他不容许自己喘口气，也不让敌人有喘息之机，因为敌人的力量每天都得到加强；他必须让他背后的国家，让流尽鲜血的不安的法国人民在胜利的捷报声中像痛饮火热的劣质烧酒似的陶然沉醉。

十七日，他率领全军进抵四臂村高地，冷静而意志坚强的威

---

① 富歇（1759—1820），拿破仑的警务大臣。

② 塔列兰（1754—1838），法国外交部部长、外交大臣，曾任主教。拿破仑称帝后秘密勾结沙皇亚历山大一世反对拿破仑，以权变多诈著称。

灵顿在那里严阵以待。这一天，拿破仑的作战部署比任何时候考虑得都更周密，他的命令比任何时候都更清楚：他不仅考虑进攻，而且也考虑危险，即受到重创而未被消灭的布吕歇尔军有和威灵顿军会师的可能。为此，他分出一部分兵力步步进逼普军，以阻断普军与英军会合。

他把追踪普军的命令交给格鲁希元帅。格鲁希是个中等资质的男子，为人诚实、正直、勇敢、可靠，是个受过多次考验的骑兵将领，但也只是个骑兵将领而已。他不是缪拉①那样刚烈而有魅力的猛将，不是圣西尔②和贝尔蒂埃③那样的战略家，不是内伊④那样的英雄。没有古代武士的铠甲装饰他的胸膛，没有神话环绕他的身影，没有显著的特质使他在拿破仑传奇的英雄世界里获得荣誉和一席之地：倒是他的不幸和厄运使他出了名。

从西班牙到俄国，从荷兰到意大利，他二十年身经百战，一级一级缓慢地升到元帅军衔，他并非不配当元帅，但没有特殊的业绩。奥地利人的炮弹，埃及的骄阳，阿拉伯人的匕首，俄罗斯的严寒，使他的几位前任相继丧生——德赛⑤死于马伦哥，克莱

---

① 缪拉（1767—1815），法国元帅，那不勒斯国王（1808—1815），拿破仑战争时期统帅骑兵，战功卓著。一八一五年五月初与奥军作战被俘，同年十月十三日被奥地利军事法庭处决。

② 圣西尔（1764—1830），法国海军大臣、陆军大臣、殖民大臣，是优秀的野战指挥家和战术家，曾屡建战功。

③ 贝尔蒂埃（1753—1815），法国元帅，曾随拿破仑进军意大利和埃及，任法国国防部长，总参谋长。

④ 内伊（1769—1815），法国元帅，以骁勇善战著称，参加拿破仑时期历次战争，百日王朝时参加滑铁卢战役，波旁王朝第二次复辟后被判处死刑。

⑤ 德赛（1768—1800），拿破仑麾下的将军，一八〇〇年六月战死在意大利北部的马伦哥。

贝尔[①]死于开罗，拉纳[②]死于瓦格拉姆——从而为他扫清了通往最高军阶的道路，他不是一举登上元帅宝座，而是二十年战争为他打开这条道路。

格鲁希不是英雄，不是战略家，而只是一个忠心耿耿、老实可靠的庸人，这一点，拿破仑心里是很明白的，可是他的元帅们半数已长眠地下，其余几位厌倦了连年不断的征战，眼下正闷闷不乐地待在他们的庄园里。于是拿破仑迫于无奈，只得把决定性的行动托付给一个平庸的人。

十七日上午十一点，林尼之战获胜的次日，滑铁卢大战的前一天，拿破仑有生以来第一次把独立的指挥权交给格鲁希元帅。奉命唯谨的格鲁希从军事等级制度跨进世界历史的一瞬间，一天。只不过一瞬间，但这是怎样的一瞬间啊！拿破仑的命令是明明白白的。当他亲自攻击英国人的时候，格鲁希要率领三分之一的兵力跟踪普军。乍一看这似乎是一项简单的任务，直截了当，没什么可引起误解的，但又如同一把剑，可弯曲而有双刃。因为在跟踪普军的同时，要求格鲁希时刻和大本营保持联络。

元帅犹豫不决地接受了这道命令。他不习惯独立行动，他的思考缺乏独创性，只有当皇帝天才地命令他采取行动时，他才觉得心里踏实。此外，他感觉到他的将军们背后有不满，也许，也许也感觉到命运黑色的翅膀在扑扇。只有靠近大本营能使他心神安定：因为他的军队和皇帝的军队只隔三小时急行军的路程。

格鲁希在滂沱大雨中告别，他的士兵在海绵似的泥泞的地里追踪普鲁士人，或者至少可以说，沿着他们所估计的布吕歇尔和

---

① 克莱贝尔（1753—1800），拿破仑麾下的将军，驻军埃及时于一八〇〇年六月被埃及人刺杀。

② 拉纳（1769—1809），拿破仑麾下的元帅，一八〇九年战死在奥地利。

他的部队走的方向追去。

## 卡 卢 之 夜

北方的豪雨没完没了地下着。拿破仑的军队在黑暗中蹒跚前进，人人浑身精湿，个个鞋底粘了两磅烂泥；找不到过夜的地方，没有人家，没有房子。干草给雨水泡透了，不能躺下睡觉，士兵们只好十个、十二个挤在一起，背靠背直着腰坐在地上，在瓢泼大雨中睡觉。皇帝自己也没有休息。他焦躁地心神不宁地来回踱步，因为这种天气什么也看不清楚，无法侦察，侦察兵最多送来含糊其词的报告。他还不知道威灵顿是否应战，从格鲁希那里也没有得到关于普军的消息。于是他不顾暴雨如注，深夜一点钟亲自前往前沿阵地察看，一直走到接近英军宿营地，在火炮射程内的地方，水汽中隐约可见一点烟雾迷蒙的灯光，一边打着进攻方案的腹稿。

天蒙蒙亮他才回到他那简陋的大本营，卡卢的小屋，见到格鲁希最初几封紧急报告，关于普鲁士人撤退的消息含糊不清，但他保证要尾随他们，毕竟令人宽慰。雨渐渐停了。皇帝烦躁地在房间里走来走去，凝视着黄色的地平线，看看是否最终可以看见远处的景物，以便下决心。

清晨五点，雨停了，使他难以下决心的心中云雾也消散了。于是下令全军做好准备，九时出击。传令兵向四面八方飞驰而去。不久便响起集合的鼓声。此时皇帝才在自己的行军床上躺下睡了两小时。

# 滑铁卢的早晨

早晨九点钟。但部队还没有全部集结。三天豪雨，浇软了地，增加了行军的困难，妨碍炮兵转移。太阳渐渐露出来，在凛冽的寒风中放射光芒，但这不是奥斯特里茨明丽的致人幸福的阳光，而是北方的阳光，只闪烁着阴郁的淡黄色光晕。

部队终于准备就绪，大战开始前，拿破仑再次骑上他那匹白马，巡视前线。战旗上的雄鹰像在狂风中低低地翱翔，骑兵威武地挥舞战刀，步兵用刺刀挑起他们的熊皮军帽向皇帝致敬。战鼓齐鸣，鼓声震天，所有军号一齐向统帅吹出欢乐的号音，但是所有这些闪光的音响，完全淹没在七万士兵洪亮的嗓音同时高呼、如同滚雷一般响彻各个师团上空的“皇帝万岁！”的欢呼声中。

在拿破仑二十年的军事检阅中再没有比他这最后一次更壮观、更狂热的激情了。欢呼声刚刚消失，十一点——比预定时间晚两小时，致命的两小时！——炮手奉命轰击山冈上穿红色军装的英军。随后，“勇士中的勇士”内伊率步兵向前推进；拿破仑决定性的时刻开始了。

这场战役已被描写过无数次了，然而对战场上令人激动的变化的描绘总是引起人们阅读的兴趣，一会儿读沃尔特·司各特[①]场面宏伟的描画，一会儿读司汤达[②]撰写的插曲。这场血战是伟大的，无论从近处或从远处看，也无论是从统帅所在的山冈或从

---

① 沃尔特·司各特（1771—1832），英国著名的历史小说家、诗人，著有《拿破仑传》等。

② 司汤达（1783—1842），本名马利－亨利·贝尔，司汤达是其笔名，法国批判现实主义作家，崇拜拿破仑，并多次随拿破仑的大军征战欧洲，著有《红与黑》《拿破仑·男人中的男人》等。

铁甲骑兵的马鞍上看，都是多姿多彩的。这是扣人心弦的艺术作品，是面临灭顶之灾的顷刻惊骇和希望无数次交替的典范，这是拿破仑生涯中蔚为壮观的烟火，壮观有如一枚火箭，再次升上高高的天空，然后颤抖着坠落下来，永远熄灭。

从十一点至一点，法军攻占高地、村庄和阵地，又被赶跑，接着又冲上去，空旷、泥泞的山冈上已经覆盖着一万多具尸体，除了疲惫，双方还什么都没有得到。双方军队都已疲乏不堪，双方统帅都深感不安。他们两人都明白，谁先获得增援，胜利就属于谁。威灵顿盼布吕歇尔来援，拿破仑盼格鲁希到来。拿破仑一再神经质地举起望远镜，一再派出传令兵前往格鲁希处；元帅若能及时赶来，奥斯特里茨的太阳就将又一次照亮法兰西的天空。

## 格鲁希的失着①

其时，没有意识到拿破仑的命运掌握在自己手中的格鲁希按照命令于六月十七日晚率军出发，从前文所述的方向追踪普军。雨已经停了。昨天才第一次闻到火药味的年轻连队士兵无忧无虑地在往前走着，如同走在一片和平的土地上，因为敌人一直还没有出现，始终看不见被击败的普鲁士军队的踪影。

当元帅正在一家农舍迅速吃早餐的时候，他脚下的土地突然微微颤动。大家凝神倾听。由远处一再传来低沉的闷雷似的声音：是大炮，远处炮兵部队在开火，在不太远的地方，最多距此三小时路程。为了辨明炮声的方向，几个军官按照印第安人的做法趴

① 失着，指错误的一步棋。

在地上，屏息倾听。远处沉闷的轰隆声持续不断。这是圣让山上的炮声，滑铁卢战役开始了。

格鲁希征求意见。副司令热拉尔热烈而迫切地要求把部队向大炮轰鸣的方向迅速调动。一个军官马上表示赞成，要求立即把部队开过去！他们每一个人都不怀疑是皇帝向英国人发起进攻，一场大战打响了。格鲁希犹豫不决。他习惯了服从命令，胆怯地死死抓住皇帝命他追击败退的普军的书面手令不放。

热拉尔见他优柔寡断，口气激烈起来：“赶快向开炮的地方开去！”当着二十个军官和文职人员的面，副司令的要求听起来不像是在请求，倒像是在下命令。格鲁希甚感不快。他口气强硬地声称，只要皇帝不改变命令，他绝不允许偏离自己的职责。众军官均感失望，愤懑的沉默中只是大炮的轰隆声愈见喧闹。

热拉尔又做了最后的努力：他恳求至少允许他率领他的师团和部分骑兵奔赴战场，并保证及时赶回来。格鲁希想了想。他想了一秒钟。

## 决定世界历史的一瞬

格鲁希想了一秒钟，这一秒钟决定了他自己的命运，决定了拿破仑的命运和世界的命运。它，在滑铁卢附近的一家农舍里的这一秒钟，决定了整个十九世纪，而这一秒钟却取决于一个相当勇敢却又相当平庸的人的嘴巴，掌握在一个神经质地揉着皇帝一纸命令的人手中。如果格鲁希现在能鼓起勇气，敢于相信自己和相信确实无误的迹象，违抗皇帝的命令，法兰西就获救了。但是这个唯唯诺诺的人，一向服从条令而不听从命运的呼唤。

就这样，格鲁希一挥手断然拒绝了。不，这么个小小的军团再分兵两路，太不负责任了。派他执行的任务只是追踪普鲁士人。他拒绝违背皇帝的命令行事。军官们闷闷不乐不吭一声。他的周围出现一片静寂。而决定性的一秒钟就在这静寂中流逝，此后无论何种言辞和行动都永远无法再把握住这一秒钟。威灵顿胜利了。

部队继续前进，拉热尔、旺达姆愤怒地挥舞拳头，不久格鲁希心里就感到不安，而且越来越没有把握：因为，很奇怪，普鲁士人一直都不露面，显然他们已改变了往布鲁塞尔的方向。不久，信使报告有可疑的迹象表明普军的退却已转变成为向战场的侧翼进军。还有时间以急行军去支援皇帝，格鲁希等待皇帝叫他返回的命令，越等越不耐烦。但他没有等到任何消息。只有远处传来的沉闷的炮声滚过震颤着的大地：这是投掷在滑铁卢的铁色子。

## 滑铁卢的下午

其时已是下午一点。尽管拿破仑的四次进攻都被击退，但威灵顿的主阵地已被严重动摇，拿破仑准备进行决定性的进攻。他命令加强英军正面的炮火，在炮击的硝烟尚未在山冈之间布下帷幕之前，他向战场投去最后的一瞥。

此时，他发现东北方向似乎从森林里涌出一团黑压压的阴影：新的部队！所有望远镜立即转向那个方向。是格鲁希果断地越过命令及时赶来吗？不，带上来的一个俘虏报告说，那是普鲁士军队，布吕歇尔军的先头部队。皇帝第一次感到那支被击溃的普军为了及时与英军会合，必定已摆脱追兵，而自己占全军三分之一的兵力却在空旷的原野兜圈子做徒劳无益的演习。他随即写一封信给格鲁希，命他要不惜一切代价保持联系，并阻遏普军投入滑铁卢战役。

同时，内伊元帅奉命进攻，必须在普军到达之前击败威灵顿：在获胜机会突然变得渺茫的情况下，投入再多兵力似乎都不算过于冒失。于是整个下午不断投入新的步兵对那块高地发起可怕的攻击。法军几次冲进被炮弹炸毁的村庄，又被击退下来，他们一再像潮水般地涌来，高举战旗向已受到沉重打击的方阵冲锋。但威灵顿顶住了，一直还没有格鲁希的消息。

“格鲁希在哪里？格鲁希在哪里？”皇帝见普军前卫部队渐将出击，不禁神经质地喃喃自语。他麾下的将领也都心中烦躁。内伊元帅决心孤注一掷，一举投入全部法国骑兵强打猛攻，决一胜负——他极大胆勇猛，格鲁希又过于优柔寡断。一万名铠甲护胸的骑兵和轻骑兵殊死决战，闯入敌阵，劈倒炮兵，冲破前面几队列英军的防线。虽然他们又被赶下了高地，但英军战力业已衰竭，那个山头四周的守军阵势已经开始松动，当伤亡惨重的法军骑兵在英军炮击前退却的时候，拿破仑的老近卫军、最后的后备队，迈着沉重、缓慢的步伐靠上来，向山头发起冲锋。这个山头的得失关系着欧洲的命运。

## 决　战

四百门大炮从早晨就在两军阵地上轰响。骑兵队向开火的方阵出击，前线响遍铁器撞击声，战鼓雷鸣，整个平原在各种声音的交汇中战栗！然而在上面，在两座山头上，双方最高统帅似乎都不理会那嘈杂的人堆而在谛听。他们在谛听轻些的音响。

两只表在他们手上嘀嗒嘀嗒地响着，犹如两颗鸟儿的心脏，似乎比千军万马的厮杀更使他们关切。拿破仑和威灵顿，两人不断拿起精密计时器，数着还有几小时几分钟决定最后战局的援军就要到来。威灵顿知道布吕歇尔就在附近，拿破仑希望格鲁希到来。他们两人都没有后备队了，谁的增援部队先到，谁就将赢得战争。

两人都举起望远镜瞭望森林边缘，此时普军前卫部队像淡淡的云雾开始出现在那里。他们只是被格鲁希追得狼狈逃窜的散兵游勇，还是普军的主力？英国人已经仅只在做最后的抵抗，然而法国军队也已疲惫不堪。像两个摔跤者双臂都已疲软无力，气喘吁吁地面对面站着，要吸一口气才能再次抓住对方：决定胜负的最后一个回合已经到了。

这时，普军侧翼的大炮终于轰响了：遭遇战，轻步兵开火了！格鲁希终于来了！拿破仑轻舒一口气。他确信侧翼稳固，便集中最后的兵力再次猛攻威灵顿的主阵地，以便捣毁布鲁塞尔城郊英军的门闩，炸开通向欧洲的大门。

但是那一阵炮火只不过是一场误会：由于汉诺威士兵穿别样的军服而被普鲁士军队误以为是敌军。他们很快校正火力，现在，大军浩浩荡荡势不可挡地从森林里涌出来。不，率军前来的不是格鲁希，而是布吕歇尔。大难临头了。消息迅速在皇帝的部队中传开，他们开始退却，还能勉强保持秩序。

然而，威灵顿抓住这关键时机。他策马来到胜利阻击敌军的高地前沿，脱下帽子，在头上朝着退却的敌军高高地挥动。他的将士立刻明白这个夺取胜利的手势。剩下的英军全都一跃而起，向败退的敌军猛扑过去。同时，普鲁士骑兵从侧翼冲击疲惫的、溃败的法军。到处响起绝望的喊叫声："各自逃命吧！"不过几分钟而已，这支军威赫赫的部队便变成了一股惊惶失措、狼狈逃窜的人流，把包括拿破仑在内的一切席卷而去。追杀的骑兵冲进这迅速流动向后疾奔的人潮中，如同冲进无抵抗、无感觉的流水，在一片惊恐的叫喊声中，他们轻而易举地便虏获了拿破仑的御用马车、军中财宝和整支炮队，只是由于夜幕降临才保全了拿破仑的生命和自由。

及至午夜时分，那个浑身污垢昏头昏脑疲惫地跌坐在一家低级乡村客店的人，已经不再是皇帝了。他的帝国，他的王朝，他的命运完结了：一个微不足道的小人物的怯懦毁掉了最勇敢、最有远见的人在叱咤风云的二十年间建树的一切。

## 复归平凡

英军刚刚大败拿破仑，一个当时几乎没有什么名气的人乘一辆特快马车驰向布鲁塞尔，又从布鲁塞尔飞驰到海边，有一条船在那里等候他。他扬帆渡海，要赶在政府信使之前到达伦敦。他如愿以偿了。由于拿破仑覆灭的消息尚不为人所知，他做了大宗证券投机买卖，以这一独具慧眼的举措一举建立了另一个帝国，另一个王朝。此人就是罗斯柴尔德[①]。次日，英国得知胜利的消息，巴黎的富歇，这个永远的叛徒也得到战败的消息，在布鲁塞尔和德国，胜利的钟声响彻云霄。

---

① 罗斯柴尔德（1777—1836），德国犹太大银行家罗斯柴尔德家族的后人，在滑铁卢战役中发了一笔横财。

只有一个人到第二天对滑铁卢最后的结局依然一无所知，尽管他距离那决定命运的地方不过四小时路程之遥。此人就是不幸的格鲁希。他仍然严格遵从追击普鲁士军队的命令——按原定计划行事，坚定不移。可是奇怪，哪儿都看不见普鲁士人的影子，这使他心中忐忑不安。从不远处传来的大炮轰鸣声越来越响，仿佛在向他们求救。他们觉得大地在颤抖，觉得每一发炮弹都击中他们的心坎。现在大家都知道这不是什么遭遇战，一场大战已经打响，大决战已经开始。

格鲁希心神不宁，策马走在他的一群军官中间。他们避免同他讨论问题，因为他们的建议已被他拒绝。

当他们终于在瓦弗附近遇到一支普鲁士军队，布吕歇尔军后卫的时候，以为获得了一个挽救的机会，便发狂似的向普军防御工事冲去，拉热尔被一种不祥的预感所驱使，仿佛为求一死，奋勇当先。一颗子弹击中他，大声疾呼的告诫者倒下去，永远不会说话了。夜幕降临时他们袭击那个村子，但是，他们觉得打败这支小小的后卫部队已经没有什么意义，因为战场那边一下子突然变得寂静无声。令人惊恐的沉寂，安静得令人毛骨悚然，一种阴森恐怖的死一般的静默。他们全都觉得隆隆的炮声甚至还比这令人心神不安的不确定状态要好一些。

滑铁卢大战想必结束了，格鲁希终于收到拿破仑从滑铁卢写给他催促救援的纸条，但已为时太晚！看来大战一定已经结束了，可是，谁获胜了？他们通宵达旦地守候。徒劳！没有一个使者从那边过来。似乎大军把他们给忘了，他们仿佛毫无意义地置身于一片朦胧的空间。

早晨，他们离开宿营地，继续行军，疲惫不堪，心里其实早已意识到他们所有的行军和演习都已变得毫无意义。上午十点钟，终于有一个大本营的军官骑马飞奔而来。众人扶他下马，连珠炮似的向他发问。但他面如死灰，鬓毛湿漉漉的，由于超乎常人的劳累颤抖着，结结巴巴地只吐出一些叫军官们听得莫名其妙的话，他们听不懂这些话，也不愿意听懂这些话。他说不再有皇帝了，不再有皇帝的军队了，法兰西完蛋了，他们只把他当作一个神经错乱的醉鬼。不过，他们一点一滴地从他嘴里掏出了全部真相，听了那令人沮丧的几乎使人瘫软的报告。

格鲁希面色苍白，浑身颤抖，撑在军刀上。他知道，他杀身成仁的时刻到了。他毅然决然挑起重担，承担起全部罪责。拿破仑的这个唯命是从、优柔寡断的部下在那伟大的一秒钟贻误了战机，此刻又成了一个堂堂的男子汉，几乎像一位英雄，敢于直面迫近的危险。他立即召集全体军官，双眼饱含愤怒和悲怆的热泪，发表简短的讲话，既为自己的优柔寡断辩解，同时又责备自己。昨天还对他愤懑不已的军官们默默地听着。

每个人都可以谴责他，都可以夸耀自己当时比他有见识。但，这话没有一个人敢说，没有一个人愿说，他们沉默着、沉默着。极度的悲伤使他们说不出话。

恰恰在被他耽误的那一秒钟之后，格鲁希显示出，为时太晚地显示出他的全部军事指挥能力。在他恢复了自信，而不再仅仅依照命令行事的时候，他的深思熟虑、精明、谨慎和认真，所有这些伟大的品德，全都清楚地表现出来。在被敌人五倍兵力的包围下，他率领部队突围撤退，没有损失一兵一卒，没有丢失一门大炮。拯救了法兰西，拯救了帝国最后的一支军队，表现出高超的战术水平。

但当他返回时，那里已经没有皇帝向他表示感谢，没有敌军与他对垒。他来得太晚了，永远太晚！尽管他的地位在上升，尽管他被任命为总司令、法国贵族院议员，在每一个职务上都表现出魄力和才干，但任何东西都无法赎回他原可充任命运的主人而他却对之无能为力的那一瞬。

伟大的一秒钟，他对不恰当地被召唤来而不善利用他的人的报复就这么可怕。一切市民的品德，小心、服从、热诚和谨慎，一切全都熔化在命运降临的伟大瞬间的烈焰而于事无补，此一瞬间只要求天才，并将他塑造成为永恒的形象。此一瞬间鄙夷地将犹豫不决者拒之门外；他[①]，大地的另一尊神，他火热的手臂只将英勇无畏者高高举上众英豪的天空。

（潘子力　译）

① 德语“瞬间”一词属阳性，故作者以“他”代表。

# 玛丽恩巴德[1]哀歌

歌德在卡尔斯巴德和魏玛之间
一八二三年九月五日

❖

一八二三年九月五日，一辆游车沿着从卡尔斯巴德[2]通向埃格尔[3]的公路缓缓地行驶。清晨一片秋的寒意，尖厉的金风吹过田野，地里的庄稼都已收割完毕。广阔的乡间大地上的天空一片澄蓝。

在这辆四轮轻便马车里坐着三个男人：萨克森——魏玛大公国的枢密顾问冯·歌德（如在卡尔斯巴德进行疗养的旅客所尊称的那样）和两个随行，老仆人斯塔德尔曼和秘书约翰，此人的手第一次缮写了新世纪歌德的几乎全部作品。这两个人缄口不语，因为自从在卡尔斯巴德年轻的女人和少女拥向他表示祝愿和吻别之后，登程以来老人的嘴唇就再没有翕动过。他动也不动地坐在车里，只是思考着，他那专注的目光透露出他内心的激动。

在到达第一个驿站时，他走下车来，两个旅伴看到他匆忙地

① 玛丽恩巴德，疗养胜地，以温泉、浴场著称，在今捷克境内。
② 卡尔斯巴德，今捷克著名矿泉疗养胜地卡罗维发利。
③ 埃格尔，从卡尔斯巴德到魏玛途中必经的小镇，在今捷克境内。

用铅笔在一张顺手找到的纸上写些字句，在到魏玛的全程上无论是行进还是休息他都做这同样的事情。刚一到茨沃陶，翌日抵达哈顿伯格宫，在埃格尔和随后在波斯内克，所到之处他要做的第一件事，就是把在辚辚行进的旅途中构思的匆匆写下来。他的日记只是简略地透露出："写诗（九月六日）""星期天，继续写诗（九月七日）""路上再次通读全诗（九月十二日）"。到达目的地魏玛时，这首诗歌业已完成。

《玛丽恩巴德哀歌》绝不是无足轻重的，它是最重要的，是揭示他个人最隐秘的情感，并因此也是他最喜爱的一首诗，是他勇敢的告别，是他英雄般的新的开始。

歌德有一次在谈话中称这首诗是"内心状态的日记"，也许在他的生活日记中没有一页像这份那样透露出他内心最深处情感悲哀的发问、悲哀的诉说，它是如此坦诚、如此清晰，把其源起和产生袒露在我们的面前。

他青少年时代中没有一种抒情的宣泄是如此直接地出之于机缘和事件，没有一部作品像我们看到的"这首献给我们的奇妙之歌"这样，一行接一行、一节接着一节、一个小时接着一个小时在形成。它是这位七十四岁的老人最深沉、最成熟、闪耀出秋日光华的暮年之作。如"处于一种高度激情状态时的产物"，如他对爱克曼[①]所说的，它同时与形式最庄严的驾驭结为一体：这样最火热的生活瞬间袒露地和神秘地转化为形象。

就是今天，在一百多年之后，他那枝繁叶茂的、奔腾呼啸的生命中，这辉煌的一叶也丝毫没有枯萎，没有褪色；九月五日，

---

① 爱克曼（1792—1854），德国作家，歌德的秘书，直接参与了歌德晚年的全部创作，著有《歌德谈话录》等。

这值得纪念的一天，还要世世代代保存在未来德意志民族的记忆里和情感里。

罕见的新生之星发出亮光，照耀着这一叶、这首诗、这个人和这个时刻。一八二二年二月，歌德不得不与一场重病进行搏斗，剧烈的高烧袭击着他的肌体，有些时刻他已神志昏迷，自己已知病笃危殆。医生们不明症状，束手无策，先是感到情况危险。但这病来得突然，去也匆匆。

在六月，歌德就前往玛丽恩巴德去了，完全变了另一个人，给人几乎是这样的印象，好像那一场病只是一种内心重返青春的症状，是一种“新青春期”；这个索居的、变得生硬的、呆板的人，他的诗人气质几乎完全结痂成了学究气，可从那以后，十年来他就又只完全听从感情的驱使了。

音乐“使我舒展开来”。如他所说的那样，他几乎不会弹钢琴，他在听了特别是像斯奇玛诺夫斯卡①这样一个妩媚的女人弹奏时，他双眼饱含泪水；出于最深沉的本能，他去寻求他的青春年华，他的朋友们惊奇地看到这位七十四岁的老人直到午夜还与女人们周旋在一起，看到他近年来又出入舞会，正如他骄傲地谈及：“在轮换女舞伴时，大多数可爱的孩子都经过了我的手”。

在这个夏天里，他那僵化的气质魔术般地融解了，敞开了心灵，他的灵魂沉湎于古老的魔法，永久的魔力之中。他的日记透露出“绮梦”“老维特”又在他身上苏醒了：与女人们的接近激发他写出小诗、风趣盎然的戏剧和谐谑小品，就像半个世纪前他

① 斯奇玛诺夫斯卡，波兰女钢琴家，常为歌德弹奏钢琴。

与莉莉·勋内曼[①]在一起时所做的那样。他还没把握的是选择哪个女人：先是那个美丽的波兰女人；但随后是十九岁的乌莉克·莱维佐夫[②]，他为她燃起了他那康复了的感情。十五年前他爱过了她的母亲，并敬重她；在一年前他还仅是父亲般戏称她“小女儿”，但这种钟爱却急速地成长为一种激情。现在，一种异样的、攫住了他的全部存在的病症，在情感的火山般的世界里猛烈地摇撼着他，这是数年来没有过的一场经历。

这位七十四岁的老人像一个男孩儿一样耽于狂热之中，当他听到从林荫道上传来的欢笑声，他连帽子也不戴、手杖也不拿就向嬉戏的孩子们奔去。但他也像一个年轻人、像一个男子汉一样在追求：一场荒唐的戏剧，略带萨蒂尔[③]味道的悲剧拉开了帷幕。

歌德在与医生秘密商议之后，他就向他的老友大公爵表示，恳求他为自己到莱维佐夫夫人那里向她的女儿乌莉克求婚。大公爵想起五十年前与女人们相聚在一起的某些疯狂的夜晚，他对这个人，这个被德国、被欧洲尊敬为智者中的智者、世纪最成熟最澄明的贤者，或许暗自微笑和有点儿幸灾乐祸；大公爵庄重地佩戴上他的星徽和勋章，前去拜访十九岁姑娘的母亲，代七十四岁的歌德向其女儿求婚。回答的详情人们不得而知，看来是拖延和推诿。

求婚的歌德心中没有把握，令他欢愉的仅是匆匆的亲吻和甜蜜可亲的话儿，同时这欲望激烈地逼迫他，去又一次占有这如此

---

① 莉莉·勋内曼，法兰克福银行家的女儿，唯一与歌德订过婚的女人，歌德曾为她写下了数部名篇。

② 乌莉克·莱维佐夫，一八二一年至一八二三年间的夏天，歌德在玛丽恩巴德疗养时认识的女孩，后向她求婚未果。

③ 萨蒂尔（萨堤洛斯），希腊神话中的森林之神，为醉鬼和色鬼的同义语。

妩媚人儿的青春。这位永远焦急不耐的人为了赢得极为有利的时机再次做了努力：他忠实地追随他心爱的人从玛丽恩巴德到卡尔斯巴德，可就是在这儿，他那火一般的热望也只是空无着落，随着夏日的逝去，他的痛苦日增。

终于，告别的日子临近了，没有任何许诺，希望渺茫；现在当游车辚辚而行时，这位伟大的预见者感觉到，他生活中的一场异乎寻常的经历结束了。但是古老的安慰者、剧烈痛苦的永恒伴侣，在阴沉的时刻出现了；在这个受难者的上方，守护神俯下身来，没有在尘世找到慰藉的他向上帝发出呼唤。像此前无数次一样，歌德又一次，也是最后一次从经历逃进创作，这个七十四岁的老人对这最后的恩赐怀着神奇的感激之情，在这首诗的前面写下了他的塔索[①]——这是他在四十年前写就的——的诗行，以便再一次出奇地去加以体验：

世人受苦，默默无言
神却让我得吐辛酸[②]

这个白发苍苍的老人沉思地坐在不断滚滚向前的游车里，内心诸多问题含混不清令他闷闷不乐，清晨时，乌莉克还同妹妹一道匆忙赶来与他在“喧闹的辞行”中告别，那充满青春的可爱小嘴还吻过他，但这个吻是温柔的，它是一个女儿般的？她会爱他

① 塔索，歌德重返魏玛后完成的一部主要作品，托尔夸多·塔索（1544—1595）是意大利的著名诗人。歌德幼时读过《塔索传》以及塔索的长诗《被解放的耶路撒冷》的德文译本。他学了意大利文后，还读过该诗的原文。歌德去魏玛后，动了创作《塔索》的念头。

② 本篇所引的诗行皆采自樊修章的译文，载《歌德诗选》，译林出版社出版。

吗？她不会忘记他吧？他的儿子，他的儿媳，他们不安地期盼着他那丰富的遗产，他们会容忍他再结一次婚？这个世界不会因此而对他进行嘲笑？明年他在她的眼里不会是更加衰老？即使他看到她时，他又能对再见期待什么呢？

这些问题在不安地起伏翻腾。突然间，它成形了，最本质地成形了，成了一行，成了一节——问题，窘迫变成了诗，这是上帝让他“得吐辛酸”。直接地、赤裸裸地，这呼喊、这震撼内心的巨大激情，径直地注入诗里：

在这花期已过的今天，
我如何期望和她再见？
天堂和地狱都张开大口，
我心潮翻涌左右为难！

现在，痛苦涌入水晶般的诗节，奇妙地被本身的混杂净化了。如诗人徘徊于他内心状态乱作一团的窘迫，即“抑郁的氛围”里一样，他偶尔抬起他的目光。从滚滚向前的游车里，他看到波希米亚清晨恬静的景色，神圣的和平与他内心的骚动不宁形成对照，这眼前刚刚看到的画面流入他的诗里：

难道这世界已属多余？
岩峰也不再顶着天宇？
庄稼不再熟？绿原也不再
穿林越野直抵到河区？
浩浩穹苍再没有云彩
变幻的形象时消时聚？

但这个世界对他说来太没有生气了，在这样的激情时刻把万事万物与他心爱人儿的形象联在一起，回忆如魔法般地翻新凝聚成清晰的昔日景象：

多轻盈、娇媚、温柔、明快，
像六翼天使[①]正飘出云彩，
在蓝天上面就像她一样，
颀长的身影穿薄雾飘来；
请看她心旷神怡地飘舞，
那美的形态中最美的形态！

把云彩当作她的真身，
这只能自我欺蒙一瞬，
向内心找吧，更能找见
她的身影正常变常新；
一个成形又千个万个，
一个更加比一个宜人。

刚一发出誓愿，乌莉克的形象就已有血有肉地形成了。他描述她怎样地款待他和逐步地使他欢愉，她如何在“最后一吻之后还在他的嘴唇上印下‘最最后’的一吻”，令人极为幸福的对欢愉的回味，这位年迈的大师现在把它转化为最庄严的诗的形式，成为描述献身和爱的情感最纯洁的诗节——德语和任何一种语言所曾创造的——中的一节：

① 六翼天使，《圣经》中的最高级的天使。

纯洁的心里鼓诵着追求，
人带着感激甘心俯首
向那陌生的至上至洁，
要把那未知的永恒参透：
这就是信仰[①]！站在她跟前
我也有这种至幸的感受。

但恰恰在这种极乐状态的追思中，现实的分离令作者悲不自胜，一种痛苦迸发出来，它几乎撕破了这首伟大诗作庄严的哀歌气氛，这是一种情感的袒露，它只是实现了一种直接经历的、自发变化的哀怨而已，数年来这又一次发生。这种哀怨令人心悸：

如今我走了！这如何是好？
这事我不知道如何说道，
她留下好些美梦牵心，
这成了负担，我必须甩掉。
被这难平的渴慕驱赶，
我毫无办法，只两泪滔滔。

随即这最后的、可怕的呼喊声升高起来，高到几乎无法再高的地步：

让我留下吧，忠诚的旅伴，

① 此处德文为“Wir heissen's：fromm sein！”似应译为：我们称它是虔诚！

让我来独对草泽山岩！
努力吧，世界对你们开放，
和茫茫大地，穆穆长天！
去研究思考，搜集资料，
就可以诠释神秘的自然。

我失去一切连同自己，
前不久还曾受宠于神祇，
神折磨还把潘多拉[①]给我，
她带来财富更带来灾异；
神逼我吻她施惠的嘴唇，
又把我推开打翻在地。

这个通常克制自己的人从没有唱出过类似的一节诗章。他年轻时善于隐藏，成年时善于节制；他通常几乎总是在镜像中、在暗码中、在象征中[②]去透露他深沉的秘密；这时他已是位白发老人了，他第一次毫无拘束地袒露了他的感情。五十年来，这个性情中人，这位伟大的抒情诗人也许没有比在这难以忘怀的诗作上，在这值得纪念的生活转折点上更生机勃勃，更富有活力了。

歌德本人也把这首诗当作是命运罕有的恩赐，它是那样神

① 潘多拉，宙斯命赫菲斯托斯造的一个女人，美丽、妩媚、奸诈、机智，她被嫁给厄庇米修斯，宙斯赠给他一个盒子，内有人间的一切祸害、灾难。潘多拉好奇心重，就拉开了这个盒子，人类从此开始遭灾受难。

② 歌德在一八一四年至一八一六年间与玛里雅纳·维勒迈尔书信往来，诗歌唱酬时就用过这三种形式。

秘。刚一返回魏玛，在他着手做任何一项工作或家庭事务之前，他首先亲手把这首哀歌艺术地誊写下来。用大写的字母和庄重的字体书写在特别选择出的纸张上，用了三天的工夫，像一个僧侣在他的静修室那样。躲开家中的成员，也躲开最亲密的人，把它当作是一个秘密。甚至自己进行装订，以免饶舌的人鲁莽地把此事传播开来，随后他把这份手稿用一条丝带捆紧，配上一个红色羊皮信封面（后来他换上蓝色的精致的亚麻布，今天在歌德——席勒资料馆依然可以看到）。

这些日子是苦恼的，烦心的，他的结婚计划在家里遭到的只是讥笑，儿子甚至为此充满仇恨地大发雷霆；他只能在他自己的诗句里流连在他心爱的人儿身边。直到美丽的波兰女人斯奇玛诺夫斯卡重来拜访时，在玛丽恩巴德那些明朗日子的情感才又恢复过来，并使他变得健谈起来。

十月二十七日，他终于把爱克曼喊到身边，特别庄重地对他谈到要朗读这首诗，并透露出他对它怀有一种怎样的特别的爱。仆人在书桌上摆上了两盏蜡烛灯，然后爱克曼才坐在灯前并朗读这首哀歌。此后其他一些人，但也只是亲近的人，逐渐地都听了这首诗，因为按照爱克曼的话说，歌德守护它“像一个圣物”。

此后的几个月表明，这首哀歌对他的生活具有特殊的意义。

随着这位重返青春的老人日益健朗之后，不久接踵而来的是一种崩溃的状态。他又一次面临死亡，他拖着身体从床榻到躺椅，从躺椅到床榻，无法得到平静。儿媳妇远出旅行，儿子充满恨意，没有人照料这个被离弃的衰老病人，没有人给他出主意想办法。

这时策尔特[①]从柏林赶来，这个歌德心灵中最亲近的人显然是应朋友们的召唤而至。他立即就看出来，歌德的内心在燃烧。他惊奇地写道："我觉得，他看起来像是在恋爱，一种使他身体遭受青春的全部痛苦之恋。"为了医治他，他怀着"内心的感同身受"给他一遍又一遍地朗读他的这首诗，而歌德毫不疲倦地一遍又一遍地听。

歌德康复后，他写道："这是我自己的，可你通过你那充满情怀的、柔和的器官让我一再地感受到，我的爱达到了一种连我本人也不愿意承认的程度。"随后他继续写道："我不能与它分开，但我们生活在一起，那你就得给我唱诵，给我朗诵，直到你能把它背熟时为止。"

如策尔特所说的，"这支害了他的利矛医治了他。"人们可以说，歌德用这首诗拯救了自己。终于，最后悲剧被克服了，最后的悲剧的希望胜利了，与一个可爱的小女儿"结婚"的梦想破灭了。他知道，他再不会前去玛丽恩巴德，去卡尔斯巴特，再不会踏入无忧无虑者快活的游乐世界，他的生活此后就只属于工作。这位经过了考验的人断绝了命运重新开始的念头，作为替代的是另一个伟大的字眼进入了他的生活圈子，这就是：完成。

他庄重地把他的目光转回到他跨越了六十年的作品，看到它支离破碎、散散落落，并决定，即使他不能再重新开始，那至少要搜集起来；《全集》的合同已经签订，版权已经争得。因一位十九岁少女而迷失的爱再次回到他青年时代的两个老伙伴身边：《维廉·麦斯特》和《浮士德》。他精神抖擞地着手工作，找出业已发黄的纸页，重新制定上个世纪的计划。还不到八十岁他完成

① 策尔特（1758—1832），德国作曲家和音乐家，歌德的好友。

了《维廉·麦斯特的漫游年代》。

这位八十一岁的老人怀着英雄般的勇气从事他生命中“最主要的事业”:《浮士德》。在描述他悲惨命运的哀歌之后的第七个年头，他完成了，并立即怀着像对《玛丽恩巴德哀歌》一样敬畏的虔诚，用印章签封起来，对世界秘而不宣。

九月五日，这辞行卡尔斯巴德，与爱诀别的日子，作为分水岭，作为难以忘却的内心转折的瞬间，它立在情感的两个领域之间，最后的欲望和最后的断念之间，开始和完成之间，通过令人心悸的哀诉变为永恒。谈起它时，我们应当心存怀念之情，因为德意志的创作从那以后再没有过把情欲描述得更为辉煌的时刻，把最富有原始力量的感情倾注到这样一首强力的诗中。

（高中甫　译）

# 黄金国的发现

约•奥•苏特尔　加利福尼亚
一八四八年一月

❖

## 厌倦了欧洲的人

一八三八年，一艘美国轮船从勒阿弗尔[①]驶往纽约。几百名穷困潦倒的乘客里面有一个名叫约翰·奥古斯特·苏特尔的人。此人三十一岁，原籍巴塞尔[②]附近的吕嫩贝尔格，为逃避被几个欧洲法庭指控为破产者、窃贼、伪造证券者，他干脆扔下妻子和三个孩子，用一张伪造的身份证在巴黎搞到一些钱，匆匆越洋去寻找新生活。

七月七日，他在纽约上岸，在那里待了两年，干过各种各样的营生，当过打包工、药房老板、牙医，卖过药，开过小酒店。

---

① 勒阿弗尔，法国北部的滨海城市，法国第二大港。

② 巴塞尔，瑞士西北部城市，临莱茵河。

终于开了一家客栈，可以大体安定下来了，他却又把它变卖掉，追随当时的一股狂潮，前往密苏里州。他在那里当农民，短短的时间内便有了一笔小小的财富，满可以平静地过日子了。但是，总有人群从他的住房旁边经过，皮货商人、猎人、冒险者、士兵，他们从东部来，到西部去。渐渐地，“西部”这个词具有了一种魔力。

起初人们只知道那里是草原，茫无涯际，几天、几星期看不到人烟的大草原，只有被红皮肤土人[①]追逐的浩浩荡荡的野牛群，然后是无法攀缘的巍峨的群山，之后终于是那谁都不甚了解的另一方土地，未开发的加利福尼亚[②]，它那神奇的富饶人人夸耀。在这片土地上，流淌着牛奶和蜂蜜，只要想要，人人可以自由地取用——只是路途遥远，无穷无尽的遥远，要到达那里是会有生命危险的。

然而约翰·奥古斯特·苏特尔身上有探险者的血液，安安静静地待在家里耕种肥沃的田地对他没有吸引力。一八三七年的一天，苏特尔卖掉田产家业，用车辆、马匹和野牛群装备一支探险队，从因第彭登斯堡[③]向未知的国度进发。

## 进军加利福尼亚

一八三八年，两名军官、五名传教士、三名妇女坐牛车进入

① 红皮肤土人，对美洲印第安人的误称，因其有在皮肤涂红色颜料的传统，故被误认为肤色是红的。

② 加利福尼亚，十六世纪后，加利福尼亚先是西班牙领地，后来成为墨西哥领地，美国—墨西哥战争（1846—1848）后，于一八五〇年正式成为美国领土。

③ 因第彭登斯堡，密苏里州西部小镇，一译独立镇。

无涯际的茫茫草原。他们走过一片又一片草原，最后翻山越岭，向太平洋进发，长途跋涉三个月，于十月底抵达温哥华堡。在此之前，两个军官已离开苏特尔，传教士也不愿继续往前走了，那三名妇女在旅途中死于饥饿。

苏特尔孤身一人。有人试图让他留在温哥华，给他提供一个职位，被他拒绝了。他心里一直难以忘怀那个富于魔力的名字。他乘一只简陋的帆船横渡太平洋，先到达桑威奇群岛[①]，又沿阿拉斯加海岸行进，历尽艰辛，抵达一个名叫旧金山的荒凉地方。那不是今天的旧金山，不是地震后飞速发展成数百万人口的旧金山，甚至还不是那个不出名的墨西哥领地加利福尼亚的首府，不，当时那里只不过是一个贫穷的渔村，因弗朗西斯教派在此传教而得名[②]。当年新大陆最富饶的地区，未开发的加利福尼亚，无人照管，没有秩序，也不繁华。

由于不存在任何权威，由于暴乱、缺乏畜力人力、无人大力整顿，混乱无序愈演愈烈。苏特尔租了一匹马，骑着它来到肥沃的萨克拉门托山谷。仅仅一天他就看出这里不仅有地方可以建立一个农场、一座大农庄，而且有足够的土地建立一个王国。

第二天，他骑马去简陋的首邑蒙特来[③]，面见阿尔瓦拉多总督[④]，自我介绍，说明来意：他要开垦这片土地。他说他从群岛上

---

① 桑威奇群岛，即今夏威夷群岛。

② 旧金山原是一个小渔村，地处弗朗西斯科海湾，十八世纪后半叶西班牙的天主教弗朗西斯教派在此传教，一八四七年归属美国后遂被命名为圣弗朗西斯科（San Francisco）。加利福尼亚发现金矿后，华侨称此地为金山，后为区别于有新金山之称的墨尔本，改称旧金山。

③ 蒙特来，在今加利福尼亚西部。

④ 阿尔瓦拉多（1809—1882），曾任墨西哥派驻加利福尼亚的总督。

带了卡拿卡人[①]来，以后还要定期让这种勤勉耐劳的有色人种移来这里，他自告奋勇要建若干定居点，并建立一个小国家，国名就叫新赫尔维特。

"为什么要叫新赫尔维特呢？"总督问。

"我是瑞士人[②]，共和主义者。"苏特尔回答道。

"好，你想怎么干就怎么干吧，这块土地我租给你十年。"

你看，在那里很快就达成了交易。在离任何一种文明千里之遥的地方，一个人单枪匹马闯天下，所得的报偿和老家迥然不同。

## 新赫尔维特

一八三九年，一支商旅队沿萨克拉门托河岸缓慢向上游行进。苏特尔骑马走在队伍前面，他腰间挎着枪，在他后面是两三个欧洲人，然后是一百五十个穿短衫的卡拿卡人，接着是三十辆装载粮食、种子和弹药的牛车，五十匹马，七十五头骡子，母牛和羊，最后是一支小小的后卫——这就是要去占领新赫尔维特的全部人马。

在他们前面翻腾起一片火海。他们放火焚烧树林，这是一种比砍伐树木更方便的办法，大火刚焚烧过这片土地，树桩上还冒着青烟，他们就开始干活。建仓廪、挖水井、往无须耕作的土地里播撒种子，为数不胜数的畜群修造厩舍；渐渐地，人们从早先传教士在附近垦辟的偏僻的殖民地源源不断地迁移过来。

① 卡拿卡人，波利尼西亚和南太平洋群岛的土著居民。

② 古代瑞士民族被称为赫尔维特（一译赫尔维齐），故赫尔维特人亦即"瑞士人"。一七九八至一八〇三年间，瑞士的正式名称就叫赫尔维特共和国。

成就是巨大的。种子马上就获得了五倍的收成。粮食满仓，牲畜数很快便数以千计；尽管一直存在不少困难，尽管开拓者们需要对付敢于一再闯入这块繁荣殖民地的土著居民，新赫尔维特已拓展了热带辽阔的疆域。他们挖水渠、建磨坊、开设海外代理店，河流上船只来往不绝，苏特尔不仅供给温哥华和桑威奇群岛所需要的物资，而且满足停靠在加利福尼亚的所有帆船的需要。

他种植水果，今天加利福尼亚的水果因他而遐迩闻名，备受青睐。你看，果木多么繁茂！他种植来自法国和莱茵河地区的葡萄，短短几年，葡萄园便覆盖了广阔的地面。他亲自动手建造房舍、农场，派人从巴黎运来一架普莱耶尔牌钢琴，在路上走了一百八十天，从纽约用六十头牛横穿整个大陆运来一台蒸汽机。他在英国和法国几家最大的银行都能得到信贷，并有大笔存款。

此时他四十五岁，处于事业成功的高峰，他想起十四年前把妻子和三个孩子扔在了世界上的什么地方，便写信给他们，邀他们前来他的领地和他相聚。他觉得如今一切都在他的掌握之中，他是新赫尔维特的主人，现在是、将来也是，世界上最富有的大富翁之一。合众国终于从墨西哥手里夺走这块管理不善的殖民地。现在一切都有保障了，没有问题了。只要再过几年，苏特尔便是世界的首富了。

## 灾难的一锹

一八四八年一月，约翰·奥古斯特·苏特尔的一个细木匠詹姆斯·威·马歇尔突然激动地跑到他家里，无论如何要和他谈谈。苏特尔十分吃惊，昨天他刚刚派马歇尔去科洛马农场，要他在那里建一个新的锯木厂。眼下此人擅自回来，站在苏特尔面前激动得不住地颤抖，把他推到房间里去，关上房门，从口袋里掏出一把掺杂着一些黄色颗粒的沙子，说他昨天挖土时发现这种奇特的金属，引起他的注意，他相信这是金子，但其他人都嘲笑他。苏特尔的面容变得严肃起来，他把那些黄色颗粒拿去做试验：确实是金子。他决定第二天马上骑马和马歇尔一起上农场，可是木匠师傅是染上这种不久便震撼世界的可怕淘金热的第一人，他在得到证实之后，便迫不及待地在暴风雨中连夜骑马赶回去了。

次日早晨，苏特尔上校来到科洛马，他们堵塞水渠，检查沙子。只要用一个筛子稍稍来回摇晃几下，晶亮晶亮的金粒就留在了筛网上。苏特尔召集那几个白人，要他们发誓在锯木厂竣工之前决不泄露此事，然后神色严峻地又再骑马返回农场。他思绪起伏，心潮澎湃，就记忆所及，还从来没听说过金子在地里埋得这么浅，这么轻易就能拿到手，而这块土地是他的，是他苏特尔的财产。一夜之间似乎跃过了十年：如今他是世上最富有的人了！

## 蜂拥而至

世界上最富有的人？不，他是这个地球上最贫困、最可怜、最失望的乞丐。过了八天，这个秘密泄露出去了，一个女人——总是个女人！把这事讲给一个过路人听，还给了他几粒金子。接着，发生的事情可谓空前绝后。

苏特尔手下所有的男人统统扔下手头的工作，铁匠离开锻铁场，牧人离开畜牧群，葡萄农离开葡萄园，士兵扔下步枪，为了沙里淘金，他们统统拿着随手抄起的筛子和平底锅，发疯似的朝着锯木厂发足狂奔。一夜之间，整片土地被弃置，没人挤奶的奶牛吼叫着倒在地上死掉；围进牛圈的野牛群冲垮牛圈栏，践踏庄稼地；庄稼熟了，烂在地里；奶酪厂不开工；仓库倒塌，庞大事业的巨大驱动装置停止运转了。潮水般的电报越过陆地，越过海洋，宣布黄金唾手可得的佳音。人们从城镇、港口蜂拥而来，水手离开他们的船只，政府官员离开他们的岗位，长长的无尽的行列，步行的、骑马的、乘车的，从东方来、从西方来，不绝于途。狂热的掘金者简直像一群大蝗虫一样铺天盖地而来。

这一群不受管束的暴徒，在这一片兴旺发达的殖民地到处横冲直撞，他们不知法律为何物，只相信自己的拳头，不尊重命令，只敬重手枪。在他们眼里，一切都是没有主人的，没有人敢顶撞这些亡命徒。他们屠宰苏特尔的母牛，为了给自己造房子，拆毁他的仓库，他们践踏他的庄稼地，偷走他的机器——如同弥达斯国王[①]窒息在自己的黄金里面，约翰·奥古斯特·苏特尔一夜之间变得像乞丐一样赤贫。

这一前所未有的淘金狂潮愈演愈烈；消息不胫而走，传遍世界，仅从纽约就有上百条船起航，一八四八年、一八四九年、一八五〇年、一八五一年，从德国、从英国、从法国、从西班牙，年年都有大批冒险家蜂拥而至。有些人绕道合恩角[②]前往，但最迫不及待的那些人还嫌这条路过于漫长，于是他们选择经由巴拿马地峡这条更危险的路线。

一家行事果断的公司迅速在地峡修筑一条铁路，施工过程中数千工人死于热病，而这只不过为了让那些迫不及待的人们节省

① 弥达斯国王，希腊神话中的弗里吉亚国王，贪恋财富，能点物成金，后被埋在自己点化的黄金里面窒息而死。

② 合恩角，位于南美洲大陆最南端。

两三个星期的时间，早日得到黄金。巨大的商旅队、各种种族的人、操各种语言的人，横穿大陆，络绎不绝，所有这些人都在约翰·奥古斯特·苏特尔的土地上挖金子，仿佛挖掘的是他们自己的土地。

旧金山属于苏特尔，这是由政府在文件上盖了印章加以确认了的；然而此时，在以梦幻般的速度升起一座城市的这块土地上，外来者互相出售和购买他的田产、土地，他的王国——新赫尔维特——已经消失，取而代之的是“黄金国”“加利福尼亚”这充满魔力的字眼。

约翰·奥古斯特·苏特尔再次破产。他眼睁睁地看着这场公然抢劫却束手无策。起初，他试图也一起去挖金子，和他的仆人们、伙伴们同享财富，但所有人都离开他。于是他完全退出产金地带，离开那条该死的河流和不祥的沙子，回到他那与世隔绝的农庄。

在那里，他的妻子和三个已经长大成人的儿子终于来到他的身边，但妻子刚到，就因长途跋涉，劳累致死，所幸三个儿子都在这里，约翰·奥古斯特·苏特尔和儿子们，八条胳膊，一起务农；他和三个儿子一起，利用这一片肥沃得出奇的土地，坚韧地重整家业。他心中又一次酝酿着、埋藏着一个宏伟的计划。

## 诉　　讼

一八五〇年，加利福尼亚①并入合众国②。在合众国严格管束

---

① 一八五〇年，加利福尼亚成为美国第三十一个州。

② 合众国，即现在的美利坚合众国，简称“美国”。

下，秩序终于继财富之后来到这块产金之地。无政府状态得到遏制，法律重新获得自己的权力。

这时约翰·奥古斯特·苏特尔突然出面提出要求。他坚称整座旧金山市的所有土地都属于他所有。他的财产被盗窃，国家有责任赔偿他所遭受的损失，对在他的土地上挖掘出来的金子，他要求得到应得的份额。

诉讼开始了。这样一起大案在苏特尔之前人类还从未见过。约翰·奥古斯特·苏特尔控告了在他的种植区定居的一万七千二百二十一个农场主，要他们从偷来的土地上迁移出去，他要求加利福尼亚州为他所修建的、属于他的道路、水渠、桥梁、水坝、磨坊支付二亿五千万美元，要求联邦政府为被毁坏的田庄支付给他二亿五千万美元赔偿费，此外他还要求从开采出来的黄金中提取他自己的份额。

为了打这场官司，他让他的长子埃米尔去华盛顿攻读法律，为了打赢这场很费钱的官司，他投入了新建几个农场的巨额收入。他为这个案子，四年之久跑遍了所有政府机构。

终于在一八五五年三月十五日宣布判决。公正廉明的法官、加利福尼亚州最高行政长官汤普森承认约翰·奥古斯特·苏特尔对土地拥有完全合法和不可侵犯的权利。

这一天，约翰·奥古斯特·苏特尔达到目的了。他是世界上最富有的人。

## 结　　局

世界上最富有的人？不，不对。他是最穷的乞丐，最不幸、最倒霉的人。命运又和他开了一次最要命的玩笑，一次永远把他打倒在地的玩笑。判决的消息一传开，便在旧金山和整个加州引发了一场大风暴。

一万人聚集起来闹事，这些财产受到威胁的人和街上的歹徒、打劫成性的地痞流氓汇合起来，冲进法院大楼，纵火焚烧，寻找法官，企图对他私刑拷打。成千上万人浩浩荡荡前去洗劫约翰·奥古斯特·苏特尔的全部家产。苏特尔的长子被匪徒逼得开枪自杀，次子惨遭杀害，第三个儿子逃出去，溺死在回国途中。新赫尔维特成了一片火海，苏特尔所有的农场全部毁于大火，葡萄园遭践踏、毁坏，他的家具器皿、珍品收藏和钱财统统被抢劫一空，暴怒人群的无情打击使一个巨富的家产变成满目荒凉。苏特尔自己也险些丧命。

约翰·奥古斯特·苏特尔再也没能从这次打击中恢复过来。他的事业毁了，妻子、儿子都死了，他精神错乱了，只有一个念头还不时浮现在他那业已迟钝的脑子里：找回公道，打官司。

其后，一个衣衫破旧的痴呆老头在华盛顿法院大楼周围徘徊了二十五年。各个办公室里所有的人全都认得这个穿着肮脏外套、脚穿一双破鞋子、要求得到他的几十亿美元的“将军”。总有一些律师、冒险家和骗子想拐走他最后一点儿养老金，怂恿他再打一场官司。他自己不要钱，他痛恨黄金，是黄金使他赤贫，是黄金杀死他的儿子、毁了他的生活。他只要讨回公道，作为一个偏狂症患者，他常有理地絮叨恳求着，坚决要讨回公道。

整整二十年，他去参议院申诉，去国会申诉，他信赖形形色色的帮助者，这些人把事情渲染得更加神乎其神，让他穿上一套可笑的将军服，把这个不幸的人当作怪物，从一个政府机构带到另一个政府机构，从一个国会议员面前带到另一个国会议员面前。

他就这样度过了漫长的二十年，从一八六〇年到一八八〇年，当了二十年乞丐。他，地球上最富饶的土地是属于他的，在他的土地上屹立着这个大国的第二大都会，并且每日每时都在扩大，而他却日复一日在国会大厦周围徘徊，忍受所有官吏的嘲笑、所有游手好闲者的戏弄。

一八八〇年七月十七日下午，他因心脏病猝然发作，倒毙在国会大厦的台阶上，终于得到了解脱。人们把一个死了的乞丐抬走。抬走的这个死了的乞丐口袋里装着一份申辩书，根据人世间的全部法律，这一文件可确保他和他的继承人获得世界历史上最大的财富。

然而，时至今日，没有一个人要求获得苏特尔的遗产，他的遗族中没有一个人提出权益要求。旧金山依然屹立，一个完整的国度依然屹立在那已非他所有的土地上。依然没有宣布他拥有的权利，只有一位艺术家，布莱希·桑德拉，给予被遗忘的约翰·奥古斯特·苏特尔的伟大命运以独一无二的权力：令后世惊异地缅怀他的权利。

（潘子力　译）

# 壮丽的瞬间

## 陀思妥耶夫斯基[1]，彼得堡，<br>谢苗诺夫斯基校场<br>一八四九年十二月二十二日

❖

黑夜，他们将他拽出睡梦，
地牢里军刀叮当叮当响，
几个声音发号施令；
朦胧中恐怖的黑影幽灵似的闪动。
他们推他朝前走，
深深的走廊，
又长又暗，又暗又长。
门闩吱吱叫，小门嘎嘎响；
于是他感觉到天空和冰冷空气，

---

① 陀思妥耶夫斯基（1821—1881），俄国最伟大的小说家之一，出生于贫穷的医生家庭，一八四五年发表第一部中篇小说《穷人》。因参加了一个青年知识分子小组，阅读和讨论被当时沙皇俄国取缔的法国社会主义理论被捕，以反对农奴制的罪名判死刑被押赴刑场，在执行枪决前的最后时刻，沙皇尼古拉一世宣谕“赦免”他，把死刑改判为流放西伯利亚服苦役四年，随后当一名普通士兵。这个时期的压力使陀思妥耶夫斯基患了癫痫病，给他后半生带来极大的痛苦。

一辆马车等候着，一座会滚动的墓穴，
他被急匆匆推了进去。

他旁边有九个同志，
带着沉重的镣铐，
脸色苍白，默默无语；
谁也不开口，
每个人都感觉到这辆车要送他去哪里，
脚底下车轮滚滚，
轮辐间就是他们的生命。
嘎啦嘎啦响的马车停了下来，
门发出咯吱咯吱的声响，
一角昏暗的世界向他们凝望，
透过打开的栅栏，
带着浑浊惺忪的目光。
房屋围成正方形，
低矮的屋顶，披戴肮脏的霜，
当中是阴暗的积雪的广场。

雾茫茫
笼罩刑场，
只金色教堂周遭
有一抹血红的寒光。
囚犯默默排成行。
一名少尉来宣读判词：
犯叛逆罪处以死刑——枪毙！
死刑！

这字眼犹如巨石
落在“寂静”的冰面，
发出粗厉的声音，
仿佛什么东西碎成两半，
随后空洞的响声
坠入黎明冰冷的寂静
无声的坟茔。

他依稀感觉这一切
似在梦中，
只知自己即将告别人世。
有人过来，一声不吭，给他披上
一件飘动着的白色死囚衣。
伙伴们用热烈的目光，
无声的呐喊，
道出最后的问候，
他亲吻十字架上的救世主，
那是牧师严肃地捧给他，催促他做的，
然后他们十人，每三人一组
被绑在各自的行刑柱。

转眼间，
哥萨克士兵已快步上前，
给他蒙上对着步枪的双眼。
此时——他知道：这是最后一次……
在他失明之前的最后一瞬，
他的目光贪婪地攫取

天空展示给他的那一小角世界：
晨曦中他见教堂烈焰腾空，
一如为了永生的最后晚餐，
神圣的朝霞布满教堂，
霞光把它映照得一片通红。
他带着骤然涌起的幸福感去捕捉它，
一如捕捉死神后面上帝的生命……

这时，他们用黑夜蒙住他的目光。

然而在他体内
热血开始奔流，色彩缤纷。
从明镜似的潮水
从鲜血中升腾起
形象的人生，
他感觉，
在这受刑前的一秒钟，
如烟往事
——涌上心头：
他整个一生重又苏醒，
浮现心中历历如画：
失去了的童年，苍白而又灰色，
父亲和母亲、兄弟、妻子，
三段友情，两杯欢乐，

一场荣华梦，一束羞辱[①]；
失去的青春的画卷
沿脉管火热地展开，
他又一次在内心深处感受到他的整个存在，
一直到他们将他绑上行刑柱上的
那一秒钟。
随后一种忧思
乌黑而沉重地
把它的阴影罩上他的灵魂。

这时
他觉得有个人向他走来，
乌黑的缄默的脚步，
近了，很近了，
那人的手按在他的心口，
心越跳……越无力……甚至完全不跳了……
再过一分钟——便万事皆休。
哥萨克士兵
在那边排成射击队形……
挥动皮带，拉开扳机……
鼓声咚咚几乎震裂空气。
这一秒钟长如一千年。

这时有人大喝一声：

① 陀思妥耶夫斯基青年时代曾结识别林斯基、涅克拉索夫与谢德林，他一生结婚两次，原本享有贵族身份，后又遭剥夺，被判刑、流放，备受凌辱。“三段友情……一束羞辱”是陀思妥耶夫斯基对自己上述经历的形象概括。

住手！
军官跨步上前，
挥舞一纸文书，
声音嘹亮清晰，
打破等候的静寂：
沙皇
圣意宽仁，
撤销原判，
从轻发落。

这些话乍一听
还很陌生：其含义难以判明，
但他脉管里的血液
又再度变得鲜红，
升起并开始低声歌吟。
死神
迟疑地爬出僵硬的关节，
两眼虽仍一团漆黑，
却感到了永恒之光的问候。

行刑官
默默为他松绑，
双手从他灼痛的太阳穴
撕下白色绷带，
像撕掉有裂纹的桦树皮。
他两眼不自在地离开坟墓
笨拙地摸索着，目眩而微弱地

重新进入
已与他决绝的存在。

这时他看见
那座教堂的金色屋顶
在上升的朝霞映照下
神秘地红光四射。

朝霞成熟的玫瑰
像用虔诚的祷告拥抱教堂屋顶，
塔尖上的圆球光芒四射，
钉在十字架上的手
是一把神圣的剑，高高直指
欢乐鲜艳的红云边缘。
那里，在灿烂的晨光中，
教堂上方升起上帝的大教堂。
一条光的河流
把它那灼热燃烧的波浪
抛上乐音缭绕的诸天。
茫茫雾霭
如烟腾起，似承载
尘寰全部黑暗的重压
溶入神祇黎明的灵辉，
深渊之中，人声鼎沸，
仿佛成千人
在齐声呼唤。
于是他平生第一次听到

人间至深至重的苦难
尘世的诸般痛楚
化为激情的呼号响彻大地。
他听见弱小者的声音，
徒然委身的妇女的声音，
自嘲的妓女的声音，
他听见恒被伤害者的阴沉恼怒，
忘却微笑的孤独者的悲哀，
他听见孩子们的抽噎、哭诉，
被偷偷诱奸的女人无可奈何的怨艾。

他听见这一切受苦受难的人们，
被遗弃的、麻木不仁的、受嘲弄的人们，
大街小巷平凡无奇的
无冕殉难者，
他听见他们的声音，听见它们
以极强有力的旋律
升上寥廓的天宇。
他看见
唯有苦难向上帝翱翔而去，
其余人则附着于地面沉重地生活，
带着铅一样沉重的幸福。
然而尘世的苦难，
一连串的齐声呼号
上冲霄汉，
天上的光明因之扩大无垠；
他知道，他们的呼声

上帝都会倾听，
他的天堂响彻怜悯的声音！
上帝
是不会审判穷苦人的，
无限怜悯
以永恒的光照耀他的殿堂。
启示录的骑士[①]星散，
九死一生的他
苦恼变成快乐，幸福化为痛苦。
热情似火的天使
已向地面飞来，
把神圣的、产生于痛苦的爱的光辉
深深地，光彩夺目地
送进他的心扉。

于是他跌倒似的
跪下双膝，
他猛然真切地感到
全世界苦难无边。
他的身体微微颤抖，
白沫冲刷他的牙齿，
面孔因痉挛而扭曲，
然而幸福的泪水
浸湿了他的死囚衣。

---

① 启示录的骑士，指《圣经·约翰启示录》中象征瘟疫、战争、饥馑、死亡的“四骑士”。

因为他觉得，只是在
触到死神苦涩的嘴唇，
他的心才感受到生活的甜蜜。
他的灵魂渴望受刑和创伤，
他明白，
在这一秒钟里
他成了另一个人，
成了一千多年前钉在十字架上的那个人，
他同他一样，
自从死神灼热的一吻
便须为苦难而热爱生活。

士兵把他从行刑柱拉开。
他的脸死灰一般惨白。
他们粗暴地
推搡他回到其他囚犯身旁。
他的目光异样
而且完全内向，
抽搐的唇际挂着
卡拉马佐夫①黄色的笑。

（潘子力　译）

① 卡拉马佐夫，陀思妥耶夫斯基最后一部长篇小说《卡拉马佐夫兄弟》的主人公。《卡拉马佐夫兄弟》是一部宏大的社会哲理小说，几乎可说是当时俄国社会悲剧的缩影，同时也反映了作者对心理、伦理、政治、哲学等诸多领域的探索。此处暗示这一次假枪毙对作者后来思想发展的重大影响。

# 飞越大洋的第一句话

赛勒斯•韦斯特•菲尔德
一八五八年七月二十八日

## 新 的 节 奏

自从被称为人的奇怪生物在地球上行走以来，几千年，也许几十万年间，衡量在地面上前进的最高尺度无非是马的奔跑、滚动的车轮、划桨的船或帆船。在那被意识照亮的、我们称之为世界史的狭窄范围内，大量技术进步的成果并没有明显加速运动的节奏。

华伦斯泰[①]军队的行军速度并不比恺撒的军团快多少，拿破仑的军队冲锋也不比成吉思汗的马队快，纳尔逊[②]的武装帆船横

① 华伦斯泰（1583—1634），神圣罗马帝国军队统帅，三十年战争时统率帝国军队，战功卓著，吕岑战役中被瑞典军击败，因谋反被撤职，后被刺杀。

② 纳尔逊（1758—1805），英国海军统帅，以临机果断著称，在大败法国—西班牙联合舰队的特拉法尔加角海战中阵亡。

渡大海只比维京人①的海盗船和腓尼基人②的商船略快一点儿而已。拜伦爵士③在他的《恰尔德·哈罗尔德游记》中的行程比奥维德④流亡时一天只不过多走几千米罢了，歌德在十八世纪的旅行也不比使徒保罗在千年开头时舒服得多和快得多。在拿破仑时代，各国在空间和时间上的距离如同在罗马帝国时代一样遥远；人的意志依旧不能战胜物质的反抗。

直至十九世纪，地球上交通的速度和节奏才发生根本变化。在这个世纪的第一个和第二个十年，各国、各民族相互靠拢的速度比此前几百年还要快；有了火车、轮船，一天就可以完成以前几天的行程，几分钟、几刻钟就可以到达原先好几个钟头才能走到的地方。

然而，同时代的人无论如何兴高采烈地感觉自有火车、轮船以来速度有了新的提高，但这种感觉毕竟还没有超出可以捉摸的范围。因为这种工具只不过提高迄今所知速度的五倍、十倍、二十倍，目光和心灵都还能够理解它们，能够对这一表面上的奇迹做出解释。

然而，就其影响而言，电的最初若干成就却是完全出乎意料的。还在摇篮时代，电就已经是一个巨人，迄今的一切法则都被

---

① 维京人，九、十世纪斯堪的纳维亚的丹麦人、挪威人、瑞典人的总称，常在西欧沿海抢掠。

② 腓尼基人，生活在今地中海东岸的古老民族，以航海、经商著称。

③ 拜伦（1788—1824），英国著名诗人，出身破落贵族家庭，学生时代深受启蒙思想影响反抗专制压迫，追求民主自由，擅长讽刺，在投身希腊民族独立战争中病逝。发表于一八一二年的《恰尔德·哈罗德游记》是其代表作之一，诗中记述他游历异国的见闻和观感。

④ 奥维德（前 43—约 17），古罗马诗人，其代表作为长诗《变形记》，其他重要作品有《爱的艺术》《哀歌》等。公元八年被奥古斯都大帝流放到黑海东岸。

推翻，所有有效的标准都被破坏。作为后来人，我们绝难想象那一代人对电报发报机最初的成就何等惊讶。

就是那个小小的几乎难以感觉得到的电火花，昨天还只能沙沙作响地从莱顿瓶①伸出一英寸②长够到手指头关节，一下子就获得了跨越好几个国家、山岳和整个大洲的神奇力量，既令人感到极大兴奋，又使人瞠目结舌。还没想完的思想、墨迹未干的字句，在同一秒钟就能被数千里外所接收、所阅读、所理解，那在细小伏特③电棒的两极之间振荡，看不见的电流能越过整个地球，从地球这一端传到地球另一端。物理学家昨天还只能通过摩擦一根玻璃棒来吸引一小块纸片的那个小玩意儿，今天已比人的肌肉力量和速度高出百万倍、万万倍，传递消息、驱动有轨电车、用电灯照明街道和房舍，像眼不可见的精灵在空中飘浮。

只是由于这个发现，时间和空间的关系才发生了自创世纪以来最具有决定性的变化。

一八三七年是具有世界意义的一年。在这一年，电报机第一次使迄今相互隔绝的人们的经历成为同时性的，但这件事在我们学校的教科书里却很少提起。令人遗憾的是，学校的教科书仍然总认为讲述个别统帅和民族的战争和胜利更加重要，而不讲那些真正的胜利，全人类共同的胜利。

其实，就其广泛的心理影响而言，近代史上没有哪一个日期能与时值的这一变革相提并论。这一分钟在阿姆斯特丹，在莫斯科、那不勒斯和里斯本发生什么事情，在巴黎同时就能够知道。自从那时以来，世界就变了。只要再迈出最后一步，世界各大洲

---

① 莱顿瓶，一种旧式电容器，因在荷兰西部城市莱顿首先使用而得名。

② 英寸，英美制长度单位，1 英寸合 2.54 厘米。

③ 伏特，电压单位，符号 V，是为纪念意大利物理学家伏打而命名，简称“伏”。

就都能包容到那个美妙的联系之中，从而创造出全人类共同的意识了。

然而大自然依旧反对这最后的联合，她设置了一个障碍，被大海分开的那些国家又有二十年之久彼此不通音讯。由于有绝缘磁罩，电火花可以不受阻碍地向前跃进，而海水是会吸收电的。当时还没有发明一种办法可以使铜丝或铁丝在海水中完全绝缘；不可能铺设海底电线。

幸而在技术进步的时代，一项发明有助于另一项发明问世。大陆使用电报不过短短几年，便发现可用古塔胶[①]作为使电线在海水中绝缘的合适材料；现在可以开始把大陆彼岸最重要的国家英国和欧洲的电话网连在一起了。

一位名叫布列特的工程师在一个地方安放下第一根电线，几天以后布莱里奥[②]就从这里驾一架飞机首次飞越英吉利海峡。眼看就要成功了，却因为一次愚蠢的偶然事件而归于失败，布伦的一个渔夫以为钓到了一条特肥的鳗鱼，把铺好了的电线拽出来了。

一八五一年十一月十三日，第二次试验成功了。于是英国和大陆连接起来了，这么一来，欧洲才成为真正的欧洲，像一个人一样有一个头脑、一个心脏，又能同时了解当时发生的一切事件。

这么短短的几年——在人类历史上，十年不就是一眨眼的工夫吗——便取得如此巨大的成就，自然唤醒那一代人极大的勇气。一切尝试全都成功了，并且一切都如同梦幻似的快捷。

仅仅几年，英国就同爱尔兰连通了电话网，丹麦和瑞典、科

① 古塔胶，一种天然橡胶，产自马来亚半岛等热带地区。

② 布莱里奥（1872—1936），法国飞行家、航空工程师，一九〇九年驾驶自己设计的XI型单翼机飞越英吉利海峡。

西嘉岛和大陆也都能通电话，人们已在探索如何使埃及，从而也使印度纳入电话网。只是还有一个洲，而且恰恰是最重要的洲，似乎注定要长期被置于这环绕全球的链条之外：美洲。

怎样使一根电线绕过大西洋或太平洋这两个无比辽阔的大洋，又不允许有一个中间站呢？在那电学的幼年时代，一切因素尚属未知。海洋的深度还未经测量过，对大洋的地理结构只有模糊的了解，还从未试验过在这样的深海中安放的电线，能否承受得了如山堆积的海水的巨大压力。

甚至，即使技术上有可能在这么深的海水中安全地铺设这么一条无穷长的电缆，哪里有一艘这么大的船能承载两千海里长的铜铁金属线的重量呢？又哪里有这么强大的电动机，能把一道电流完好无损地输送到如此遥远的距离？乘轮船横渡大洋至少也要两三个星期。

一切前提条件都不具备。也还不知道在大洋深处是否存在可能排斥电流的磁性漩流，还没有足够的绝缘材料，没有靠得住的测量仪器，人们还仅只熟悉电学的基本定律，它们只够使人睁开眼睛，走出无意识的百年沉睡。

“绝不可能！蠢话！”一提起横跨大洋铺设电缆的计划，学者们便激烈反对。

“以后也许可能吧。”一些最敢干的技术人员这么说。

即便是迄今对完善发报技术做出最大贡献的莫尔斯[①]也认为这种计划是前途难卜的冒险之举。但他又预言道，铺设横跨大西洋的电缆一旦成功，“它将是本世纪最光荣的壮举”。

---

① 莫尔斯（1791—1872），美国发明家，电报发明者，一八三八年发明点线系统的莫尔斯电码。

一个人对奇迹的信念永远是一个奇迹或一件美妙的事情所以能够产生的首要前提。恰恰在学者们犹豫不决之时，一个固执己见者淳朴的勇气能把创造性的活动推向前进；在这里，也像大多数情形那样，一个简单的偶然机缘使这一宏伟壮丽的事业获得了推动力。

一八五四年，一位名叫吉斯博恩的英国工程师要从纽约到美国最南端纽芬兰安设一条电缆，以便早日收到一条船上的消息，但因资金告罄，不得不中断工程，赶往纽约找金融家。他在那里，又由于偶然巧合——这诸多光荣业绩之父，遇到了一个年轻人，赛勒斯·韦斯特·菲尔德。菲尔德是一个牧师的儿子，通过经商迅速成为巨富，年纪轻轻，便当起寓公[①]，悠游度日。但他毕竟风华正茂，精力旺盛，耐不住长久无所事事。吉斯博恩设法争取他赞助完成从纽约到纽芬兰的电缆铺设工程。

赛勒斯·韦斯特·菲尔德不是技术人员，不是专家——人们几乎要说：真是万幸！他对电学一窍不通，从来没见过一条电缆。但是，这个牧师的儿子天生有热诚的信仰，这个美国人富有强烈的冒险精神。专业工程师吉斯博恩的眼睛只看到把纽约和纽芬兰连接起来这个直接的目标，而这位热情奋发的年轻人却立即把眼光放得更远。为什么不干脆铺设一条海底电缆，把纽芬兰和爱尔兰连接起来呢？赛勒斯·韦斯特·菲尔德马上干起来，坚毅不拔地克服一个又一个障碍——此人数年之间，三十一次往返横渡两大洲之间的大洋——他断然决定从这一刻起，把他的整个身心、全部财富统统投入这项事业。

那决定性的点火就这样完成了，因为有了它，一个思想在现

---

① 寓公，泛指失势寄居他乡的官僚、绅士等。

实生活中才获得了爆炸力。新的创造奇迹的电的力量和生命的另一个最强大的动力——人的意志结合起来了。一个人找到了他要为之毕生奋斗的使命，一项任务找到了使它实现的人。

## 准　备

赛勒斯·韦斯特·菲尔德以难以想象的精力投入工作。他和所有专家建立联系，恳请有关国家政府授权开发，在欧美两洲展开一场筹集必要资金的活动；这位名不见经传的男子迸发出如此巨大的冲击力，他内心怀着如此狂热的确信，对于新的神奇力量的电充满坚强的信心。

短短几天之内，三十五万英镑原始股金就在英国被全部认购。邀集利物浦、曼彻斯特和伦敦最富有的大商人，就足以建立电报建设和维修公司了，金钱源源不断而来。

认购者中也有萨克雷①和拜伦夫人②的名字，他们热心资助这项事业，纯粹出于道义考虑，并无任何附带的商业目的；在斯蒂芬孙③、布鲁内尔④和其他大工程师的时代，一切与技术和机械有关的事物都在英国激起感人的乐观主义，只要登高一呼，就能为

① 萨克雷（1811—1863），英国小说家，作品多讽刺上层社会，主要代表作有《名利场》等。

② 拜伦夫人，即安妮·伊莎贝拉·米尔班克（1792—1860），英国数学家，一八一五年与英国著名诗人拜伦结婚。

③ 斯蒂芬孙（1781—1848），英国工程师，第一次工业革命期间发明火车机车，被誉为“铁路机车之父”。

④ 布鲁内尔（1806—1859），英国工程师，主持修建了大西方铁路、系列蒸汽轮船和众多重要桥梁，革命性地推动了公共交通、现代工程等领域。

一个异想天开的冒险计划筹集到巨额资金。

铺设电缆的大致费用是在这项计划付诸实施时唯一有把握的估算。技术上究竟应如何实施，并无先例可循。在十九世纪还从来没有设想过、计划过类似规模的工程。

在多佛尔[①]和加来[②]之间的狭长水带下面铺设电缆怎么能和铺设横跨一整个大洋的海底电缆相提并论呢？前者只要从一艘普通轮船的露天甲板上卷下三四十海里电缆就行了，电缆就如同船锚离开绞盘那样缓慢地一圈一圈沉入水中。

在运河铺水下电缆可以不慌不忙地等待一个风平浪静的好日子，人们对水深处的情况了如指掌，随时能观察到两岸的动静，从而避免发生任何危险的偶然事件；只要一天就能顺利完成。而在至少要连续航行三个星期才能横渡的大洋铺设海底电缆，情况就大不一样，海上天气变幻莫测，长好几百倍、重好几百倍的电缆不可能一直放置在露天甲板上。

此外，在那个时代也没有一艘足够大的海船有那么大的货舱，能装得下由铜、铁和古塔胶制成的这个庞然大物，也承载不起它的重量。至少需要两艘主力船，并且还要有几艘船只随航，以便准确地保持最短的航线，并在发生意外情况时给予救援。

虽然英国政府为此目的提供了它曾在塞瓦斯托波尔海战中作为旗舰的最大军舰“阿伽门农”号，美国政府提供了吃水量五千吨的三桅快速战舰“尼亚加拉”号（这是当时最大吨位的船只了），但这两艘战舰本身都需要改建，才能各自整齐地将那连接两大洲的无尽链条的一半装进船舱。

---

① 多佛尔，英格兰东南部城镇，距伦敦约百里之遥。

② 加来，法国北部海港，与多佛尔隔海相望。

自然，主要的问题始终是电缆本身——对连接世界两大洲的这一条巨大无比的脐带提出了难以想象的要求。一方面，这条电缆必须像钢索一样结实、拉不断，同时又要保持弹性，才能便于铺设。它必须能够承受得住任何压力、任何重量，又要像丝线一样光滑便于缠绕。它必须是实心的，又不宜塞得过于饱满，既要坚固，又要精确，精确到能把最微弱的电波传送到两千多海里[①]外去。这条巨大的缆绳上任何一处有极小的裂缝、微不足道的不平整，都会破坏这十四天航程路线上的信息传送。

但是他们知难而进！现在那些工厂日夜赶制金属线，这个人不屈不挠的意志推动着所有的车轮滚滚向前。整座铜矿、整座铁矿都用来制作这条绳索，整片整片橡胶树林的橡胶树都为制作如此长的橡胶绝缘护层而流淌胶乳。这根电缆里面的金属丝线总长三千万海里，足够绕地球十三圈，连成一条线，也足够把地球和月亮连接起来，仅从这一点，就足以形象地说明这个工程的规模何等浩大。人类自从巴别塔[②]以来，还不敢尝试比这更宏伟壮丽的工程。

## 第一次尝试

轰隆轰隆的机器声响了一年之久，电缆像一根细细的不断的线绳从工厂出来缠绕到两艘大船内部，终于，在缠绕了好几千圈之后，两艘大船每一艘都装载了一半缠在线盘上的电缆。有制动

① 海里，计量海洋上长度的距离单位，1 海里合 1852 米。

② 巴别塔，指犹太教、基督教《圣经》中未建成的通天塔。

闸和倒车装置的笨重的新机器也已安装完毕，这些机器是为了在一个星期或两三个星期内一口气不停地把电缆沉入大洋深处而设计的。包括莫尔斯本人在内的所有最优秀的电气师、工程技术专家云集船上，以便在整个电缆铺设过程中用他们的仪器不停地监控电流是否受阻。记者、画家蜂拥到舰队上来，要用语言和文字描述自哥伦布和麦哲伦[①]以来最激动人心的这一次远航。

终于万事俱备，可以起航了，迄今为止一直是怀疑论者占上风，而现在英国举国上下转而对这一事业倾注了极大的兴趣和热情。

一八五七年八月五日那一天，在爱尔兰瓦伦西亚小小的港湾，数百只小船围着装载电缆的舰船转来转去，为的是要共度这一具有世界历史意义的瞬间，亲眼看一看那巨大电缆的一端如何由小船送上海岸，固定在欧洲大陆上。

告别仪式不由自主地成了隆重的庆典。政府派代表前来，人们纷纷致辞，一位牧师在感人至深的讲话中祈求上帝保佑这一大胆的行动。

"啊，永恒的主啊，"他这样开始说，"是你独自展开天空，控制大海的巨浪，风和波涛都听从你的吩咐，请你仁慈地俯望你的仆人……请你下令清除一切障碍，排除一切可能妨碍我们完成这一重要事业的任何阻力。"

随后，海滩上、海面上挥动着数千只手、数千顶帽子。陆地渐渐模糊了。人类力图把她最大胆的梦想之一变成现实。

---

① 麦哲伦（1480—1521），葡萄牙著名航海家和探险家，完成人类首次环球航行。

# 失 败

按照原先的计划，各自装载一半电缆的“阿伽门农”号和“尼亚加拉”号应一起航行到预先计算过的大洋中间某处，先在那里把两个半根的电缆对接好。然后一艘船朝西向纽芬兰航行，另一艘朝东往爱尔兰驶去。可是，第一次试验就把宝贵的整根电缆拿去冒险似乎太鲁莽了，于是选择从陆地开始铺设第一段线路，那时也还不知道这么长距离的海底电缆究竟是否能正常通话。

两艘大船里面，选中“尼亚加拉”号承担从陆地铺设电缆到大洋中心点的任务。这艘美国三桅大帆船小心翼翼地徐徐前进，犹如一只蜘蛛，不停地从它那庞大的躯体里往后面吐线。船上，下线机发出缓慢的有规律的嘎嘎声，这是所有海员都十分熟悉的绞盘转动时锚索往下滑落的古老的噪音。几小时后，就像人们并不留意自己的心脏跳动一样，船上的人对这有规律的碾磨似的声音就毫不在意了。

大船一直向外洋驶去，电缆从船的龙骨后面一刻不停地沉入大海。这次冒险行动似乎毫无冒险色彩可言。略显特别的，只是电气技师们坐在一间特别的船舱里凝神倾听，不断和爱尔兰陆地交换讯号。好极了：虽然早就看不见海岸了，海底电缆传送的讯号却像从一个欧洲城市到另一个欧洲城市通话似的清晰。

船已驶过了浅水带，也已部分越过了爱尔兰后面隆起的所谓深海平台，金属线仍然一直像沙漏里的沙子一般有规律地沉入大船龙骨后面，发出消息，同时也接收消息。已经铺设了三百三十五海里电缆，亦即比多佛尔和加来之间的距离还长十倍多，开头不安全的五天五夜已经安然度过。

八月十一日，第六天晚上，赛勒斯·韦斯特·菲尔德在工作和激动了许多小时后，已经准备休息。突然——怎么回事？嘎嘎响的声音停止了。犹如机车猝然刹闸时疾驶的列车上睡着的人倏然跃起，又如磨坊的水车突然停止不转时睡在床上的磨坊主猛然惊醒，船上所有人一下子全都醒了，一齐冲上甲板。一眼就能看明白，下电缆的机器上什么东西都没有了。电缆突然挣脱了绞盘；及时拽住挣断的一端是不可能的，现在要找到掉在深海中的电缆断头并把它打捞上来就更不可能了。可怕的事情终于发生了。一个小小的技术上的差错毁掉了好几年的工作。

出航时如此意气风发的远航者，成了失败者返回英国，一切讯号的突然沉寂已使人们对坏消息有所准备。

## 又一次失败

集英雄和商人于一身的赛勒斯·韦斯特·菲尔德是唯一坚定不移的人，他做了结算。失去什么了？三百三十五海里长的电缆，约值十万英镑的股本，使他更不好受的也许是失去无法弥补的整整一年时间。因为探险航行只有在夏天才有希望盼到好天气，而现在好天气的季节早已过去了。

在另一页上有一个小小的收获。通过这第一次尝试取得了一些好的实践经验。电缆本身证明管用，可以卷起来收藏至下一次出海。只是下缆机必须改造，这次电缆被挣断，这要命的毛病就出在下缆机上。

在等待和准备中又过了一年。还是那几艘船，到了一八五八年六月十日，才又以新的勇气，带上旧电缆再度出航。首航时电波讯号传送并无问题，因此，便又回到原先的计划，从大洋中点开始向两端铺设电缆。

新的航行最初几天没有什么意义。到第七天才开始在原先计算好的地点铺电缆，因而开始真正的工作。在此之前，只不过是一次出海兜风游玩，或者说一切看上去似乎如此。机器闲置在那里，水手们依旧可以休息，欣喜自己遇上好天气，晴空无云，风平浪静，也许大海过于平静了。

但到了第三天，“阿伽门农”号船长心里暗暗不安。气压计显示水银柱以令人惊恐的速度下降，一场不同寻常的暴风雨正在迫近。第四天，暴风雨果然来了，大西洋上久经考验的水手也很少遇到这样的暴风雨。最糟糕的是，风暴袭击的恰恰是英国铺缆船“阿伽门农”号。这艘前英国海军旗舰是在所有海洋、并在海战中经历过最严酷考验的优秀海船，应付这种恶劣天气本来应该是绰绰有余的。

不幸的是，为了要能承载巨大的重量，它被彻底改造成了一艘铺缆船。但它又不像一般的货轮，那巨大电缆的全部重量都压在船舱正中，只有一部分是在船头，这么一来，后果更不堪设想，上下颠簸，倍加激烈。暴风雨就这样和它的牺牲品玩起危险万分的游戏；船只往右、往左、朝前、朝后倾斜达四十五度角，巨浪如山盖过来，压到甲板上，一切东西都被打得粉碎。祸不单行，最惊心动魄的一次冲击使整艘船从龙骨到船桅激烈晃荡，甲板上堆积如山的煤堆挡板倒塌了。石头一般的煤块像黑色的冰雹砸在业已疲惫不堪、鲜血直流的水手身上。一些人摔倒负伤，厨房里大锅倒扣下来，一些人被滚汤烫伤。

十天风暴中，一名水手神经错乱，已经有人想要采取极端措施：把一部分要命的电缆抛进大海。幸亏船长极力反对承担这个责任。他是对的。“阿伽门农”号经受住了十天暴风雨难以形容的考验，尽管晚了好些日子，毕竟和其他船只在事先约定要开始下缆的大洋某处会合了。

可是现在才看出来这批缠绕了数千圈的宝贵而又娇气的电缆由于不停颠簸受到了多么严重的损害。有些地方电线乱成一团，绝缘胶层磨破了或撕裂了。尽管如此，人们仍抱有一线希望，铺一段电缆做试验，其结果只是把二百海里电缆，白白扔进了海里，丝毫不起作用。第二次试验又告失败，他们不是凯旋荣归，而是偃旗息鼓悄悄返回。

## 第三次航行

已经得知不幸消息的伦敦股东们脸色苍白地等待他们的经理和诱骗者赛勒斯·韦斯特·菲尔德。这两次航行花掉了一半股本，什么也没能证明，什么也没有得到；如果现在有人说“够了”，那也是可以理解的。

董事长主张能救出多少股本就尽量救出多少。为此，他赞成取出船上还没使用过的剩余电缆，万不得已时也可以赔本出售，然后就一笔勾销这个荒唐透顶的铺设跨洋电缆的计划。副董事长赞同他的主张，并递交了一份书面辞呈，以表明自己从今以后绝不和这个愚蠢的项目发生任何关系。

然而赛勒斯·韦斯特·菲尔德的韧性和理想主义是不可动摇的。他声称并没有失去任何东西。电缆本身出色地经受了考验，船上的电缆还足够做一次新的试验，舰队已经集结，海员已经招雇完毕。

恰恰是最后一次航行的恶劣天气，现在令人对风平浪静的好天气周期抱有希望。眼下需要勇气，需要再次鼓起勇气！现在不冒险做最后一次尝试，就永远没有机会了。

股东们面面相觑，越来越拿不定主意：是不是应该把他们最后这点儿投资交给这个傻瓜呢？毕竟，一个意志坚强的人总能够带领犹豫不决的人和自己一道前进，赛勒斯·韦斯特·菲尔德终于促成了再度出航。一八五八年七月十七日，第二次航行失败五个星期后，舰队第三次离开了英国海港。

决定性的事情几乎总是静悄悄一声不响地取得成功的，这一条古老的经验又一次得到证实。此次出航丝毫不引人注目：没有众多小船在大船周围游弋表示祝贺，没有人群聚集在海滩上，没有盛大的告别宴会，没有人发表演说，没有牧师祈求上帝保佑。就像去进行劫持行动似的，船只胆怯地悄悄驶出海港。但是大海友善地等待着他们。

驶离昆斯敦十一天后，正好在事先约定的七月二十八日那一天，“阿伽门农”号和“尼亚加拉”号在大洋正中预定地点开始进行这项伟大的工作。

真是奇观——两艘大船船尾对着船尾。电缆的终端在两艘大船之间实现对接。没有任何仪式，船上的人员甚至没对这个过程表示出多大兴趣（前两次试验失败已使他们感到厌倦）。铁和铜制成的电缆在两艘大船之间沉入大海，一直下沉到测深锤[①]从未探测过的大洋最深的底部。

然后，两艘大船上的人们互致问候，旗语[②]道别，于是，英国船驶向英国，美国船返回美国。两艘船渐行渐远，成了茫无涯

① 测深锤，一种测量型工具，用于测量江水、海水的深度。

② 旗语，一种古代主要的通讯方式，现在是世界各国海军通用的语言，不同的旗子、不同的旗组表达不同的意思。

际的海洋上的两个小点，电缆一直把它们联系在一起——人类有史以来，两艘船第一次互相看不见却能够超越风浪、空间和遥远的距离互相通话。每隔几小时，一艘船就通过从大洋深处的电讯号报告已铺完的电缆海里数，每一次另一艘船都证实由于天气很好也完成了同样距离的铺缆工作。

一天就这样过去了，第二天、第三天、第四天同样如此。

八月五日，“尼亚加拉”号终于可以报告说他们到达了纽芬兰的特里尼蒂海湾，美国的海岸已经在望，他们已铺设一万三千海里电缆。“阿伽门农”号同样报捷，他们同样铺放了一千多海里海底电缆，他们也望见了爱尔兰的海岸。

现在，人类破天荒第一次，可以从一个大陆向另一个大陆，从美洲向欧洲通话。但只有这两艘船，只有在木头船舱里的这几百人知道宏图实现了。世人还不知道这个消息，他们早就忘了这个冒险行动。没有人守候在海滩上，纽芬兰和爱尔兰都没有人在那里等候，但当新的海底电缆和陆地电缆接通的那一秒钟，全人类都会知道他们共同的伟大胜利。

## 欢声雷动

这突如其来的喜讯激起人们如醉如痴的欢乐情绪。八月初，新大陆和旧大陆几乎同时得到事业成功的喜讯，反响之强烈是无法描述的。在英国，一向谨慎的《泰晤士报》发表社论，称“这一成功大大拓宽了人类活动的空间，自哥伦布发现新大陆以来任何事件都无法与之相提并论”。整个城市呈现一派激动人心的欢乐景象。但比起美国人暴风雨般的狂热情绪来，英国这种自豪的欢乐就显得矜持、含蓄。

在美国，一得到消息，马上停止营业，街道上人潮如涌，到处是询问的、喧哗的、议论的人群。一夜之间，赛勒斯·韦斯特·菲尔德这个毫无名气的人成了全国的大英雄，他的名字和富兰克林、哥伦布并列在一起。全城所有的人都想一睹这位"以其坚韧不拔的努力促成年轻的美洲和古老的欧洲联姻"人物的风采，在他们后面还有上百个城市聚焦着激动得颤抖和不住喧闹的人群。

不过，兴奋情绪尚未达到顶点，因为传来的暂时还只是电缆铺设好了这样一条干巴巴的消息。能通话吗？原来计划的事情成功了吗？整个城市，整个国家都在等待着，在凝神谛听一句话，越过大洋的第一句话。人们知道英国女王将要率先通过电缆表示祝贺，每时每刻，越来越迫不及待地期望听到她的消息。可是，由于一次不幸的偶然事故，恰恰是通往纽芬兰的电线出了故障，直至八月十六日夜间，维多利亚女王的贺电才传到纽约。

这盼望已久的消息来得太晚了，报纸已无法正式报道，只能在各电报局、编辑部张贴号外；顷刻之间，万人空巷。使出吃奶的力气从拥挤喧腾的人群中硬挤过去的报童，衣服撕破了，皮肤也擦伤了。女王的贺电在剧院里、饭店里宣读了。数千名不了解电报比最快的船只还先到几天的人们兴冲冲地赶到布鲁克林的港口，去迎接"尼亚加拉"号这艘和平时期凯旋荣归的英雄船。

次日，八月十七日，各家报纸刊登特大号字母标题欢呼：《电缆工作出色》《人人欢欣若狂》《全城轰动》《普天同庆的吉时》。地球上自有种种思想以来，第一次有一个思想以其本身的速度飞越大洋，这确实是无与伦比的胜利。

礼炮队鸣礼炮一百响，宣示美利坚合众国总统已答复了女王。现在再没有人敢怀疑了；晚上，纽约和所有其他城市万盏灯火、上万火炬照耀通明。每一扇窗户都灯光明亮，甚至市政厅屋顶起火也没有使人扫兴。

第二天又迎来新的庆祝活动。“尼亚加拉”号抵达了，大英雄赛勒斯·韦斯特·菲尔德就在这艘船上！欢庆胜利的人群抬着剩下的电缆穿过市区，全船人员受到热烈招待。

现在，仿佛美洲在第二次庆祝发现新大陆的节日似的，从太平洋到墨西哥湾，每一座城市都在一天又一天地举行隆重庆典。

但这还不够，不够！真正欢庆胜利的游行还要更加壮观，那是新大陆从所未见的极其盛大的胜利大游行。准备了两个星期，然后整个城市在八月三十一日为一个人庆祝，为赛勒斯·韦斯特·菲尔德庆祝。有史以来，很少有帝王、统帅作为凯旋者受到他的人民如此盛大的欢迎。

游行队伍很长很长，在这晴朗美好的秋日，这支队伍从城市这一头走到另一头就花了六个小时。军队走在最前面，高举旗帜穿过彩旗飘扬的街道，随后是军乐队、男声合唱团、歌咏队、消防队、学生队伍、志愿人员队伍，形成一望无尽的行列。凡是能走路的，都来游行了；会唱歌的，都在歌唱；会欢呼的，都在欢呼。赛勒斯·韦斯特·菲尔德犹如古代凯旋荣归的统帅，坐在一辆四驾马车上，另一辆马车上坐的是“尼亚加拉”号的司令，美国总统坐第三辆马车，众多市长、政府官员、大学教授跟随车后。

游行之后，演讲、宴会、火炬游行接踵而来，教堂钟声朗鸣，礼炮如雷轰响；围绕着这位连接两个世界的新哥伦布，这位此时此刻成为美国最荣耀、最神圣人物的空间征服者赛勒斯·韦斯特·菲尔德，汹涌起一波又一波狂热的欢呼声。

# 苦难深重

这一天，千百万个声音喧嚣着，欢呼着。唯独有一个声音，那最重要的声音，在这欢庆之中令人奇怪地沉寂无声——这就是海底电缆传送的电报。

也许赛勒斯·韦斯特·菲尔德还在欢呼声四起之时对可怕的真实情况就已有预感，赛勒斯·韦斯特·菲尔德想必为此惊恐万分：只有他一个人了解这一情况，大西洋海底电缆偏偏又在这一天停止工作，最近这些天只传来混乱的、几乎无法辨认的符号，后来电缆就像濒死者最后喘息几下，终于咽气了。在整个美洲，只有在纽芬兰操作收发电报的少数几个人知道、预感到电缆渐渐失灵这件事，他们面对极度狂热的情绪，一天天犹犹豫豫不敢把令人痛苦的消息告知狂欢的人群。

可是，近日来传送的消息数量如此之少，引起了人们的注意。美国原期待现在消息会一小时一小时闪电般地越洋而来，却只等来了一些模糊的、无法确认的讯息。

不久，谣言传开了，说是由于迫不及待地一味追求更好的传送效果，输送了太强的电荷，把本来就不完善的电缆彻底弄坏了。人们还希望能够排除故障。但很快就无法否认讯号变得越来越不相连续，越来越难以读懂。

恰恰在九月一日那一天，欢庆胜利酒醉之后的第二天早晨，不再有清晰的声音和纯粹的振荡越过大洋。

人们一旦从真诚的欢欣鼓舞中清醒过来，看到他们寄予莫大希望的人使他们失望，他们是很难原谅他的。备受赞誉的电报失灵的谣言还没有得到证实，欢呼的狂澜便化为恶毒的恼怒回过头来倾泻在无辜的罪人赛勒斯·韦斯特·菲尔德身上。

他欺骗了一个城市、一个国家、一个世界；有人在城里说，他早就知道电报要失灵，但他出于私心让大家围绕着他欢呼，利用这段时间脱手他拥有的股票，获取暴利。甚至还出现一些更加恶毒的谣言，其中最离奇的武断说法是：越洋海底电缆根本就没有真正发过报；所有的电讯都是骗局，无稽之谈，英国女王的电报是事先拟好的，不是通过越洋电报发来的。谣言说，整个这段时间内没有一条消息是清楚明白地通过大海传送过来的，邮电局长们只是凭猜测和想象把支离破碎的讯号拼凑成为电报。真正的丑闻开始了。恰恰是昨天最响亮地欢呼的那些人，现在叫嚣得最凶。

整个城市、整个国家为自己过早过分的热情感到羞愧。赛勒斯·韦斯特·菲尔德被选中成为这次暴怒的牺牲者，昨天他还被视为国家的英雄、富兰克林的兄弟和哥伦布的后继者，如今却不得不像个罪犯似的躲避他原先的朋友和敬慕者。唯一的一天创造了一切，唯一的一天毁灭了一切。失败得很惨，资金完蛋了，信用丧失了，那根无用的电缆躺在大洋深不可测的海底，像传说中缠绕地球的巨蛇。

## 六 年 沉 默

被遗忘的电缆在海底躺了六年，曾经在世界史的一小时中脉搏相通的两个大陆之间，再度横亘着古老而冷清的沉默达六年之久。美洲和欧洲，它们曾经有极短的时间彼此靠近，交谈过几百句话，如今又像数千年来那样，被不可跨越的重洋隔断。

十九世纪最大胆的计划昨天已经接近实现，却又变成了一个传奇、一则神话。自然，不会有人想要重新开始这成功了一半的事业；可怕的失败窒息了所有的热情，使所有的力量陷于瘫痪。

在美国，南方和北方之间的国内战争吸引着所有人的注意力；在英国，尽管委员会有时也还开会，但他们花了两年时间，才费劲地得出一个干巴巴的结论，说铺设海底电缆原则上是可能的。但是，从这个学术鉴定到实际行动却是一条没有人想要走的路；在这六年时间里，各项工作完全停顿下来，就像那条在海底被遗忘的电缆。

六年，在历史的长河中虽说只不过是匆匆的一瞬，但对于像电学这样年轻的科学，却不啻千年。在这一学科领域，每一年、每个月都有新的发现。发电机做得越来越精确，功率越来越大，用途越来越广，电气仪表越来越精密。曾几何时，电报网已遍及各大洲内，横跨地中海，非洲和欧洲也已连通；铺设大西洋海底电缆的计划长期被视为异想天开，这种观念在不知不觉之间一年年淡化。重新试验的时刻是注定要到来的；只是把新的能量注入老计划的那个人还没有出现。

突然，这个人出现了。看啊，还是原来那个人，依然怀着同样的信念，同样的信赖，还是那个赛勒斯·韦斯特·菲尔德，他从沉默的流放中，从恶意的蔑视中复活了。他第三十次横渡大西洋，再次出现在伦敦，成功地为原先的计划筹集了新的六十万英镑资金。现在终于也拥有了多年梦想的能独力负载特大重量货物的巨轮，伊桑巴德·布鲁内尔建造的有四个烟囱、吃水二点二万吨的著名的“伟大的东方人”号。奇迹一再出现：这艘船一八六五年那一年恰巧闲置着，因为它同样是超越时代的大胆计划的产物；因此他只用两天便买下了这艘巨轮，并着手为远航进行装备。

一切从前无比艰难的事情，如今都好办了。一八六五年七月二十三日，这艘巨轮装载着一条新电缆驶离泰晤士河。尽管第一次试验失败了，由于在抵达目的地前两天出现了一条裂缝，电缆铺设没有成功，永无餍足的大洋又一次吞噬了六十万英镑。尽管如此，为完成这一事业，技术上已经完全有把握，人们并不因此而灰心丧气。

一八六六年七月十三日，“伟大的东方人”号再度出航，获得圆满成功，这一次电缆向欧洲传送出清晰的讯号。几天以后，遗失的旧电缆找到了，于是两条电缆把旧世界和新世界连接起来成为一个共同的世界。

昨天的奇迹成了今天理所当然的事情，从这一瞬间起，地球仿佛有一个唯一的心脏在搏动；现在，地球上的人类从一端到另一端已能同时听见彼此的声音、彼此看得见、互相能理解，由于人类的创造力，极大地缩短了时空的距离。

感谢他们对于时间和空间的这一胜利，倘若人类能世世代代团结和睦，不一再被破坏这种伟大团结的致命妄想所迷惑而不断采用赋予他们战胜自然力的那些手段来毁灭自己，那将是何等美妙啊！

（潘子力　译）

# 逃向上帝

## 一九一〇年十月末

❖

为列夫·托尔斯泰[①]未完成的戏剧《光在黑暗中发亮》所作的尾声。

## 引　　言

一八九〇年列夫·托尔斯泰着手写一部戏剧自传，后来作为他的遗稿中题为《光在黑暗中发亮》的片段发表和演出。这部未完成的戏剧，在它的第一场中就披露了，它不是别的什么，而是他的家庭悲剧的一种最隐秘的描述，他这样写显然是对一种有意

① 列夫·托尔斯泰（1828—1910），俄国批判现实主义作家、思想家、哲学家，代表作品有《战争与和平》《安娜·卡列尼娜》《复活》等。托尔斯泰出身于贵族家庭，曾尝试在自己的领地上进行农奴制改革，并参加克里米亚战争，十九世纪七十年代末，他的世界观发生改变，在本国革命形式和全国性大饥荒的影响下，弃绝本阶级，转到宗法制农民的立场上，《忏悔录》等作品中记录了这一转变过程。后与妻子决裂，离家出走，于一九一〇年十一月七日在阿斯塔波沃车站去世。

逃亡尝试的自我辩护，并同时是对他妻子的一种致歉，即一部在极端的灵魂分裂中寻求完全道德上的平衡之作。

托尔斯泰本人在尼古莱·米歇拉耶维奇·萨里恩切夫[①]的形象上显然是扮演着自我的角色，而且这部悲剧中大概很少有被认为是杜撰的东西。毫无疑问，列夫·托尔斯泰塑造出这一形象是为了自己预先就写出他生活的必然结局。

但是，托尔斯泰既非在作品中，也非在生活中；既非在当时的一八九〇年，也非在十年之后的一九〇〇年，有这样的勇气和找到一种决断和结束的形式。出于这种意志上的弃绝，这部戏剧只留下残稿，结束时主人公完全茫然不知所措。他只是乞求地向上帝举起双手，求上帝帮助他，结束他内心的分裂。

后来，托尔斯泰也没有补写这部悲剧所缺少的最后一幕，但更重要的是，他把它保留了下来。在一九一〇年十月的最后几天里，长达二十五年之久的犹豫终于最后决定了下来，危机得到了解脱：托尔斯泰经过一些充满戏剧性的冲突之后，他出逃了，而且为了去寻求那种壮丽的和典范的死亡，他出逃得正是时候，这种死亡赋予他的生活命运以完美的形式和威严。

在我看来，没有比把托尔斯泰的生活悲剧结尾补到这部残稿上更为自然的了。这里，我怀着尽可能的对历史真实和事实文献的敬畏，试着把这个结局、这唯一的结局写出来。

我有自知之明，不存狂妄之想，去任意或与之相比美地把托尔斯泰的自白补全。我不是去完成这部作品，我只是去为它服务。我这里所尝试的，不是把它看作是一种完成，而是为一部没

① 尼古莱·米歇拉耶维奇·萨里恩切夫，戏剧《光在黑暗中发亮》的主人公，据说是托尔斯泰本人的真实写照。

有完成的作品和一个没有解决的冲突写的一部独立成篇的尾声，唯一肯定的，是为那部未完成的悲剧写一个壮观的结局。因此，这个尾声的思想和我充满敬畏的努力都充溢其中。

为一次引人注意的演出必须强调，这个尾声在时间上比《光在黑暗中发亮》要迟十六年，这一点特别是在托尔斯泰的出场时，要绝对地表现出来。他最后几年的出色照片可作为样子，特别是他在萨玛蒂诺修道院，在他妹妹身边的那幅照片和在灵床上照的那张。就是他的工作室也应当依其历史真实原样布置，它惊人的简朴，令人肃然起敬。

从纯演出的角度来看，我希望这个尾声，紧接着在《光在黑暗中发亮》的第四幕片段之后，但这一幕与前一幕之间要有一个较长的间歇。独立地演出这场戏不是我的意图。（托尔斯泰用他自己的名字，不再掩藏在酷似他的萨里恩切夫形象之后了。）

## 尾声中的人物

列夫·尼古拉耶维奇·托尔斯泰（时年八十三岁）

索菲娅·安德烈夫娜·托尔斯泰——他的夫人

阿历克山德拉·列沃夫娜（萨莎）——他的女儿

弗拉基米尔·格奥尔格维奇——他的秘书

杜尚·彼德洛维奇——家庭医生，托尔斯泰的朋友

伊万·伊万诺维奇·欧索林——阿斯塔波沃车站站长

希利尔·格莱戈洛维奇——警察局长

大学生甲

大学生乙

三个旅客

头两场的时间是一九一〇年十月的最后几天，地点在亚斯纳亚·波利亚纳的工作室；最后一场的时间是一九一〇年十月三十一日，地点在阿斯塔波沃火车站的候车室。

## 第　一　场

一九一〇年十月末，亚斯纳亚·波利亚纳庄园，托尔斯泰的工作室，简朴无华，与那张有名的照片一模一样。

〔秘书领两个大学生进来。他俩按照俄国样式，身着高领的黑色上装，两人都年轻，脸部轮廓鲜明。他们的举止镇定自如，与其说是拘谨，不如说是狂放。〕

**秘　　书**　稍坐一会儿，列夫·托尔斯泰不会让你们等得太久的。我只是请求你们要考虑到他的年纪！列夫·托尔斯泰特别喜欢争论，经常会忘记他的疲劳。

**大学生甲**　我们问列夫·托尔斯泰的问题很少，只有一个问题，当然，这对我们和对他是一个决定性的问题。我答应您，停留一小会儿，前提是，我们可以自由地谈话。

**秘　　书**　完全可以。越不拘形式越好。首要的是你们不要称他为老爷，他不喜欢这样。

**大学生乙**（笑了起来）这无须为我们担心，什么都可以担心，只有这点不必。

**秘　　书**　他已经从楼梯下来了。

〔托尔斯泰迈着迅急的、像风一样的脚步进入室内，他虽然年迈，但多动和神经质。在他说话中间，他经常转动手中的铅笔或揉搓一张纸头，并由于不耐烦而经常抢话。他急速走向两人，朝他们伸出手来，对每个人都犀利和敏锐地打量片刻，随后他在两人对面的那把蜡布扶手椅上坐了下来。〕

**托尔斯泰** 你们是委员会派来见我的那两位，不是吗……（他在一封信里寻找），请你们原谅，我忘了你们的名字……

**大学生甲** 请您不要在乎我们的名字。我们到您这儿只是成千上万人中的两个人而已。

**托尔斯泰** （尖锐地观察他）您有什么问题要问我？

**大学生甲** 一个问题。

**托尔斯泰** （转向大学生乙）那您呢？

**大学生乙** 同一个问题。我们所有的人只有一个问题问您，列夫·尼古拉耶维奇·托尔斯泰，我们所有的人，俄国的全体革命青年，没有别的问题，只有一个问题：您为什么不同我们站在一起？

**托尔斯泰** （十分平静）如我所希望的，这个问题我已在我的书籍中，此外也在我的一些书信里说得很清楚了，这些书信在此期间都已发表了——我不知道，你们本人是否读过我的书？

**大学生甲** （激动地）我们是否读过您的书，列夫·托尔斯泰？您这样问我们太奇怪了。说“读”，这太微乎其微了，我们从童年起就生活在您的书里。当我成为青年人时，您唤醒了我们身躯中的心灵。如果不是您，那又是谁教我们看到人类所有财富分配上的不公平？……您的书，只有它们才使我们的心灵摆脱一个国家、一个教会和一个统治者，他不是去保护人类而是去保护侵犯人的不义。您，只有您才决定了我们投入我们全部的生命，直到这个荒谬的制度彻底摧毁为止……

**托尔斯泰** （欲打断他并说）但不是通过暴力……

**大学生甲** （不予理会，率直说）自从我们说我们的语言时起，就没有对任何人像对您这样的信赖过。当我们问自己是谁会清除不义时，我们就说是他；当我们问道，是谁会挺身而起，去消灭卑鄙无耻时，我们就说：他，托尔斯泰会去做的。我们是您的学生，您的仆人，您的奴隶，我相信我那时会为您的一次招手而死，如果我在一两年前可以踏入这幢房子的话，我会像匍匐在一个圣人面前一样匍匐在您的面前。对于我们，对于我们成千上万的人，对整个俄国青年，列夫·托尔斯泰，直到几年之前您还是这样的人——我感到痛心，我们大家感到痛心，从那以后您就疏远了我们，并几乎成了我们的敌人。

**托尔斯泰** （软化下来）那为了使我们的结盟继续下去，您认为我该做什么呢？

**大学生甲** 我不敢狂妄地教训您。您自己知道，是什么使您与我们整个俄国青年疏远开来。

**大学生乙** 为什么不说出来呢？我们的事业比起彬彬有礼更为重要。终归您必须要睁开眼睛的，政府对我们的人民犯下了巨大的罪行，您不能长时间对此漠然处之。终归您必须从您的书桌旁挺身而起，公开地、明确地和不顾一切地站在革命的一边。您知道，列夫·托尔斯泰，他们以怎样的残忍手段镇压了我们的运动，现在有那么多的人在监狱里腐朽烂掉，比您园中的树叶还要多。您看到了这一切，也许您不时地在一家英文报纸上写一篇文章，谈论人的生命是如何神圣。但是您本人知道，今天光是用语言来反对这种血腥的恐怖不再有任何用处；您像我们一样知道得很清楚，现在唯一需要的是一场完完全全的颠覆，一场革命；而仅仅您的话就能为革命制造出一支军队。您把我们造就成革命者，现在，革命的时刻已经成熟了，可您却小心翼翼地转过头去，您这样做就是对暴力的赞同。

**托尔斯泰** 我从没有赞同暴力，从来没有！三十年来，我一直致力于同所有当权者的罪行进行斗争。三十年来——你们那时还没有出生——我一直要求，比你们还要激进，要求的不仅仅是改良，而且要求的是社会关系的一种彻底的新秩序。

**大学生乙**（打断他的话）可是怎么样呢？他们都赞同了您什么呢？三十年来他们都给了我们什么呢？去完成您使命的反仪式派教徒[①]遭到的是皮鞭和射进胸中的六颗子弹。您温和宽厚的要求，您的书和您的册子使俄国得到了什么改善？最终您不也看到了，您还能帮助受压迫人，不就是您让人民宽容和忍耐并用千年帝国去敷衍他们吗？不，列夫·托尔斯泰，用爱的名义去召唤这群狂妄之徒那是毫无用处的，即使是您用天使的舌头讲话！这些沙皇的奴仆们不会为您的基督从他们的口袋掏出一个卢布[②]，在我们用拳头捶击他们的喉咙之前，他们一步也不会退让的。人民等待他们施予博爱的时间够长的了，现在行动的时刻到了。

**托尔斯泰**（相当激烈地）我知道，你们甚至在你们的宣言中称这是一种“神圣的行动”，一种煽动仇恨的神圣的行动。但是我不知道仇恨，我不要去知道仇恨，也反对那些对我们的人民犯下罪恶的人。作恶的人的灵魂是不幸的，要比遭受恶行

① 反仪式派教徒，十八世纪中期，产生于沙皇俄国和加拿大的一个宗教派别，主要反对东正教仪式，托尔斯泰生前曾极力维护这个教派，并于一八九八年决定将《复活》的全部稿费用于资助这个教派的教徒移居加拿大。

② 卢布，俄国的货币单位。

的人更为不幸，我怜悯他，但我不仇恨他。

**大学生甲**（愤怒地）可我仇恨所有那些对人类犯下罪行的人，像仇恨嗜血动物那样，毫不留情地仇恨他们。仇恨他们中的每一个人！不，列夫·托尔斯泰，您永远不能教我去同情这些罪犯。

**托尔斯泰** 可罪犯也还是我的兄弟。

**大学生甲** 如果他是我的兄弟，是我母亲的孩子，如果他对人类犯下罪行，那我就杀死他，像杀死一条疯狗一样。不，决不同情那些毫无同情心的家伙！在俄国的大地上，在把沙皇和男爵们的尸体埋葬之前，不会有安宁；在我们不把他们打倒之前，不会有一个人性的和道德的秩序。

**托尔斯泰** 没有一个道德的秩序能通过暴力而强行建立起来，因为每一种暴力不可避免地又制造出暴力。一旦你们拿起武器，那你们就会制造出新的专制。你们不是去摧毁它，而是在使它永远存在下去。

**大学生甲** 但是在反对强权者的斗争中，除了摧毁强权没有别的手段。

**托尔斯泰** 我承认；但是人们永远不应当使用一种自己并不赞同的手段。请您相信我，真正的力量在反对暴力时不是通过暴力，它是通过顺从使暴力变得无力。福音书上就这样写道……

**大学生乙**（打断他的话）啊，您别提福音书了。东正教的牧师们早就用它炮制出酒来麻醉人民了。两千年前就是这样了，那个时候它就没有用处，否则的话这个世界不会充满了痛苦和血腥。不，列夫·托尔斯泰，今天，用圣经再不能填平剥削者和被剥削者、老爷和奴仆之间的鸿沟了：在这两岸间的灾难太多了。成百的，不，成千的有信仰和有献身精神的人，今天在西伯利亚、在监狱里遭受折磨，而明天就会是成千上万的人。我问您，难道上百万无辜者就真的应当为一小撮有罪的人继续忍受下去吗？

**托尔斯泰**（镇静地）他们忍受比再度流血要好得多；恰恰是无辜的受难有助于和更好地去反对不义。

**大学生乙**（狂暴地）您把俄国人民遭受的无尽的和千年的苦难说得这么好听？好啊，那您到监狱里去，列夫·托尔斯泰，您问问那些受鞭刑的人，问问我们城市和乡村中忍饥挨饿的人，苦难是不是真的就这么好。

**托尔斯泰**（愤怒地）肯定比你们的暴力要好得多。你们真的相信用你们的炸弹和手枪就能彻底地清除世界的罪恶？不，罪恶随后就在你们身上施展出来了，我向你们重申，为了信仰忍受苦难比为了信仰去进行谋杀要好上百倍。

**大学生甲**（同样愤怒地）那好啊，如果苦难是这么好和这么有益，列夫·托尔斯泰，那您本人为什么不去受苦受难？为什么您总是向别人去赞颂殉道，而您本人却温暖地坐在自己的家里并用银餐具就餐，这同时，您的农民，我看到了，他们却衣衫褴褛，在茅屋中半饥不饱，挨冷受冻？为什么您不自己替您的那些反仪式派教徒去受皮鞭之苦？他们是为了您的学说才身受折磨啊。为什么您不最终离开这幢伯爵住宅而到大街上，在风雨交加、严寒酷暑中去经历这种所谓如此美妙的贫穷？为什么您总是讲而不是为您的学说去身体力行？为什么您本人终归也不做出个榜样？

**托尔斯泰**（他畏缩了）（**秘书跳到大学生甲的面前，要严厉地申斥他，但托尔斯泰已经镇静下来，轻轻地把他推到一边**）您不要这样！这个年轻人向我的良心提出的问题是好的……一个很好的，一个非常出色的，一个真正迫切的问题。我要努力老实地回答这个问题。（**他移近了一小步，振作起来，他的声音变得沙哑、委婉**）您问我，为什么我不按照我的学说和我的话去自己承受苦难？我回答您，心怀极端的羞惭：如果说我这么长时间地逃避了我神圣的义务，那是……那是……因为我……太怯懦了，太软弱了或者太不诚实了，我是一个卑劣的、渺小的、有罪的人……因为上帝直到今天还没有赋予我力量去最终完成这件不应推延的事情。年轻的陌生人，您讲得可怕，直刺我的良心。我知道，我必须做的，连千分之一都没做到；我羞愧地承认，我该离开这个奢侈的家和我感到是一种罪恶的我的生活方式，这早就是我的义务了，并且完全像您所说的那样，作为一个朝圣者行走在大街上；我知道，除了我灵魂深处的羞耻和对自己卑鄙的屈服之外，没有别的回答。（**大学生畏缩地退了一步，惊愕地沉默不语。间歇。随后托尔斯泰继续说下去，声音更加轻微**）但是，也许……也许我还在受苦……也许正因为我没有力量和不够诚实去履行我在人前说的话而在受苦。也许我的良心正在这儿受苦，比肉体上的可怕折磨更为厉害，也许上帝恰恰给我铸造了这个十字架，这幢房子比我身处监狱，脚上戴着镣铐更加痛苦……但您是对的，这种苦难毫无用处，因为这只是一种我个人的苦难，可我却傲慢自负，还以此为荣。

**大学生甲**（**有些羞愧地**）我请您原谅，列夫·托尔斯泰，如果我由于个人的激动而……

**托尔斯泰** 不，不，正相反，我感谢您！谁震动了我们的良心，即使是拳头，那对我们也是做了好事。（**片刻沉默。托尔斯泰又平静地说**）你们二位还有其他问题问我吗？

**大学生甲** 没有了，这是我们唯一的问题。我认为，您拒绝支持我们，这是俄国的不幸，是全人类的不幸。因为没有人能再阻止这场造反、这场革命了；我感觉到了，这场革命会十分可怕，比这个地球上的所有革命都更加可怕。注定去领导这场革命的人是铁汉子，是毫不留情意志刚强的男子汉，决不宽容。如果是您领导我们，那您的榜样能赢得上百万人，牺牲必定会少一些……

**托尔斯泰** 哪怕是只有一个生命因我的过错而死，我就无法在我的良心面前做出回答。

〔楼下响起了吃饭的铃声。〕

**秘　书** （朝向托尔斯泰，打断他的话）是午饭的铃声。

**托尔斯泰** （尖刻地）是呀，吃饭，闲聊，吃饭，睡觉，休息，闲聊——我们就这样有规律地生活，而其他人却要劳动，为上帝服役。（他再度转向两个年轻人）

**大学生乙** 那么说除了您的拒绝，我们没有什么能带给我们的朋友了？难道您没有一句鼓励我们的话吗？

**托尔斯泰** （犀利地看着他，思虑片刻）以我的名义，把下面的话告诉你们的朋友：俄国的年轻人，我爱你们，尊敬你们，因为你们如此强烈地同情你们兄弟们所遭受的苦难，因为你们要投入你们的生命去改善他们的境况。（他的声音变得生硬、有力和斩钉截铁）但在其他方面我不能听从你们，只要你们否认对所有人的人性之爱和兄弟之爱，那我就拒绝与你们站在一起。

〔两个大学生缄默不语。随后大学生乙果断地踏上一步，并生硬地说〕

**大学生乙** 我们感谢您接见了我们，感谢您的直率。我大概永远不会再站在您的面前了——那就请您也允许我这个微不足道的陌生人在告别时说一句坦率的话。我告诉您，列夫·尼古拉耶维奇·托尔斯泰，如果您认为人的关系通过爱就能够改善的话，那您就错了。这只适用于富人和衣食无忧的人。但那些从童年就饥寒交迫和毕生都在他们老爷的统治下受苦受难的人，他们疲惫地漫长地在等待这种兄弟之爱从基督的天国里降临世界；可他们最好是信赖他们的拳头。在您死亡的前夜，我告诉您，列夫·托尔斯泰：这个世界还要淹没在鲜血之中，人们不仅要杀死老爷，也要杀死他们的孩子，撕成碎片，这样，这个地球就再不会使那些坏透了的人心存幻想了。但愿您不会成为您迷雾的证人——这是我对您的衷心希望！愿上帝赐予您一种平静的死亡！

〔托尔斯泰后退了一步，这个血气方刚的年轻人的激烈言辞令他惊愕。随后他镇静下来，向他走近一步，十分平淡地说〕

**托尔斯泰** 我特别感谢您最后说的话。您对我的希望是我三十年来一直渴望的——一种在和平中与上帝和所有人在一起的死亡。（**两个大学生鞠躬退出。托尔斯泰长时间望着他们，然后他开始激动起来，并来回走动，他兴致勃勃地对秘书说**）这是些多好的年轻人，那么勇敢、骄傲和坚强，这些年轻的俄国人！出色极了，这些信仰坚定的热血青年！六十年前，我在塞瓦斯托波尔[①]就认识了他们；他们怀着同样的豪爽和大胆的目光迎向死亡，迎向危险……面带微笑，为了一种虚无就毫不畏惧地死去。他们的生命，他们抛掷的杰出的年轻

① 塞瓦斯托波尔，黑海边的一座要塞城市，一八五四年至一八五五年克里米亚战争时在此发生激战，列夫·托尔斯泰参加了这场战役，担任连长。据这次经历托尔斯泰写了小说《塞瓦斯托波尔故事集》。

生命是为了一个没有核仁的空壳，为了没有内容的空话，为了一个没有真理的思想，仅是出于欢乐而献身。好极了，这些永垂不朽的俄国青年！他们怀着这样的热忱和力量就像为了一项神圣的事业一样，供仇恨和杀戮驱使！可他们使我感到宽慰！真的，这两个年轻人，他们使我感到惊愕，真的，他们是对的，该是我最终从我的软弱中振作起来了，去履行我的诺言！离死亡只有两步远了，可我还一直犹豫不决！真的，只能向年轻人学习正确的东西，只能从年轻人那里学到！

〔门打开了，伯爵夫人像一阵风冲了进来，神经质，烦躁不安。她的动作摇晃不定，两眼急迫地总是迷惘地向四下望个不停。人们感到她说话时心不在焉，被一种内在的惊恐不安所左右。她的目光从秘书身边飘忽而过，仿佛他是空气似的，只是朝她的丈夫说话。她的女儿萨莎从她后面迅急登场；给人一种印象，她像是跟在母亲身后来监视她似的。〕

**伯爵夫人** 中饭的铃声已经响过了，《每日电讯报》的编辑为你反对死刑的文章等了半个小时了，可你却为两个这样的青年而让他站在那儿傻等。是些什么样的不懂规矩、不知礼貌的家伙！在下面时，当仆人问他们，是不是与伯爵约好了时，其中一个居然回答：不，我们不与任何一个伯爵相约，是列夫·托尔斯泰约我们来的。而你竟然与这样一些自以为是的浪荡子弟搅在一起没完没了，他们最想干的就是把世界搞个乱七八糟，像他们自己的头脑一样！（**她不安地用目光在房间里逡巡**）这儿怎么这样乱成一团，书放在地上，一切都一塌糊涂，净是灰尘，真的，要是有个体面的人来的话，那实在是一种耻辱。（**她走向靠背椅，用手抓住它**）这蜡布都完全破碎了，真使人丢脸，不，不能这个样子了。好在明天有从图拉来的修理师傅到家里，要他立即把这把靠背椅彻底修一下。（没有人回答她。她不安地四下张望）那请吧，现在该下去了！不能让人家长时间等下去了。

**托尔斯泰**（突然变得十分苍白和不安）我就下去，我这儿还有些东西……要归拢归拢……萨莎帮我一下……你先跟先生们聊聊，代我道歉，我随后就下去。（伯爵夫人还是对整个房间投上一瞥闪动的目光，随后下场。她刚一走出房间，托尔斯泰就冲到门前，迅急地把门锁上）

**萨　　莎**（为他的匆忙感到惊讶）你怎么啦？

**托尔斯泰**（高度紧张，把手紧按在心口上，期期艾艾地说）修理师傅明天……上帝保佑……好在还有时间……上帝保佑。

**萨　　莎** 可这是怎么回事……

**托尔斯泰**（激动地）一把刀子，快！一把刀子或一把剪子……（秘书目光陌生地从书桌旁递给他一把裁纸剪刀。托尔斯泰神经质般地开始忙了起来，并不时畏怯地向紧锁着的门望去，他用剪刀把破烂的靠背椅上的裂口剪大，然后用双手焦急地在乱糟糟的马鬃毛里搜索，终于他拿出了一封封写好了的信）在这儿——不是吗……太可笑了……太可笑和太难以置信了，像一部法国拙劣的廉价小说一样……一种奇耻大辱……我，一个神志完全清醒的男人居然在自己的家里，八十三岁时还得把自己最重要的文件藏匿起来，因为我的什么东西他们都翻个不停，因为他们紧跟在我的身后，搜索我的每一句话，我的每一个秘密！啊，是怎样一种耻辱，我在这座房子里的生活是怎样一种地狱般的苦难，是怎样的欺骗！（他变得更加不安起来，打开信，读了起来；对萨莎说）在十三年前我写了这封信，那时我要离开你的母亲，逃出这座地狱般的房子。那是同她的诀别，一种我找不到勇气的诀别。（**他那颤抖的双手把信纸弄得沙沙作响，声音不大地念给自己听**）……我不可再长期继续我十六年来一直过着的这种生活了，在这种生活中我一方面不得不与你们进行斗争，另一方面又不得不鼓励你们。现在我决定做我早就应当做的事情，即是出逃……如果我公开这样做的话，那必然产生痛苦。我也许变得软弱，不去履行我的决定，可这个决定却是必须履行的啊。如果我的这一步使你们感到痛苦的话，那我请求你们原谅我，特别是你，索菲娅，行行好，把我从你的心里忘掉吧，不要找我，不要抱怨我，不要诅咒我。（**沉重地呼了口气**）啊，已经十三个年头了，十三年来我一直在折磨自己，每一句话还像从前一样的真实，我今天的生活依然是那样的怯懦和软弱。我一直还是，一直还是没有出逃，还一直在等待，在等待，不知道在等待什么。我一直是知道得清清楚楚，可做起来却是一错再错。我一直是太软弱了，一直是没有毅力去反对她！我把信藏在这里，就像一个学生在老师面前把一本肮脏的书藏起来一样。当时我在交到她手中的遗嘱里请求她把我著作的所有权赠送给全人类，不是为了我良心上的安宁，而只是求得家中的和平。

〔间歇〕

**秘　　书** 列夫·尼古拉耶维奇·托尔斯泰，您相信……请允许我提个问题，要是出现意想不到的情况……您相信……如果……如果上帝把您召回的话……您这个最后最急迫的愿望，放弃您的著作所有权，也真的能实现吗？

**托尔斯泰**（为之一怔）当然……这是说……（变得不安起来）

不，我真的不知道……萨莎，你怎么看？

**萨　　莎**（**转过身去，一声不响**）

**托尔斯泰** 我的上帝，这我没有想过。或者不，我又，我又没有完全把握了……不，我只是不要去想它而已，我又退让了，像以往面对每一项明确的和清楚的决定时总是退让一样。（**他犀利地望向秘书**）不，我知道，我肯定知道，我的妻子和我的儿子们，他们很少会尊重我这个最后的意愿，就像他们今天很少尊重我的信仰和我的灵魂应尽的义务。他们要用我的著作去牟利，我在我死后还要作为一个言行不一的骗子站在人们面前（**他做了一个决断的动作**）。但不应当，也不可以这样！该是一清二楚的时候了！就像今天那个大学生说的那样，这个真正正直的人。世界向我要求一种行动，最终的诚实，一种明确的、纯粹的和不模棱两可的决定……这是一个标志！人在八十三岁时不可以再长时间地在死亡面前闭上眼睛，必须直视它的面孔并斩钉截铁地做出他的决定。是的，这两个陌生人很好地提醒了我：在所有无所作为后面总是隐藏着一种怯懦的灵魂。人们必须清醒，真实，我最终要成为这样的人，现在在我八十三岁大限之年的时刻。（**他转向秘书和他的女儿**）萨莎和弗拉基米尔·格奥尔格维奇，明天我要立我的遗嘱，明确无误的，铁定的，有约束力的和无可争议的，在遗嘱里我要把我文稿的收入，以及用此而牟取的全部肮脏的金钱，都赠给大学，赠给全人类……不可以用我为所有人和出于我的良心的病苦而说的话与书面写的文字去进行任何交易。你们明天上午带第二个证人来。我不能再长时间犹豫不决了，也许死亡已经把我握在它手中了。

**萨　　莎** 父亲，停一下，我不是想说服你，但我怕出现麻烦，若是母亲看见我们四个人在一起时，她必会马上产生怀疑，那时也许你的意志在最后一刻要动摇了。

**托尔斯泰**（思虑）你说得对！在这所房子里任何纯净的、任何正确的事情都做不成，这儿的整个生活都变成了谎言。（朝秘书）您这样安排一下，你们明天上午十一点与我在格鲁蒙森林，左边那棵大树旁，黑麦地后面见面。我装作通常散步的样子。把一切都准备好，在那儿，我希望，上帝使我坚强起来，让我最终能摆脱掉这最后的枷锁。

〔中饭的铃声第二次更为急迫地响了起来。〕

**秘　　书** 您现在可什么也别让伯爵夫人看出来，否则一切都完了。

**托尔斯泰**（沉重地呼了口气）可怕呀，总是得装模作样，总是遮遮掩掩。在世界面前，在上帝面前，在人们面前，在自己面前，我要成为真诚的人，可我却不能在我的妻子面前，在我的孩子们面前成为真诚的人！不，我不能这样生活，我不能这样生活！

**萨　　莎**（惊愕地）母亲来了！

〔秘书迅速地到门前扭开门锁，托尔斯泰为了掩饰他的激动朝书桌走去，停在那里，把背部对向进来的伯爵夫人。〕

**托尔斯泰**（喘着粗气）这座房子里的谎言在毒化我，啊，哪怕我只有一次能成为真诚的，至少是在我死之前！

**伯爵夫人**（匆忙地进入房间）你们为什么不下去？你总是要那么长的时间。

**托尔斯泰**（转向她，他的面部表情已经完全平静下来，他缓慢地说，只是为了使别人明白他着重说的话）是啊，你是对的，我总是需要太长的时间。但重要的只有一点：时间留给人的是及时做正确的事。

# 第　二　场

〔在同一个房间，翌日的深夜〕

**秘　　书**　您今天应该早些安歇，列夫·尼古拉耶维奇，在长时间骑马和激动之后您一定很疲倦了。

**托尔斯泰**　不，我一点儿也不疲倦，只有动摇不定和缺乏信心才使人疲倦。每一种行为都使人自由，即使一项坏的行业也比无所事事要好得多。（**他在房间里踱来踱去**）我不知道，我今天做的是不是对，我得首先问问我的良心。我把我的著作都退还了，这使我的灵魂得到轻松，但是我认为，我不该把这份遗嘱隐藏起来，而应当有信仰的勇气把它公之于众。或许我做得不够光明磊落，为了真理之故，这事本应做得堂堂正正……不对，上天保佑，总算办妥了。生活中每跨一个台阶，就是接近死亡的一个台阶。现在只留下最重要的，这最后的一件事，就是当终结来到时，及时地像一只野兽一样爬进密林，因为我死在这幢房子里就像我的生活一样是不真实的。我已八十三岁了，可我还一直……还一直找不到力量，使自己完全摆脱开尘世，或许我错过了正确的时刻。

**秘　　书**　有谁知道他的最后时刻呢！若是人们真的知道了的话，那一切就好了。

**托尔斯泰**　不，弗拉基米尔·格奥尔格维奇，那根本就不好。您知道一个农夫曾讲给我的那个古老的故事，说基督是怎样看待人知道自己死亡这件事吗？从前每一个人都预先知道自己的死亡时刻，有一天，当基督来到尘世时，他看到，某些农夫不会侍弄他们的土地，生活得像是罪人似的。于是他责备他们中的一个偷懒的人，可这个可怜人却只嘟囔说：如果他不能再享受到收获的话，那他是为谁把种子播撒到地里去呢？基督认识到了，若是人预先知道他的死期的话，这并不好。从那以后，农民就侍弄他的土地直到最后一刻，好像他会永远活下去似的。这是对的，因为只有通过劳动，人们才能分享永恒。我就是今天也要这样……（**他指了指他的日记**）耕作我每天的土地。

〔**从外面传来了急迫的脚步声，伯爵夫人进入房间，穿着睡袍，朝秘书抛去一瞥恶毒的目光。**〕

**伯爵夫人** 是这样……我想，您终于是一个人了……我要和你谈谈……

**秘　　书**（躬身）我该走了。

**托尔斯泰** 再见，亲爱的弗拉基米尔·格奥尔格维奇。

**伯爵夫人**（**门在他身后刚一关上**）他总是围着你转，就像一根牛蒡[①]一样缠人……他恨我，恨我，他要把我从你身边拉走，这个坏透了的阴险家伙。

**托尔斯泰** 索菲娅，你对他不公平。

**伯爵夫人** 我不想公平！他挤进我们中间，把你从我身边偷走了，使你与你的孩子们变得陌生。自从他来到这儿之后，我就什么也不是了，这幢房子，连你本人，现在都属于世界了，可就是不属于我们，不属于你的亲人。

**托尔斯泰** 但愿我真的能够如此！上帝是要这样的，人属于大家，而不为自己、为他的亲人保留任何东西。

**伯爵夫人** 是啊，我知道他说服了你，这个我们孩子身边的盗贼，我知道他要你加紧反对我们大家。为此我再也不能忍受他留

① 牛蒡，植物，比喻纠缠不清之人。

在我们家里，这个煽动者，我不要他。

**托尔斯泰** 可索菲娅，你知道，我工作上需要他。

**伯爵夫人** 你找其他人，上百个都行！（摒弃地）我不能忍受他在跟前。我不要这个人挤在你和我之间。

**托尔斯泰** 索菲娅，好人，我求你别激动。来，坐到这儿，我们彼此安静地谈一谈，完全像过去我们生活开始时那样。索菲娅，你考虑了没有，留给我们好好谈谈的日子所剩无多了！（伯爵夫人不安地向四下张望，颤抖地坐了下来）你看，索菲娅，我需要这个人，也许我只需要他，因为我在信仰上是软弱的，索菲娅，我并不像我自己所期望的那样坚强。虽然每一天都在向我证实，远在世界各地有成千上万的人追随我的信仰。但是你懂得的，我们的凡心就是这样：为了使自己有信心，至少需要一个人的爱呀，这是一种在你身旁的，呼吸着的，能看得见的，能感受到的，能抓得住的爱呀。也许圣者在没有帮助下独自一人就能在他的修道期间济世救人，就是没有旁人在场也不会失去信心。但，索菲娅，可我不是一个圣者，我是一个非常软弱并衰老的老人，除此我什么也不是。因此我必须有人在我身边，他追随我的信仰，这个信仰现在是我衰老的、孤独的生活之中最宝贵的。若是你本人，你，我四十八个年头一直敬重的你，也能接受我的宗教信仰的话，那该是我巨大的幸福啊。但是，索菲娅，你从来不想这样做。我心灵中最珍贵的，你对它毫无爱心，而且我怕你甚至是仇恨它。（伯爵夫人为之一动）不，索菲娅，不要误会我，我并不抱怨你。你已经给予我和世界你所能够给予的一切，那么多的母爱和关怀备至的照顾；你怎么能为一种你灵魂中没有的信仰而做出牺牲？我怎么能为你不追随我内心深处的思想而责备你？一个人的精神生活，他最后的思想在他和他的上帝之间永远是一个秘密。但是，看吧，这时一个人来到身边，终于有一个来到了我的房间，他此前为了他的信仰在西伯利亚受过苦，现在他追随我的信仰，他是我的救助者，是我亲爱的客人，他在我的内心生活上帮助我，鼓励我……为什么你不要这样一个人留在我的身边？

**伯爵夫人** 因为他使你疏远了我，这我不能忍受，这我不能忍受。这使我疯狂，这使我陷入病态，因为我清楚地感到，你们所做的一切都是在反对我。今天又是如此，中午时我亲眼看到他匆忙地把一张纸藏了起来，你们没有一个人能正眼地瞧我一眼：你没有，他没有，萨莎也没有！你们大家都对我隐瞒了什么。对的，我知道，我知道，你们在做反对我的坏事。

**托尔斯泰** 我希望，在我行将就木之时，上帝保佑我不去有意地做什么坏事。

**伯爵夫人** （激烈地）那么说，你不否认，你们做了见不得人的事……是反对我的。啊，你知道，你不能像欺骗其他人那样来欺骗我。

**托尔斯泰** （极端暴躁地）我欺骗其他人？你对我说这样的话，你，为了这个缘故，我在所有人面前就成了个骗子？（控制住自己）好啊，我乞求上帝，不要让我有意去犯欺骗的罪过。也许我这个软弱的人，不能总是完全说真话，但即使这样，我相信我不是个撒谎的人，不是个骗人的人。

**伯爵夫人** 那告诉我，你们都做了什么，那是封什么样的信，一张什么样的纸……别再长时间地折磨我了……

**托尔斯泰** （走向她，非常温柔地）索菲娅·安德烈夫娜，不是我折磨你，而是你在折磨自己，因为你不再爱我了。如果你有爱心的话，那你就该信任我，甚至在你不再理解我时也信任我。索菲娅·安德烈夫娜，我求你想想吧，我们共同生活了四十八个年头啊！也许从这漫长的岁月里，你还能从被遗忘的时间里，在你天性的某个褶痕中找到对我的一丝爱情，那我求你，你把这个火花点燃起来，再试一试，像过去一样，爱我，信任我，温柔地和无微不至地对待我。索菲娅，因为我有时感到惊愕，你现在竟然如此对待我。

**伯爵夫人**（惊讶和激动起来）我不再知道我是什么样子了。是的，你是对的，我变得丑陋不堪，凶狠恶毒。但是谁能忍受看到你如此折磨自己，折磨得不像个人了。这让人愤怒，上帝呀，这就成了罪过。是呀，这才是罪过，傲慢，自负，狂妄，那样急迫地去见上帝，去寻求一种对我们没有用处的真理。从前，从前，一切都是美好、明朗，你像其他人一样地生活，诚实和纯洁，你有自己的工作，有自己的幸福，孩子们长大了，你快快乐乐安享晚年。可突然间你就变了，那是在三十年前，这种可怕的狂想，这种使你和我们大家陷入不幸的信仰。我能做什么，我直到今天也不明白是什么样的念头促使你去擦火炉，去挑水，去缝补破烂的靴子，而世界把你当作是它的一个伟大的艺术家来爱你。不，我还一直弄不懂，为什么我们清清白白地生活，勤奋和节俭，平静和单纯地生活，竟然一下子就成为一种罪过，成为对其他人的一种犯罪！不，我不懂，我无法懂，我无法懂。

**托尔斯泰**（非常温和地）索菲娅，你看，这恰恰是我要对你说的：我们不能理解的东西，正是我们必须用我们爱的力量去给予信任。对人是这样，对上帝也要这样。你认为我真的就知道天理和正义吗？不，我只是信任人们诚实的行动，为此我这样严厉地折磨自己，这在上帝和众人面前不会完全没有意义没有价值的。索菲娅，你也要试试去稍微相信你不理解我所做的事情，至少要信任我追求天理和正义的意志，那一切，一切就还会再次好起来的。

**伯爵夫人** （不安地）但你要把一切都告诉我……你要把你们今天做的一切都告诉我。

**托尔斯泰** （十分平静地）一切我都会告诉你的，我什么也不想再隐瞒了、不想私下里去做，在我这余日无多的生活里。我只是在等谢廖什卡和安德烈回来，那时我就要站在你们大家面前，坦率地说出我在这些日子里做出的决定。但索菲娅，你在这么短的期限里不要猜疑我，不要跟踪我，这是我唯一的、我最诚恳的请求，索菲娅·安德烈夫娜，你会满足我的请求吗？

**伯爵夫人** 是的……是的……一定……一定。

**托尔斯泰** 我感谢你。你看，通过坦率和信任一切都变得多么容易！我们在和平和友好中交谈，这多么好！你使我的心又温暖起来了。你看，当你进来时，你满脸是深深的猜疑，不安和仇恨使我感到陌生，我认不出从前的你了。现在你的额头又舒展明朗起来，我又认出了你的眼睛，索菲娅·安德烈夫娜，认出了你少女时的眼睛。已经很晚了，亲爱的，你该去休息了！我从心里感谢你。（**他吻她的额头，伯爵夫人走了，临到门边她又一次激动地转过身来**）

**伯爵夫人** 可是你会把一切告诉我吗？一切？

**托尔斯泰** （依然十分平静地）一切，索菲娅，你要记住你的诺言。

**伯爵夫人** （缓缓地离开，不安的目光瞥向书桌）

（托尔斯泰在房间里不停地踱来踱去，随后他坐在书桌旁，在日记上写了几句话。少顷之后他站了起来，来回走动，又一次返回书桌，思虑地翻开日记，轻声地念出："面对索菲娅·安德烈夫娜我竭力使自己尽可能地平静和坚定，我相信，我或多或少地达到了使她安静下来的目的……今天我第一次看到了可能性，在善和爱中使她做出让步……啊，若是……"〕

〔他放下日记，沉重地喘着气，终于走到了相邻的房间，点上灯。随后他又一次返了回来，费力地把那双沉重的农夫鞋子从脚上脱了下来，脱掉上衣。然后他灭了灯，身上只穿一条宽大的裤子和工作衫进入邻近的卧室。〕

〔房间有一段时间十分安静，昏暗。什么也没有发生。听不到一丝呼吸声。通向工作室的入口门突然轻轻地、小偷般地小心翼翼地被打了开来。有人光着脚进入漆黑的房间，手上拎着一盏有遮光罩的提灯，它现在朝地板抛出一束狭小的光柱。这是伯爵夫人。她畏惧地向四下张望，先是在卧室的门旁谛听，然后她蹑手蹑脚地向书桌走去，显然她已经平静下来了。摆放的提灯现在照亮了黑暗中的书桌四周，形成了一个白色的圆圈。在光环中人们只能看见伯爵夫人颤抖的双手，她先是拿起留在书桌上的日记本，开始阅看，心情极度不安，终于她小心翼翼地拉开一个又一个抽屉，越来越匆忙地在纸堆里翻来翻去，可什么也没找到。到最后了她用一个抽搐的动作又把提灯拿到手中，摸索着走了出来。她的面孔一片茫然，像一个梦游者的表情一样。门刚一在她身后关上，托尔斯泰猛地一下就扯开了他卧室的门。他上擎着一盏蜡烛灯，它晃来晃去，激动竟如此可怕地攫住衰弱的老人：他窥视到了他妻子所做的一切。他疾步跟在她后面，握到了门的把手，可他突然强力地转过身来，平静而果断地把蜡烛灯放到书桌上，走到另 侧的邻门，轻轻地和小心翼翼地敲了起来。〕

**托尔斯泰** （悄声地）杜尚……杜尚……

**杜　　尚** （传自邻室）是您吗，列夫·尼古拉耶维奇·托尔斯泰？

**托尔斯泰** 小点儿声，小点儿声，杜尚！你马上出来……

〔杜尚从邻室出来，他也只半穿着衣服。〕

**托尔斯泰** 把我的女儿阿历克山德拉·列沃夫娜喊醒，让她马上过来。然后你马上到马厩那里，叫格里戈尔备马，但让他悄声地去做，别叫家里的人注意到。你本人给我小点儿声！不要穿鞋，注意别让门发出响声。我们必须立即就走，别耽搁了，已经没有时间了。

〔杜尚快速离开。托尔斯泰坐了下来，果断地又套上靴子，拿起上衣，匆忙地穿上，然后他找了几张纸，把它们折起来。他的动作有力，但有时慌乱。他坐在书桌旁在一张纸上潦草地写了几句话，在这期间他的双肩不断地抽搐。〕

**萨　　莎** （轻轻地走了进来）发生什么事了，父亲？

**托尔斯泰** 我要走了，我要离开了……终于……终于决定了下来。一个小时前她向我起誓，信任我，可现在，在夜里三点钟，她偷偷地进入我的房间，翻遍了我的纸张……但这更好，这太好了……这不是她的意愿，这是另一种意愿。正如我经常请求上帝那样，时候到了，他会给我信号。他给我信号了，因为现在我有一种把她单独留下的权利了，她已经离开了我的灵魂。

**萨　　莎** 可你要到哪儿去呢，父亲？

**托尔斯泰** 我不知道，我也不要知道……到哪都行，只要从这存在的虚幻中离开就行……随便哪里……地球上有许多大路，总有个地方有一领草席或一张床，供一个老人能安静地死去之用。

**萨　　莎** 我陪你……

**托尔斯泰** 不，你必须留下来安慰她……她会发疯的……啊，她会受什么样的苦啊，这个可怜人……是我使她受苦……可我只能这样做，我无法再……在这儿，我会窒息的。你留在这儿，等安德烈和谢廖什卡回来。然后动身赶来，我先去萨玛尔蒂诺修道院，去同我的妹妹告别，因为我感觉到了，我的诀别时刻已经到了。

**杜　　尚**（匆忙地返回）马车已经套好了。

**托尔斯泰** 那你自己去准备好，杜尚，这儿有一两张纸你藏起来……

**萨　　莎** 父亲，你必须带上皮衣，夜里太冷了。我还要给你带上些更暖和的衣服……

**托尔斯泰** 不，不，什么也不要了，我的上帝，我们不能再耽搁了……我不能再等待了……二十六年来我一直在等待这个时刻，等待这个信号……快些，杜尚……会有人拦住我们，阻止我们。拿上纸张、日记本、铅笔……

**杜　　尚** 还有坐火车的钱，我去拿去……

**托尔斯泰** 不，不，不再用钱了！我再不接触钱了。他们在铁路上都认识我，他们会给我车票的，以后上帝会帮助我的。杜尚，快些。（对萨莎）你把这封信给她：这是我的诀别，但愿她能宽恕我！给我写信，告诉我，她是能忍受过来的。

**萨　　莎** 父亲，可我怎么给你写信呢？若是我在邮局说出你的名字，你的停留地址，那她立刻就会知道，并去追你。你必须用一个假名字。

**托尔斯泰** 总是撒谎！总是撒谎，总是一再地用这类偷偷摸摸的事情使你的灵魂变得卑劣……可你是对的……走吧，杜尚！……随你的便吧，萨莎……这也是好意……那我叫自己什么呢？

**萨　莎**（思考片刻）我在所有电报上署名弗洛罗娃，你称自己是T.尼古拉耶夫。

**托尔斯泰**（由于急迫而变得慌乱起来）T.尼古拉耶夫……好的……好的……那再见了！（他拥抱她）T.尼古拉耶夫，你说，我该叫这个名字。又是一个谎言，又是一个！上帝保佑，但愿这是我在人们面前的最后一次撒谎。

〔他急速下场。〕

## 第　三　场

〔三天之后，一九一〇年十月三十一日。阿斯塔波沃火车站的候客室。右边的一扇大型的玻璃门，可以望到外面的月台，左边有一扇小门通向站长伊万·伊万诺维奇的房间。在一些木条凳子上和一个小桌子的四周坐着一些旅客，在等待从丹洛夫开来的快车；几个裹着头巾的农妇在睡觉，一个身穿羊皮衣的小贩，此外有一两个来自大城市的人，显然是官吏或商人。〕

**第一个旅客**（在读一张报纸，突然他大声说）他做得棒极了！一个老人出色的一幕！没有人能想得到。

**第二个旅客** 出什么事了？

**第一个旅客** 他逃走了，列夫·托尔斯泰，从家里，没有人知道他到哪儿去了。他夜里动身，穿上靴子和皮衣，就这样，没有行李，也没有告别，他就这样走了，只有他的医生杜尚·彼德洛维奇陪着他。

**第二个旅客** 他把他妻子留在家里。这对索菲娅·安德烈夫娜可不是开玩笑。他现在已经八十三岁了。有谁能想得到他会这样做，你说，他到哪儿去了？

**第一个旅客** 那些在家里和报馆里的人正想知道呢。现在他们向整个世界打电报。在保加利亚边境有人看到他了，另一些人说在西伯利亚，可没有一个人知道确切的消息。这个老人，他做得好！

**第三个旅客**（年轻的大学生）你们说什么？列夫·托尔斯泰从家里出走了，请把报纸给我，让我看一看。（朝报纸瞥了一眼）噢，这好极了，这好极了，他终于做出了决断。

**第一个旅客** 为什么说好极了？

**第三个旅客** 因为像他那样违背自己言论地活着是一种耻辱。他们强迫他扮演伯爵的时间够长的了，他们用谄媚讨好的声音扼杀了他。现在列夫·托尔斯泰终于能自由地用他的灵魂来向人们说话了，上帝保佑，世界通过他知道了在俄国人民这儿发生什么事了。好呀，好极了，为俄国祈祷和祝福，这个神圣的人终于得救了。

**第二个旅客** 可你们在这儿扯的也许都不是真的，也许——（他转过身，看是否有人听，于是悄声地）也许他们只是在报纸上故弄玄虚，想混淆视听，实际上是逮捕了他或驱逐了他……

**第一个旅客** 谁有兴趣把列夫·托尔斯泰弄走呢……

**第二个旅客** 他们，他们所有人，他挡住了他们的路，他们所有人，教团、警察和军队，他们全都畏怕他。已经有一些人就这么消失了，他们说是去了外国。但我们知道，说去外国意味着什么……

**第一个旅客**（也是悄声地）可能是他已经……

**第二个旅客** 不，他们不敢。这样一个人，仅是他的一句话就比他们所有人强大有力。不，他们不敢，因为他们知道，我们要用我们的拳头把他救出来的。

**第一个旅客**（急迫地）注意……留神……希利尔·格莱戈洛维奇来了……快把报纸藏起来……

〔警察局长希利尔·格莱戈洛维奇身穿全身制服从通向月台的玻璃大门后边现身。他立即转向站长的房间，敲门。〕

**站长伊万·伊万诺维奇·欧索林**（从他的房间出来，头上戴着制帽）啊，是您啊，希利尔·格莱戈洛维奇……

**警察局长** 我得立刻跟您说件事情。您的夫人在您的房间里？

**站　　长** 是的。

**警察局长** 那最好在这儿了！（用严厉和命令的口气对旅客说）从丹洛夫来的快车就要到站了；请立刻腾出候车室，都到站台上去。（所有人都站起来，匆忙地向外挤去。警察局长对站长说）刚才接到了一封重要的机密电报。已经证实，列夫·托尔斯泰在出逃中前天到了萨玛尔蒂诺修道院他妹妹那里。有迹象表明，他要从那儿继续出游，从萨玛尔蒂诺开往每个方向的火车上都备有警察。

**站　　长** 可您告诉我，希利尔·格莱戈洛维奇老爹，这究竟是为什么啊？根本没有人在闹事啊，列夫·托尔斯泰是我们的光荣，这个伟大的人，是我们国家的珍宝啊。

**警察局长** 可他煽动的不安和危险比全部的革命党人都更可怕。再说，我所关心的只是，去负责监视每一列火车而已。但莫斯科的人要我们的监视完全秘密地进行。因此我请求您，伊万·伊万诺维奇，替我到站台上去，我穿着制服，每个人都会认出我的。火车一到立刻就有一个秘密警察下车来，他会通知您，他在沿路所观察到的。然后我要立刻上报。

**站　　长** 放心吧，照办。

〔传来火车临站的铃声。〕

**警察局长** 您迎向秘密警察要像欢迎一个老熟人那样不招人注意才好，是吧？不要让旅客注意是在监视；如果我们两个人做得巧妙，那会有一份报告呈递到彼得堡最高当局的，这对我们两人都有好处：或许我们每个人也会弄到枚乔治十字勋章①的。

〔火车在后面进站，发出隆隆声。站长急速冲出玻璃门。几分钟后，第一批旅客，农夫和农妇带着沉重的篮子大声嘈杂地穿过玻璃门。一些人停留在候车室内，想休息休息或喝杯热茶。〕

**站　　长**（突然穿门而入，他激动地朝旅客喊道）快离开候车室！都离开！快点儿……

**人　　们**（惊愕并嘟囔道）可这为什么……我们都付钱了……为什么不能在候车室坐一坐……我们只是在这儿等慢车。

**站　　长**（喊叫起来）快点儿，我说，都马上出去！（他焦急地推他们，又快速向敞开的门那边奔去。）到这儿来，请吧，你们把伯爵大人带到里面来！

〔托尔斯泰右边由杜尚，左边由他的女儿萨莎搀扶着，费力地进来。他穿的皮衣领子高竖起来，脖子上围着一条围巾，可看得出来，他包裹起来的身体在冷得发颤。他后面有五六个人跟着进来。〕

**站　　长**（对挤进来的人说）留在外边！

---

① 乔治十字勋章，来源于圣乔治勋章，是一八〇七年沙皇亚历山大一世设立的圣乔治勋章的低级别奖章，为奖励在战斗中表现英勇的军官和军士而设，乔治十字勋章分为四级，为十字架形状，正面图像为圣乔治骑马屠龙，背面中心为SG（俄文CT）的字体。

**声　　音** 您让我们进来……我们只是想帮助列夫·尼古拉耶维奇……也许来点儿白酒或热茶……

**站　　长**（无比地激动）不许任何人进来！（他粗暴地把他们推回去，挡住通向月台的玻璃门；但整个时间人们都能看到玻璃门后面那些好奇的面孔，晃来晃去，朝里面窥视。站长迅急地拿来一把扶手椅，摆放在桌子旁）殿下要不要坐下来稍微休息一会儿？

**托尔斯泰** 不要称什么殿下……上帝保佑，不要再叫了……不要再叫了。结束了。（他激动地向四下张望，注意玻璃门后的人群）走开……这些人走开……我要单独一个人……总是那么多人……我要单独一个人……

**萨　　莎**（奔向玻璃门，迅速用大衣把门挡住）

**杜　　尚**（这期间他与站长轻轻地交谈）我们必须立即把他放到床上，他在火车上突然发起烧来，四十多度，我看他的情况不好。这儿附近有家好一些的旅店吗？

**站　　长** 没有，根本没有，在整个阿斯塔波沃没有旅店。

**杜　　尚** 可他必须马上躺到床上。您看到了，他在发高烧。这是很危险的。

**站　　长** 这旁边是我的房间，能提供给列夫·托尔斯泰，这样做我会感到对我是一种荣誉……但要请您原谅……房间是太寒碜了，太简陋了……是一间公务用房，太矮，太窄……我怎么敢让列夫·托尔斯泰住里面呢……

**杜　　尚** 这没有关系，无论花多少代价，我们都得首先弄一张床来，（面对托尔斯泰，托尔斯泰坐在桌边发冷，突然一阵冷战使他颤抖起来）站长先生如此好心地要给我们弄一张床来。您现在立刻好好休息，明天您就又完全恢复过来，我们能继续我们的行程。

**托尔斯泰** 继续行程……不，不，我相信，我不能再旅行下去了……这是我最后的一次旅行，我已经到了目的地。

**杜　　尚**（鼓励地）别因为发一点儿烧就忧心忡忡，这没有什么。您只是有点儿感冒，明天您就完全好了。

**托尔斯泰** 我觉得我现在完全好了……完全，完全好了……只是今天夜里，这太可怕了，因为我感到他们从家里来，追上了我，要把我带回到那座地狱里去……于是我站了起来，把你们叫醒，他们那么强烈地扯动我。一路上我摆脱不掉这恐惧，发烧，我的牙齿在打战……但现在，自从我到了这里……可我现在在什么地方……我从来没见过这个地方……现在突然一下子就变样了……现在我再也不害怕了……他们再也不能追不上我了。

**杜　　尚** 肯定不能，肯定不能。您可以安心地躺在床上，没有人能找到您。（两个人帮助托尔斯泰站起来）

**站　　长**（面对托尔斯泰）我请求您原谅……我只能提供一间很简陋的房间……我自己用的房间……这张床也不是很好……只是一张铁床……但我要把一切安排妥当，马上打电报，让下一趟车带来一张另外的床……

**托尔斯泰** 不，不，不要另外的了……太长时间了，太长时间了，我一直都用得比别人好！现在越坏，对我就越好！农夫们是怎样死法的……那也是一种很好的死法……

**萨　　莎**（继续帮助他）来吧，父亲，来吧，你一定很累了。

**托尔斯泰**（又一次站了起来）我不知道……我累了，你说得对，我的四肢都往下垂，我太累了，可我还在等待什么……那就像人很困，可就是睡不着，因为他在想他面前的一些美好的东西，他不想入睡，他不愿意丢掉这个念头……奇怪的是我还从来没有这样过……或许这已经就是有关死亡的事了……多年来，你们都知道，我对死亡一直怀有恐惧，一种我无法躺在自己床上的恐惧，那样我就会像一头野兽一样地吼叫起来，爬起来。现在，它已经就在房间里了，死亡，它在等待我，可我毫不畏惧地迎向它。（**萨莎和杜尚把他一直搀扶到门那儿**）

**托尔斯泰**（**停在门旁，向外望去**）这儿好，很好。狭小、低矮、贫困……我好像有一次梦到过这儿，一张陌生的床，在一间陌生的房间里，一张床，上面躺着一个人……一个衰老和疲倦的人……在等待，他叫什么来着，一两年前是我写过的[①]，他叫什么来着，这个老人……他曾经富有，然后就变得一贫如洗，没有人认识他，他爬到火炉边的床上……啊，我的脑袋，我的笨脑袋……他叫什么来着，这个老人……他曾经很富有，可现在身上只有一件衣衫蔽体……那个妻子，那个伤害过他的妻子，他死去时没有守在他的身边……对了，对了，我知道了，我那时在我的小说里叫他柯尔涅依·瓦西里耶夫，这个老人。在他死去的那个夜里，上帝唤醒了他妻子的良心，她来了，玛尔法，又一次来看他……但是她来得太迟了，他躺在陌生的床上已经僵硬了，紧闭着双服。她不知道，他是否还恨她或已经原谅了她。她再也不知道了，索菲娅·安德烈夫娜……（**像醒了过来**）不，她叫玛尔法……我弄错了……是啊，我要躺下来。（**萨莎和站长扶他前行。托尔斯泰对站长说**）我感谢你，陌生人，你让我在你的家里

① 指托尔斯泰晚年写的一篇小说：《柯尔涅依·瓦西里耶夫》。

存身，你给了我正是野兽在森林所需要的东西……是上帝把我，柯尔涅依·瓦西里耶夫，送到森林里……（突然十分惊恐地）快关上门，不要让任何人进来，我不要再见人……只要单独一个人与他在一起，比生活中任何时候都更深沉更美好……（萨莎和杜尚把他扶进卧室，站长在他们后面小心翼翼地把门关上，他呆呆地站在那儿。）

〔玻璃门外有人急遽地敲门。站长挡在那儿，警察局长匆忙地进入。〕

**警察局长** 他对您说了些什么？我必须立刻全都报告上去，全都！他终归要留在这儿，多长时间？

**站　　长** 他本人不知道，也没有一个人知道，只有上帝才知道。

**警察局长** 可您怎么能让他住在一个国家的房子里呢？这是您的公务住房，您不可以交给一个陌生人使用！

**站　　长** 列夫·托尔斯泰在我心里可不是陌生人。没有一个兄弟比他更亲近了。

**警察局长** 可您有义务事前请示。

**站　　长** 我已经请示了我的良心。

**警察局长** 好吧，您要对此事负责。我立刻去报告……太可怕了，突然间就摊上了这么一件责任重大的事！若是知道点儿最高当局对列夫·托尔斯泰是什么态度就好了……

**站　　长**（十分平静地）我相信，最高当局对待列夫·托尔斯泰一向是很好的……

**警察局长**（惊愕地望着他。）

〔萨莎和杜尚从房间走出，小心翼翼地关上门。〕

〔警察局长迅速地退场。〕

**站　　长** 你们怎么离开伯爵大人？

**杜　尚** 他睡得十分平静，我从没有看到他的脸上是如此的安详。在这儿他终于找到了人们不曾赐予他的：和平。他第一次单独与他的上帝在一起了。

**站　长** 请您原谅我这个头脑简单的人，但是我的心在颤抖，我无法理解。上帝怎么能把这么多的苦难堆积到一个人的身上，使他不得不离开他的家并死在我那张寒酸的、不像样子的床上……人们，俄国人怎么能去打扰这样一个神圣的灵魂，他们该去敬畏地热爱他呀……

**杜　尚** 恰恰是那些热爱一个伟大人物的人们经常横在他和他的使命之间，他必须从那些与他最亲近的人那里逃得远远的。该来的已经来了：这种死亡才充实了他的生命，才使他的生命变得神圣。

**站　长** 可是……我的心不能也不愿意理解，这个人、我们俄国土地上的珍宝竟为我们这些人受苦受难，我们自己活得无忧无虑……真该为自己的活着感到羞愧……

**杜　尚** 您不必为他抱怨，您这个可爱的好人；一个平淡的和卑贱的命运与他的伟大毫不相干。如果他不为我们受苦受难的话，他今天就不是属于人类的列夫·托尔斯泰了。

（高中甫　译）

# 南极争夺战

斯科特队长　南纬九十度
一九一二年一月十六日

❖

## 征 服 地 球

二十世纪俯望没有秘密的世界。所有陆地都已被探索过了，最遥远的海洋上也有船只在破浪航行。一代人以前还默默无闻、自由欢快的地区，如今已奴颜婢膝地为欧洲的需要服务了，轮船开足马力驶向寻找了许久的尼罗河的源头；第一个欧洲人半个世纪前才看见的维多利亚大瀑布顺从地用它的水力发电，亚马孙河两岸最后的原始森林被砍伐得稀疏了，唯一的处女地——西藏，也已被敲开大门。专家描述古代地图和地球仪上那“人迹未到的地区”未免夸张，二十世纪的人了解自己生存的星球。

探索的意志已在寻求新的路，他必须向下潜入深海奇妙的动物世界，或者向上飞进无穷的天宇。因为只有天上才有无人走过的路；自从地球不能满足人类的好奇心，亦无秘密可言以来，钢铁飞燕——飞机——便竞相冲天奋飞，力求飞上新的高度，飞到新的远方。

然而直至本世纪，地球还有最后一个谜，在世人目光之前隐藏她的羞涩，这就是她那被肢解、受折磨的躯体上还有两个很小很小的、尚未遭到人类贪欲荼毒的地方——南极和北极。

这两个几乎没有生物、没有知觉的小点是地球躯体的脊梁骨，千万年来，地球以她的轴围绕它们旋转，并守护它们，使之保持纯洁，未被亵渎。她在这最后的秘密之前筑起坚冰的壁垒，召唤永久的冬天充当卫士，防范贪婪之徒。严寒和暴风雪有如不可逾越的围墙，封锁进入的通道，死亡的恐惧和危险迫令勇士却步。甚至太阳也只许匆匆一瞥这封闭的地区，从来没有人见过那里的情景。

近几十年来，相继有探险队前往极地。但没有一个到达目的地。现在才发现，勇士中的勇士安德烈[①]的尸体在什么地方的冰雪玻璃棺材中已经躺了三十三年，当年他乘气球飞越极地，从此一去不复返。每一次冲击都因为撞在严寒雪亮的壁垒上而遭到惨败。

在这里，千万年来直至如今，地球蒙住自己的面庞，最后一次战胜自己造物的热情。她那处女般的、纯洁的羞涩抗拒着世人的好奇。

但是，年轻的二十世纪迫不及待地伸出双手。它在实验室锻造了新的武器，找到了新的铠甲防御危险，所有一切抗拒都只能激起它更大的贪求。它要知道全部真相，它在第一个十年里就要占有在它之前千千万万年里未能获取的东西。

---

① 安德烈（1854—1897），瑞典飞艇驾驶员，一八九七年驾飞艇飞越北极时遇难。

个人的勇气和民族间的竞争结合在一起。他们的斗争已不再仅仅是为了夺取极地，同时也是为了使自己的国旗首先飘扬在新地的上空。各种族、各民族的十字军开始进军，去夺取因渴望而变得神圣的地方。从世界各地重新发起新的冲击。人类急不可耐地期待着，她知道，这是我们的生存空间最后的秘密。皮尔里①和库克②为从美国向北极进军做准备，另有两艘船只驶向南极，一艘由挪威人阿蒙森③指挥，另一艘由一个英国人、海军上校斯科特④指挥。

## 斯　科　特

斯科特是一个普普通通的英国海军上校。他的履历就是一张军阶表。他在军中服役令他的上级满意，后来参加沙克尔顿⑤的探险队。他没有什么特别之处使人认为他是个英雄。

从照片上看，此君的面孔和成千上万英国人一样，冷峻，刚毅，肌肉仿佛因内在的精力而凝冻了似的，毫无表情。深灰色的眼睛，双唇紧闭的嘴巴。这张显示出意志和注重实际的面孔没有一处有一条浪漫的线条，没有一处有一道欢快的光辉。他的笔迹是很普通的英国人的笔迹，清楚、迅速、准确，没有花哨的装饰。他的文字清晰正确，真实动人，却很像一份报告，没有幻想

① 皮尔里（1856—1920），美国极地探险家。
② 库克（1865—1940），美国极地探险家。
③ 阿蒙森（1872—1928），挪威极地探险家，首位到达南极点的人。
④ 斯科特（1868—1912），英国皇家上校，南极探险家。
⑤ 沙克尔顿（1874—1922），英国南极探险家。

成分。

斯科特写英文就像塔西佗[①]写拉丁文一样古朴遒劲。人们觉得他是一个毫无梦想的人，一个讲求实际的狂热派，一个地地道道的英国人种，这种人即使是天才，也像水晶模子里模压出来一般，高度恪尽职守。

这个斯科特已在英国历史上出现过上百次，他参与征服印度和爱琴海上的无名岛屿，在非洲搞过殖民活动，多次参加国际战役，总是以钢铁般坚强的毅力，同样的集体意识，同样冷漠、不流露感情的面孔出现。

在事实面前，人们早就感觉到他的意志坚强如钢。他要完成沙克尔顿开始的事业。他组建了一支探险队，但资金不足。这阻挡不住他。他有必定成功的把握，因此他牺牲了自己的财产，还借了债。他的妻子给他生了一个儿子，但他却像赫克托耳[②]再世，毫不犹豫地离开他的安德洛玛克[③]。

朋友和伙伴很快就都找到了，人世间无论什么都不能使他的意志屈服。那艘要把他们运送到冰海边缘的奇特的船叫作“新地”号。说它奇特，是因为它的装备是双重性的，它的一半就像是满载着活动物的挪亚方舟，而另一半又是有上千种仪器和书籍的现代实验室。因为要进入这空荡荡渺无人迹的世界，人在身体和精神方面不可缺少的一切都必须带去，于是原始人简陋的工具、毛皮、活的牲畜和近代最精良的复杂设备搭配在一起。

整个行动就像这艘奇特的船那样，也有双重性：这是一次

---

① 塔西佗（约 55—约 120），古罗马元老院议员，历史学家。

② 赫克托耳，希腊神话中人物，特洛伊战争中的英雄。

③ 安德洛玛克，希腊神话中的人物，赫克托耳的妻子，以美貌与钟爱丈夫著称。

像一桩买卖那样仔细计算的探险，一次处处谨慎小心的大胆行动——为了应付无数意外事故必须进行种种没完没了的精密计算。

一九一〇年六月一日，他们离开了英国。那几天，盎格鲁撒克逊岛国[1]阳光灿烂，芳草如茵，鲜花烂漫。温暖明媚的太阳高挂在晴朗无雾的世界上空。海岸线渐渐消失的时候，他们异常激动，深知此次告别温暖，告别太阳，一去经年，有些人或许将永不返回。但是，船头飘扬着英国国旗，想到这一世界的标志也将伴随他们一起前往被征服的地球上唯一尚无主人的地带，他们心中深感安慰。

## 南极世界

一月，经过短暂的休息，他们在冰海边缘，新西兰的埃文斯角附近登陆，修建了一座过冬用的房子。那里十二月和一月是夏天的两个月，因为在那里，一年里面只有在这时，白天才有几小时太阳在白色金属般的天空闪亮。

房子是木头墙壁，和早先那些探险队并没有什么两样，但在里面可就能感觉到时代的进步了。当年他们的先行者使用气味难闻的、冒烟的煤油灯，待在半明半暗中，厌倦了自己的面孔，不见天日的单调白昼使他们精疲力竭；而二十世纪的这些人在他们的四壁之内却拥有整个世界、整个科学的缩影。

乙炔电石灯[2]投射出温暖的白光，电影放映机变魔术似的把

---

① 盎格鲁撒克逊岛国，代指英国。

② 乙炔电石灯，电灯发明前普遍使用的一种照明灯具，其原理是利用电石与水反应生成乙炔，点燃以后，乙炔燃烧发光。

远方的图像、春意融融之地的热带风光呈现在他们眼前，一架自动发声钢琴弹奏音乐，留声机传出人的声音，资料室里有当代的知识。打字机在一间房间里面噼啪噼啪响着，另一间房间用作暗室，冲洗电影摄像机的胶带和彩色照片底版。

地质学家对岩石做放射性分析，动物学家发现捕获的企鹅身上的寄生物，气象观察和物理试验交替进行；在那光线昏暗的几个月里，人人都分配了一定的工作，一个聪明的系统把孤立研究转变为大家共同获得教益。

这三十个人每天晚上举行报告会，在冰层和极地的严寒中讲授大学课程，每个人都尽力把他的科学知识传授给另一个人，他们对世界的认识在活跃的交谈中日臻完善。这里，研究的专门化绝不伴随着高傲，人们在集体中寻找相互理解。

置身于史前世界的自然状态中，这三十个人在感觉不到时间流动的极度孤寂之中彼此交换二十世纪的最新成果，而在内心，他们不仅感觉到世界大时钟的钟点，而且也感觉到它的分分秒秒。读到这些，严肃的人们多么高兴地在他们的圣诞树旁庆祝圣诞节，出版取名《南极泰晤士报》的幽默小报，在上面开些小玩笑，实在令人感动；冒出来一条鲸鱼或是一匹小矮马摔倒了这一类小事，都成了令人难忘的事件，而另一方面，非同寻常之事——炫目的极光、可怕的严寒、极度的孤寂——却成了人们习以为常的平凡现象。

在此期间，他们外出举行一些小型活动：试验机动雪橇、学滑雪、训练狗。他们修建一个仓库，为日后的长途行军做准备，日历很慢很慢地翻到了夏天（十二月），船舶穿过巨大的浮冰，给他们送来家信。他们分成若干小队，现在也敢于在极度酷寒的冬季锻炼白昼行军，试验帐篷，积累经验。并不是做什么事情都能成功，然而正是困难给予了他们新的勇气。他们出去探险回来，浑身冻透了，疲惫不堪，迎接他们的是欢呼声和温暖的炉火亮光，度过了物资匮乏的数天之后，他们觉得这个位于南纬七十七度小小的舒适的家就是世界上最幸福的居留地了。

可是，有一天，一支探险小队从西面回来，他们带回来的消息使整所房子陷入静寂。他们说在途中发现了阿蒙森的冬季营地：斯科特马上明白了，除了严寒和危险，还有另外一个人在和他争夺第一个揭开冥顽地球秘密的荣誉，此人就是挪威人阿蒙森。他在地图上反复测量。当他知道了阿蒙森的宿营地距离南极极地比他的营地近一百一十千米时，人们感觉到了他的惊骇。他感到震惊，但并不因此而沮丧。“起来，去争取国家的荣誉！”他在日记里自豪地写道。

阿蒙森这个名字在他的日记本里只出现过一次。后来再也没有出现。可是，人们觉得，从那一天起，便有一片阴影笼罩着这冰雪严寒包围中的孤零零的房屋。从此以后，无论他在睡梦中还是醒着，这个名字无时无刻不在使他感到惊恐不安。

## 向极地进发

观察哨设在离木头房子五百米远的山冈上，每隔一小时换一次人值班。那里，在陡峭的高地上，架设了一台仪器，孤零零的像一尊大炮，瞄准看不见的敌人：这是一台测量移近的太阳最初热量的仪器。他们等待太阳升起已经等了好几天了。

反光已在黎明时分的天空变幻出神奇明丽的彩色图案，那圆盘仍未跃出地平线。但这一片天空，这充满日出前魔幻光线的天空，反照的开始，已使这些性急难耐的人们很受鼓舞。终于响起了电话铃声，从山冈上给感到幸福的人们传来了消息：太阳出来了，几个月来第一次举起她的头探进寒冬似的夜里达一小时之久。

她的光十分微弱，稍显苍白，几乎不足以使冰冻的空气活动起来，她摇曳的光波几乎不能在仪器上激起活跃的信号，但仅仅看见太阳就已使人们心中产生幸福感。

为了最充分地利用这短时间的阳光，探险队进行紧张的准备工作，因为这一小段时间就意味着春天、夏天和秋天，虽然对于我们温和的生活概念而言，它依旧一直是残酷的冬天。机动雪橇在前面开路。在它们后面是西伯利亚矮种马和狗拉的雪橇。路程细心地划分成几个阶段，每走两天，便建立一个储存点，为返回的人们储备新的服装、食物，以及最重要的东西——煤油——无限寒冷中的液化热量。全队一起出发，然后分成若干小组逐渐返回，最后一个小组是被挑选出来征服南极的人们，给他们留下最多的装备、最有活力的牲畜和最好的雪橇。

计划考虑得非常周密，甚至连可能遭遇到的麻烦的细节也都注意到了。但麻烦还是来了。出发两天后，机动雪橇出了毛病，动弹不了，成了一堆无用的累赘。矮种马也不像人们原先期望的那么能适应，不过，在这里，有机物工具仍然比技术工具优胜，因为半路上瘫倒不得不射杀的牲口，是爱斯基摩犬①爱吃的热食物，能增强它们的体力。

一九一一年十一月一日，他们分几组出发。从照片上可以看到这支奇特的队伍，起初是三十人，然后是二十人，然后十人，最后只剩下五个人，行进在没有生命存在的原始世界的白

① 爱斯基摩犬，机械化出现前极地居民最重要的交通运输工具。

色荒原上。走在前面的始终是一个用兽皮和布裹住全身的男人，只露出胡须和向外窥视的眼睛，活脱是个野人。戴皮手套的手牵着一匹装载着很沉重雪橇的矮种马笼头[①]，在他后面的那个人也是同样的装束、同样的姿势，后面又有一个，二十个黑点连成一条线在一片炫目的茫无涯际的雪白中向前移动。夜里，他们钻进帐篷，迎着风吹来的方向挖一道雪墙给矮种马避风，早晨又开始单调而艰难的行军，他们周围冰冷的空气数千年来才第一次被吸进人体。

可是，令人担忧之事与日俱增。天气一直很恶劣，他们一天走不了四十千米，往往只能走三十千米。自从他们得知在这孤单沉寂之中，有一个他们看不见的人从另一个方向朝着同一个目标前进，他们就觉得每一天都十分宝贵。在这里，每一件小事都可能变成危险。一只狗跑掉了，一匹矮种马不吃食了——凡此种种，都令人忧虑不安，因为在这荒无人烟的处所，价值发生了可怕的变化。这里，每一种活牲畜的价值都提高了上千倍，甚至可以说是无法代替的。也许不朽的功业就系于一匹矮种马的四蹄，乌云满天、风暴骤来也可能使千古伟业功亏一篑。

此时，健康状况又困扰着探险队，一些人害了雪盲症[②]，另外一些人四肢冻僵了，由于不得不减少矮种马的饲料，矮种马愈来愈衰弱了，终于在快到比尔兹莫尔冰川[③]时全部倒毙。他们在这寂寥之中和这些勇敢的牲口共同生活了两年，彼此成了朋友，每一个人都叫得出它们的名字，每一个人都上百次地爱抚过它们，

① 马笼头，一种马具，用以御马和约束马的马首挽具。

② 雪盲症，是一种由于眼睛视网膜受到强光刺激，引起暂时性失明的症状。

③ 比尔兹莫尔冰川，南极洲中部的冰川。

现在却不得不杀死它们，实在是一件令人感伤的事。

他们把这个令人伤心的地方称为“屠宰场”。一部分探险队员从这血腥的地方调转头往回走，其余的队员准备做最后努力，踏上越过冰川的险峻路程，那环绕着极地、只有人的热情意志的火焰才能炸开危险的坚冰崖壁。

他们每天行军的里程数越来越少，因为雪结成了坚硬的冰碴，已经无法乘坐雪橇，只能拉着雪橇往前走。坚冰划破雪橇板，双脚在穿过松的雪沙地时磨破了。但他们不退缩。十二月三十日进抵南纬八十七度，那是沙克尔顿到达的最远处。到了这里，还得有最后一批人返回去：只允许经过挑选的五个人前往极地。

斯科特逐个打量他的队员。他们不敢持异议，但是心情沉重，目的地已伸手可及，却又必须回去，把首先看见极地的荣誉留给自己的伙伴。然而事情业已决定。他们再一次握手告别，像一个堂堂男子汉那样极力不流露出内心感情的激荡。之后，两组人分开了。

两支很小很小的队伍出发了，一支向南，向未知之境挺进，另一支向北，回老营去。他们一再回眸眺望，要最后再看一眼远去的朋友。不久，最后一个人的身影消失了。他们，被挑选来参加这一壮举的五个人：斯科特、鲍尔斯①、奥茨②、威尔逊③和埃文斯④，继续寂寞地向未知之境走去。

---

① 鲍尔斯，英国探险家，一九一二年三月在从南极回程时，被困在一个旋转的暴风雪中去世。

② 奥茨（1880—1912），英国南极探险家，一九一二年三月在从南极回程中受到严重的冻伤，为了换取队友生存而牺牲自己。

③ 威尔逊，医生，跟随斯科特到南极探险，患上败血病和雪盲症。

④ 埃文斯（1876—1912），英国海军军士、探险家，在由南极极点返回时摔伤，死于体力不支。

# 南　极

最后这几天的日记显示出他们越来越感到不安，在南极附近，他们像指南针的蓝色指针一样颤抖起来："影子从我们右边向前移动，然后又从前面向左爬过去，围绕我们缓慢地转一圈，这段时间无比漫长！"不过，在字里行间，希望的火花闪耀得越来越明亮。

斯科特越来越热情洋溢地记录业已越过的距离："距离极点只有一百五十千米了，照这样继续走下去，我们是无法坚持到底的。"日记里这样描述疲劳。两天后他写道："离极地还有一百三十七千米，这段路程对我们来说会是极其艰难的。"

可是，接着，突然是一种新的、充满胜利信心的语调："再走九十四千米就到达极地了！如果说我们还没有到达，离它也已经非常近了。"一月十四日，希望变成了有把握的事情："只剩下七十千米了，目的地就在眼前！"第二天的日记里，近乎欢快的喜悦心情跃然纸上："只差五十千米这么点儿路程了，我们必须前进，无论付出多大代价！"从令人鼓舞的几行文字里，我们不难感受到他们内心的希望之弦绷得多紧，好像他们神经里的一切都由于期待和迫不及待而在颤抖。胜利已在眼前；他们已伸出双手要去揭开地球最后的秘密。只要再做一次最后的冲刺，就到达目的地了。

## 一月十六日

"情绪高涨。"日记这样写道。早晨，他们比往常更早出发，迫不及待地想尽早一窥那可怕而又美丽的秘密的心情把他们拽出了睡袋。到下午，这五个坚持不懈的探险者走了十四千米，欢快地行进在渺无人迹的白色荒原上：现在几乎不可能达不到目的地了，为人类而做的决定性的业绩近乎完成了。

忽然，伙伴之一的鲍尔斯变得神色不安。他的眼睛死死地盯着无边无际的雪原上的一个很小的黑点。他不敢说出自己的猜测，但是，他们的心里都颤抖着同样可怕的念头：很可能是人的手在这里竖起了一个路标。他们故意竭力互相安慰。他们对自己说——就像鲁滨孙在海岛上发现别人的脚印时，起初总想把它看成自己的脚印一样——这必定是冰上的一道裂缝，或者是什么东西的倒影。他们心神不宁地走近前去，依旧不断地互相哄骗，其实大家对事实真相都已了然于胸：挪威人阿蒙森已经走在他们前面了。

不久，他们发现雪地上插着一根滑雪杆，上面高高地系着一面黑旗，周围雪地上有滑雪板划过的痕迹和狗的爪印，这分明是别人放弃的宿营地。严酷的事实粉碎了他们最后的怀疑：阿蒙森在这里扎过营。

几千年来没有生灵存在的南极，几千年来，也许自太古以来还不曾被尘世的目光窥见过的南极，在极短暂的时间内，即在十五天内，两次被人发现，这在人类历史上是极不寻常的、也是不可思议的事情。

而他们是第二批到达的人——几百万个月的光阴流逝过去了，他们仅仅来晚了一个月——他们成了第二批，对人类来说，第一个意味着一切，第二个则什么都不是。这就是说，一切努力都是白搭，忍受匮乏成了可笑之事，几星期、几个月、几年怀抱希望，简直就像发疯。

“忍受千辛万苦，饥寒交迫，种种痛苦，所为何事？”斯科特在他的日记里写道，“无非为了实现梦想，现在美梦结束了。”他们热泪盈眶，尽管十分疲劳，依然夜不能眠。本来他们是想要欢呼着冲上极地的，现在却闷闷不乐，失去了希望，像被判了刑的犯人似的向着极地做最后的进军。

没有一个人试图安慰另一个人，他们默默无言，迈着沉重的脚步艰难前进。一月十八日，斯科特上校和他的四个伙伴抵达极地。在他之前已经有人来过，因而极地的景象没有给他留下强烈的印象，他漠然的眼睛只看到一片悲凉。“在这里能看见的一切一切和最后几天令人毛骨悚然的单调毫无区别”——这就是罗伯特·福尔肯·斯科特描绘的南极的全部景象。

他们在那里发现的唯一奇特的东西并非大自然所塑造，而是出自敌人之手：阿蒙森的帐篷和放肆地、充满胜利喜悦地在被人类攻占的壁垒上空哗啦啦飘扬的挪威国旗。那里有一封占领者的信留给继他之后踏上这块土地的那位素昧平生的第二人，请他把这封信转交给挪威的哈康国王①。斯科特慨然接受嘱托，决心忠实地履行这一极其艰巨的义务：在世界面前为他人的丰功伟绩作证。而这个事业正是他自己热烈追求、力图完成的。

他们伤心地把英国国旗，这“迟到的联合王国国旗”，插在阿蒙德森胜利的标志旁边，然后离开那“辜负了他们功名心的地方”。寒风从他们身后袭来。斯科特在他的日记里写下不祥的预感：“我害怕回去的路。”

---

① 哈康国王，即哈康七世（一九〇五年至一九五七年在位），第一任挪威国王。

# 毁　灭

返程的行军危险十倍。在前往极地的途中，有罗盘给他们指引方向。现在他们还必须十分注意，在几星期的行军途中一次也不允许找不到自己来时的足迹，否则就将偏离他们的储存点，那里储存着食物、服装和积聚热量的几加仑[①]煤油。因此，每当风雪漫天，遮住视线，他们每走一步都感觉心神不宁，因为一旦迷路，必死无疑。加以他们的身体已没有开始行军时那么充沛的精力，那时丰富的营养所含的化学能和南极之家的温暖住所都给予了他们热能。

此外，他们心中钢铁意志的弹簧松了。挺进南极时，欲图体现全人类的好奇心与渴望的超凡的希望使他们精神振奋，意气风发，他们意识到自己正在从事不朽的事业，从而获得了超人的力量。而如今，他们仅仅是在为保全躯壳而斗争，为他们肉体的存在，为无荣誉可言的返回而斗争，这样的返回也许不是他们内心最深处所渴求的，甚至可能被视为畏途。

阅读那几天的日记是可怕的。天气越来越坏，冬天比往常来得更早，松软的白雪粘在他们鞋底下，结成了厚厚的冰凌，一踩，仿佛踩在三角钉上，使他们的步履十分艰难，酷寒又折磨他们业已疲惫不堪的身体。每经过几天迷路和徘徊后到达一个储存点，总是发出一阵小小的欢呼，随后在他们的言谈中又总是短暂地闪耀起信心的火焰。

最能证明这几个人在极度孤寂中的英雄主义精神的莫过于研究家威尔逊，他甚至在死神已来到身边时仍然坚持进行科学观

① 加仑，英美制容量单位，英制 1 加仑合 4.546 升。

察，除了一切必不可少的沉重物件之外，他还在自己的雪橇上拖了十六千克珍稀岩石样品。

但是，人的勇气逐渐被冷酷无情的大自然的威力打败了，这里的大自然拿出它历经数千万年锤炼的力量，使出严寒、冰冻、狂风、大雪等一切毁灭的手段来对付这五个勇士。他们的脚早已冻坏了，因为只能吃上一顿热饭，身体热量不足，减少食物定量后，他们的身体非常衰弱，开始支持不住了。

一天，伙伴们惊恐地发现他们之中的大力士埃文斯突然举止失常。他待在路旁不走，不停地抱怨所受的真实苦难和想象的苦难；他的话莫名其妙，他们听得毛骨悚然，这个不幸的人摔了一跤或是由于可怕的痛苦，神经错乱了。该拿他怎么办呢？把他扔在荒凉的冰原随他去吗？另一方面，他们必须找到储存点，一刻也不许拖延，不然的话……斯科特自己犹豫起来，没往下写。

二月十七日夜里一点，这个不幸的军官死了，这时他们只差不到一天的路程就能到达那个“屠宰场”，到了那里，他们有上个月屠宰的矮种马，就可以第一次吃上较丰盛的一餐了。

现在他们四个人行军，不料灾星降临！下一个储存点带来的是令人痛苦的新的失望。那里的油太少，这就意味着必须精打细算使用最必需的物品——燃料，节省热能，那抵御冰雪严寒的唯一武器。

冰冷的、暴风雪狂啸的黑夜，他们胆怯而清醒着，连脱毡靴的力气都没有了。但他们仍然继续艰难地前进，他们中的一人，奥茨，冻掉了脚趾还坚持走下去。风比任何时候刮得都凶猛，三月二日到达下一个储存点，又是残酷的失望：仍然是燃料太少。

现在，恐惧在言语中表露出来了。虽然斯科特极力隐藏他的恐惧情绪，可是绝望的尖叫声一再打破他强装出来的镇静。他在日记中写道："不能再这样下去了。"或："上帝保佑我们吧！这么劳累我们已无法忍受。"或："我们这出戏的结局是悲惨的。"最后，是这一可怕的认识："但愿天意救助我们！从人那里是没有指望得到帮助了。"但是他们仍然咬紧牙关，拖着沉重的脚步，不抱希望地继续前进，前进。

奥茨要跟上大家越来越不容易，对他的朋友们来说他越来越是个负担，而不是帮手。有一天，中午的气温达到零下四十二度，他们不得不减慢行军速度，不幸的奥茨感觉到、也明白自己会给朋友们带来灾难。

他们已经在准备走最后的一步。他们让科学家威尔逊给每个人发十片吗啡，以便必要时可以加速结束自己的生命。他们又尽力和这个病人一起走了一天路，后来不幸的奥茨自己要求他们让他待在睡袋里面，把他们的命运和自己分开。他们强烈地拒绝他的建议，虽然他们全都非常明白，这样做只会减轻他们的负担。病人拖着冻僵的双腿又和大家一起走了几千米，走到夜间宿营地。他和大家在一起睡到第二天早晨。清早往外张望：外面暴风雪在怒吼。

奥茨突然站起来："我出去走走。"他对朋友们说："也许在外面待一会儿。"其他人战栗了。大家都知道这"走一会儿"意味着什么。但没有一个人敢说一句话阻拦他。没有人敢伸手给他和他告别，因为他们所有的人全都敬畏地感到：英国皇家禁卫军骑兵上尉劳伦斯·爱德华·哥拉斯·奥茨像一个英雄那样去迎接死亡。

三个体弱疲惫的人拖着沉重的脚步走在无边的铁一样冰冷的荒原上，他们已是精疲力竭，不存什么希望了，只是模模糊糊地保全自己的本能促使他们提起最后一点儿力量踉踉跄跄地走下去。天气越来越可怕，每个储存点都使他们深感失望，总是燃油太少，热量太少。

三月二十一日，距离一个储存点只有二十千米，但是暴风狂啸，简直要吃人，他们无法离开帐篷。他们每天晚上都希望第二天早晨能到达目的地；食物消耗完了，最后的希望也随之消失。燃料也已告罄，温度计显示出零下四十摄氏度。一切希望都破灭了：他们现在只能在饿死和冻死之间做出选择。置身于白色原始世界的这三个人，在一个小小的帐篷里和不可避免的结局抗争。

三月二十九日，他们知道，不会有什么奇迹来救他们了，于是决定不再向厄运走近一小步，要像忍受其他一切不幸那样忍受死亡。他们爬进睡袋，永远没有一声叹息传到世界上，诉说他们最后的苦难。

## 垂死者的书信

在寂寞地面对虽然看不见但近在咫尺的死神的这些时刻，外面的风暴像个疯子似的撞击着薄薄的帐篷，海军上校斯科特回想自己加盟的一切。在这从来没有人声冲破的极度冰冷沉寂之中，他悲壮地意识到自己对他的民族、对全人类的亲情。心灵深处的幻影召唤由于爱、忠诚和友谊而同他联系在一起的人们的影像来到这白色荒漠，他要同他们说话。斯科特上校用冻僵的手指在濒临死亡的时刻给他挚爱的所有活人写信。

这些书信是十分奇妙的。面对死神，这些信里没有一丝一毫渺小的哀伤，字里行间似乎吹进了这没人居住的天空水晶般澄澈的空气。信是写给几个人的，却是说给全人类听的。它们是写给一个时代的，但又是万古长存的。

他给他的妻子写信，提醒她要照顾好他最宝贵的遗产——他的儿子，提醒她主要是注意不要让他变得懒散、软弱。他在完成了世界历史上最伟大的业绩后做了这样的自白："你知道，我必须强迫自己努力奋斗——以前我总是喜欢懒散。"离死只差毫厘远了，他还为自己的决定感到自豪而不是感到悔恨："关于这次旅行，我能和你讲什么呢？它比起舒舒服服待在家里好多了！"

他以最忠诚的友谊给和他共患难、一同遇难的朋友的妻子和母亲写信，为死难者的英雄气概作证。他自己是一个行将死去的人了，还以超乎常人的坚强感情安慰他的伙伴的遗属，说这样的时刻是伟大的，这样死去是值得纪念的。

他给朋友们写信。他谦逊地谈到自己，但对整个民族无比自豪。他说，此时此刻，他以自己是这个民族的儿子、当之无愧的儿子而感到欢欣鼓舞。"我不知道我是不是一个伟大的发现者，"他写道，"但是我们的结局将证明我们种族的勇敢精神和忍受力并未消失。"死神迫使他写出了由于男子汉的倔强和心灵的羞涩、在他一生中没能说出的友谊的自白。"您是我一生中遇到的我最仰慕、最挚爱的人，"他在给他最好的朋友的信中这样写道，"但我一直无法向您表示您的友谊对我意味着什么，因为您可以给予我的太多太多，而我却没有什么可以奉献给您。"

他的最后一封信是写给英国的，这是他所有的信件中最美的一封。他觉得有必要对他在这场事关英国荣誉的斗争中并非由于自己的过失而招致的失败辩解。他一一列举和他作对的种种偶然事件，以濒死者惊人的激情大声疾呼，吁请所有英国人切勿抛弃他的亲属。在他生命的最后一息，他所想的远不止是他个人的命运。他最后的话不是谈他自己的死，而是关于他人的生活："恳请你们千万照顾我们的亲人！”后面都是空白的信纸。

斯科特的日记一直写到最后一刻，写到手指冻僵，笔从手上滑落下来。他希望有人能在他的尸体旁发现这些足以为他和英国民族的勇气作证的篇页，这个希望支撑着他做出如此超人的努力。

最后一篇日记是他用已经冻坏了的手指颤颤悠悠地写下的心愿：“请把这日记交给我的妻子！”但随后他又冷酷地明白无误地把“我的妻子”划掉，在上面写上“我的遗孀”这一可怕的字眼。

## 回　答

伙伴们在木头房子里等了好几个星期，起初信心十足，继而略感忧虑，终于愈来愈惶恐不安。两次派出探险队前往救援，都被恶劣的天气挡了回来。失去队长的队员们，整个冬季待在木头房子里面无所作为，灾难的阴影罩上了他们的心头。在这几个月里，海军上校罗伯特·福尔肯·斯科特的命运和业绩深深锁闭在白雪和沉默之中。冰把他们封闭在玻璃棺材里；直至十月二十九日，春天降临南极，才有一支探险队出发，为的是至少要找到英雄们的尸体和他们的消息。

十一月十二日他们到达那个帐篷，发现英雄们的尸体冻僵在睡袋里，死了的斯科特还友爱地搂着威尔逊，他们发现了书信、文件，为惨死的英雄们垒了一座坟。一个白茫茫的世界，一座小雪丘上方，一个朴素的黑色十字架孤零零地耸立着，在那下面永远埋藏着人类那一次英雄业绩的证据。

然而，否！他们的英雄事迹忽然奇迹般地复活了！这是我们这个现代技术发达世界的美妙奇迹！

朋友们把照片底版和电影胶带带回家，经过化学药品显影之后，斯科特和他的伙伴们向南极行进的情景和除他之外只有那个阿蒙森得以目睹的南极风光再次出现在人们眼前。他的遗言和他的书信经由电线跃入惊叹不已的世界，大英帝国的主教堂里，国王屈膝下跪纪念死难的英雄。

看似徒劳之事，再次结出硕果，被耽误的事情化作对人类的大声疾呼，呼吁人类集中精力去完成未竟之业；在壮烈的搏击中，英勇的死，死犹胜生，奋发向上直抵无穷的意志将会从失败中复活。因为只有偶然成功和轻易得手才燃起人们的虚荣心，而一个人在和强大的、不可战胜的命运抗争中倒下去时却最能显示他高尚的心灵；诗人有时也创作这种亘古以来一切悲剧中最壮美的悲剧，而生活却上千次创作了这样的悲剧。

（潘子力　译）

# 封闭的列车

列宁
一九一七年四月九日

❖

## 修鞋匠家中的房客

世界大战的烽火烈焰从四面八方包围着瑞士这座和平小岛，它在一九一五年、一九一六年、一九一七年和一九一八年不间断地成为一部激动人心的侦探小说的场景。

在豪华的饭店里，敌对国家的使节冷冰冰地擦身而过，好像彼此从不认识似的，可此前一年他们还友好地在一起玩桥牌和邀请对方到自己家中做客。一大群身份不明人的身影，在他们的住宅里出没无常。议员、秘书、随员、商人，头戴面纱或不戴面纱的贵夫人，每一个人都身负极端秘密的使命。饭店前悬挂外国国旗标志的豪华轿车络绎不绝，从车上走下来的是工业家、新闻记者、艺术界名流和外表上看来是偶尔出来野游的旅客。但几乎每一个人都有同样的任务：想打探点儿东西，想窥视点儿东西；引领他们的门房、打扫房间的女仆也都受到逼迫，去观察、去窃听。

在旅馆、在公寓、在邮局、在咖啡厅，彼此敌对的机构到处都在不停地工作。称之为宣传的东西，一半是间谍活动；貌似爱的举止，其实是背叛。所有这些匆忙过客的每一项公开活动在背后都隐藏有第二项、第三项的活动。

一切都被监视，一切都被呈报；一个某种级别的德国人刚一抵达苏黎世，在伯尔尼[①]的敌方大使馆就已经知道了，一个钟头之后巴黎也知道了。大大小小的特务每天都把大批真真假假的情报送到使馆随员手里，他们再转送出去。所有的墙壁都是透风的，所有的话都受监听，能从纸篓里的废纸和吸墨纸上的字迹重新制造出一份份报告，到最终这些狂舞的群魔竟疯狂到这种地步，许多人都不知道自己是什么样的人了：是猎手还是猎物，是间谍还是间谍的对象，是被出卖的人还是出卖者。

可在那些日子里却只对一个人的报告少而又少，或许他太不引人注意了，他并不进出高等饭店，不泡在咖啡馆，不观看宣传演出，而是与他的妻子住在一个修鞋匠家里，闭门索居。就在科马特河后面的一个狭隘、陈旧和起伏不平的斯皮格尔巷子里，他住在那种坚实的，屋顶隆起的老城楼房的三层里，房子已半被时间半被庭院中的一家小型香肠工厂熏得黑乎乎的。他的邻居是一家面包房的女工、一个意大利人、一位奥地利演员。这些人对他几乎一无所知，因为他寡言少语，只知道他是一个俄国人，名字很绕口。

他从他的国家逃亡多年，没有巨额的钱财，没有经营可观的贸易，女房东对这两个人的粗食淡饭和陈旧的衣着知道得一清二

① 伯尔尼，瑞士的联邦政府所在地。

楚，他俩的整个家当都装不满他们搬来时带的一个小篮子。

这个小个子男人是那样不显山不露水，生活得尽可能不引人注意。他避免社交活动，同楼的人很少在他那尖削的脸上看到犀利和阴暗的目光，也很少看到有客人来访。但他有规律地每天清晨九点去图书馆，直坐到十二点关门。十二点十分他准时回到家里，差十分一点时他离开家，再次头一个进入图书馆，一直坐到晚上六点。

由于刺探情报的特务们只注意那些饶舌的人，不知道对于世界的每一场革命最危险的人永远是最孤独的人，他们读的多，学到的也多；这样一来特务们对这个住在修鞋匠家中不引人注意的人就没有什么报告可写。

可在社会主义圈子里人们恰恰知道的是他，他曾在伦敦一家小型的、激进的俄国流亡者杂志社做编辑，在彼得堡是某一个发音很别扭的特别党派的领袖；但由于他在谈论社会主义党那些最有名望的人时态度非常严厉，口吻十分轻蔑，声称他们的方法是错误的；由于他难以接近和不妥协，这样一来，人们对他的关心也就不多了。

他有时晚间在一家小的无产者咖啡馆召集会议，参加的人顶多有十五至二十个人，多半是年轻人。于是人们对待这个怪僻的人，就像对待所有那些用茶和争论来使他们脑袋发热的俄国流亡者没有什么两样。没有人把这个矮小而严峻的人当回事，在苏黎世没有多少人认为注意弗拉基米尔·伊里奇·乌里扬诺夫①这个

① 弗拉基米尔·伊里奇·乌里扬诺夫，化名“列宁”，是著名的马克思主义者，无产阶级革命家、政治家、理论家、思想家。是俄罗斯苏维埃联邦社会主义共和国（世界上第一个社会主义国家）和苏维埃社会主义共和国联盟的主要缔造者、布尔什维克党的创始人、十月革命的主要领导人、苏联人民委员会主席（即苏联总理），继承了马克思主义，并与俄国革命相结合形成列宁主义。

名字是至关紧要之举，这个住在修鞋匠家里的人太默默无闻了。如果当时风驰电掣于使馆之间的豪华汽车中有一辆在路上偶尔把这个人撞死的话，那这个世界就既不会认出在乌里扬诺夫名字下、也不会认出在列宁名字下的这个人了。

## 实现……

一天，那是一九一七年三月十五日，苏黎世图书馆的馆员感到惊讶，时针已指向九点，每天所有图书借阅者中那个最准时出现的人的座位却空空如也。九点半了，十点了，那个不知疲倦的读者仍没有出现，并且也不会再出现了。因为在通向图书馆的路上，一个俄国朋友与他交谈起来，或者更准确地说，一个俄国已经爆发了革命的消息把他惊呆了。

列宁起初不愿意相信，这个消息令他一片茫然。但他随即冲到湖边的一个报摊上，脚步短促、有力；在那儿，在报纸的编辑部门前，他一小时一小时地，一天一天地在等候着消息。这消息是真实的，而且每天对他来说越来越真实可信。开始只是一次宫廷革命的传闻和表面上的内阁更迭，可随后是沙皇的退位，一个临时政府的成立，杜马[1]、俄国的自由、政治犯的大赦——这一切是他多年的梦想，这一切，他二十年来在秘密组织里、在监狱里、在西伯利亚、在流亡中为之奋斗的一切都实现了。

他突然感到，这场战争中牺牲的上百万人并不是白白地死去。他觉得他们的死并不是没有意义的，他们是殉道者，为自由

---

① 杜马，议会，于一九〇五年俄国爆发革命运动后，由沙皇尼古拉二世设立。

和正义以及永久和平的新国家而死，这个新的国家已经破晓了，通常是冰一样澄明和冷峻的这个梦想家，感到自己像从此心醉神迷似的。

现在坐在日内瓦、洛桑和伯尔尼的流亡者狭小的房间里的其他上百人欢欣鼓舞，笑逐颜开，他们都为这样的消息而兴高采烈：可以返回俄国了，可以回家了，不是用假的护照，不是把名字隐匿起来，不是冒着死亡的危险进入沙皇帝国，而是以自由的公民身份进入自由的国家。

他们都已规整好少得可怜的财物，因为报纸上还登出了高尔基言简意赅的电文："所有人都回家吧！"他们向四面八方发出电报和书信：回家，回家！聚集起来，团结一致！再次把他们的生命投入自他们生命首次觉醒就献身的事业：为俄国革命。……

## 失　望

但几天之后，人们惊愕地认识到，这场像雄鹰展翅激越人心的俄国革命并不是他们梦寐以求的革命，不是一场俄国革命。这是一次反对沙皇的宫廷暴动，由英国和法国外交官所策划的，为的是阻止沙皇与德国媾和；这不是他们为之而生为之而死的革命，而是战争党派、帝国主义者和将军们的一个阴谋，他们不想使自己的计划受阻。

列宁和他的追随者不久就看出来了，那项所有人都可以返回俄国的许诺并不适用于所有那些要求进行真正的、激烈的、卡尔·马克思式革命的人。米留可夫[①]和另一些自由党人已经下达指示，阻止他们回国。那些温和的、有利于延长战争的社会主义者，如普利汉诺夫[②]，被用极为亲切的方式乘鱼雷艇沿途由人陪同从英国回到彼得堡，而同时托洛茨基[③]在哈利法克斯[④]、其他的激进主义者在边境却遭到拘捕。在所有协约国的国境上都有一份黑名单，上列有在齐美尔瓦尔德召开的第三国际大会的参加者名单。

列宁绝望地向彼得堡发出一封封电报，但它们不是被截留就是不予置理；在苏黎世人们毫无所知的、在欧洲几乎无人知道的，可在俄国，人们却知之甚详：这个对手弗拉基米尔·伊里奇·乌里扬诺夫是如何的强大、如何的有力、如何的矢志不渝，又是如何的危险致命。

被拦阻回国的人束手无策，绝望日增。多年来，他们在伦敦、在巴黎、在维也纳召开的总部会议上思考他们俄国革命的战略。他们考虑到了，他们设想到了，他们也讨论了组织上的每一个细节。十几年来他们在彼此的杂志上从理论上和实践上对各种困难、各种危险和各种可能性进行探讨。

这个人毕生只对这样一个总体思想一再进行思考，加以修正，并最明确地把它表述出来。因为他被阻留在瑞士，他的这次

---

① 米留可夫（1859—1943），俄国立宪民主党领袖，俄国二月革命后任临时政府外交部部长。

② 普列汉诺夫（1856—1918），俄国马克思主义政党的创始人和领袖之一，最早在俄国和欧洲传播马克思主义的思想家，俄国和国际工人运动著名活动家，非常受列宁尊敬。但在一九〇三年俄国社会民主工党第二次代表大会后，转向孟什维克主义，第一次世界大战的时候又支持民族主义，此后对十月革命又持反对态度。

③ 托洛茨基（1879—1940），俄国无产阶级革命家，十月革命直接领导人。

④ 哈利法克斯，加拿大新斯科舍省首府，海港城市。托洛茨基一九二七年二月革命后由美国取道加拿大回国，经哈利法克斯时被英国当局拘捕。

革命便变了味道，让其他人搞失败了，把他的人民解放的神圣思想用来为外国人的利益效劳了。

在这些日子里，列宁经历了兴登堡[①]在这场战争最初的日子的命运，惊奇地类似。四十年的戎马生涯，可在俄国人进军时，他却不得不身穿平民服装，坐在家里，在插着小旗的地图上关注战事的进展和那些现役将军们犯下的错误。在那些绝望的日子里，通常是坚定的现实主义者的列宁此刻却在做着最荒唐不过、最异想天开的迷梦，他在考虑是否能租一架飞机，飞越德国和奥地利？但第一个要给予他帮助的人却是个间谍。

逃走的想法变得越来越狂暴，越来越激烈：他写信到瑞典，要人给他弄一份瑞典护照，装成哑巴，这样不必回答询问。

不言而喻，列宁本人总是一到清早就认识到他在夜里所有那些想入非非的荒唐念头都是行不通的。但一到大白天他也清楚了：他必须回俄国去，他必须取代其他人进行他的革命，在政治上进行真正的、诚实的革命。他必须回去，不久就回到俄国去；回去，不惜一切代价！

## 穿越德国：行还是不行？

瑞士处在意大利、法国、德国和奥地利之间。作为革命者的列宁，穿越协约国的道路是封锁的；作为俄国的一个臣民，作为一个敌对国家的公民，穿越德国和奥地利的道路也是不被

① 兴登堡（1847—1934），德国元帅，一直在军队中任要职，一九一一年至一九一四年，第一次世界大战爆发，他应召服役，被任命为集团军司令。战后成为魏玛共和国的第一届总统。

允许的。

但是出现了一个荒谬的局面：列宁从德国皇帝威廉那里得到的好感却远比从俄国的米留可夫和法国的普安卡雷[1]那里得到的要多。德国需要在美国宣战的前夕，不惜任何代价与俄国媾和。这样一来，这个会给美国和法国在俄国的使节们造成麻烦的人就成了他们欢迎的一个帮手。

但是采取这样一个步骤却要承担巨大的责任，列宁在他的文章里上百次辱骂和威胁的德意志帝国怎能突然与它进行接触谈判？因为在所有迄今的道德意义上，在战争中和在敌方总参谋部允许下进入和穿行敌对国家，这无疑是种叛国行为；列宁当然知道，他这样做必定使自己的政党和自己的事业遭到攻讦，他会被怀疑拿了德国政府的钱财，是被派回俄国当雇佣的特务，而且一当他暂时媾和的纲领实现的话，他就要永远承担历史的罪责，阻碍俄国取得胜利的和平。

不言而喻，不仅仅是那些温和的革命者，就是列宁的大多数志同道合的人也会感到愕然，他怎么宣布，迫不得已时他要走这条最危险、最受人诋毁之路？他们惊诧地指出，早就通过瑞士社会民主党人进行了谈判，用交换战俘的合法和中立的手段把俄国革命者遣返回国。但列宁认识到，这条路会变得漫长，俄国政府会人为地和蓄意地拖延下去，旷日持久，遥遥无期；而他知道，现在每一天和每一小时都是决定性的。

他看到的只有目的，而其他人很少有胆量、很少有魄力去决定做出一项按现存的规则和观点看来是背叛性的举动。但列宁内心打定主意，并表明他个人承担他与德国政府商谈的责任。

---

① 普安卡雷（1860—1934），一九一三年至一九二〇年期间任法国总统。

# 协　　定

列宁正因为知道他采取的行动引人注目和富挑战性，他做得堂堂正正、光明磊落。

瑞士工会书记弗里茨·普拉廷受他的委托前去会见德国使节，向他提出了列宁的条件；在此之前，这位使节已经在同俄国流亡者进行商谈了。这个矮小的、并不闻名的流亡者——他好像已经预见到了他即将获得的权威——绝不是在向德国政府提出一项请求，而是向它提出条件；只有在这些条件下，这个旅行者才准备接受德国政府提供的便利：承认这节车厢具有治外法权，进出车厢均不得检验护照或身份证明，他们自己交纳正常的费用，个人不得被强行或擅自离车。

罗堡伯格部长把这些情况上报，直呈到鲁登道夫[①]手中，他当然应允，尽管他在自己的回忆录中对这项世界历史上，也许是他在生活中最重大的决定丝毫没有谈及。德国使节还试图对列宁提供的尚存歧义的文本中的某些细节进行修改，如不仅是俄国人，而且像拉狄克[②]这样一个同行的奥地利人也不受检查。但德国政府像列宁一样太着急了，因为在这一天，四月五日，美国已经向德国宣战了。

四月六日中午，弗里茨·普拉廷收到值得纪念的决定："诸事已按所希望的那样安排妥当。"

一九一七年四月九日，下午二时半，一小群衣着寒酸的人，

---

① 鲁登道夫（1865—1937），第一次世界大战时为兴登堡的参谋总长。

② 拉狄克（1885—1939），共产国际早期领导人。一九一五年出席齐美尔瓦德第三次国际大会与列宁结识。一九二七年因与托洛茨基的关系被开除出苏共。一九二九年恢复党籍。一九三六年被捕入狱，死于狱中。

手提箱子从扎林格尔霍夫旅馆动身前去苏黎世火车站。他们一共二十三个人，其中有妇女和儿童。在男人中间只有列宁、季诺维也夫[①]和拉狄克的名字日后为人所知。他们用了一顿简单的午餐，共同签署一份文件，他们知道《小巴黎人》报上的一份报道，说俄国临时政府意欲把穿越德国的旅行者当作叛国犯加以对待。他们用笨拙呆板的字体签下了他们的名字，声称他们对这次旅行承担全责并同意所有的条件。一切准备停当，他们安静而果断地开始了这次具有世界历史意义的行程。

他们抵达车站没有引起丝毫注意，没有出现一个新闻记者，也没有出现一个摄影记者。在瑞士，有谁认识这位乌里扬诺夫先生呢？他戴着一顶揉皱了的帽子，穿着一件陈旧的上衣和一双笨重得可笑的矿山鞋（他一直穿到瑞典），混在这群提箱拿篮的男人和妇女中间，静静地、不引人注意地在车厢中找寻一个位置。这些人看起来和其他大量的移民一样，都是来自南斯拉夫罗塞尼亚[②]和罗马尼亚，他们经常在苏黎世街头，坐在他们的木箱子上，在人们把他们继续运到德国海港并从那里越过大洋之前休息几个钟头。

不赞成这次旅行的瑞士工人党没有派代表前来送行，只有一两个送来少许食品和向家乡捎去问候的俄国人；还有一两个人前来，是为了在最后几秒钟提醒列宁这是一次“没有意义的、犯罪的旅行”。但决定已经做出了。

三点十分，司机发出了信号。列车动起来，朝戈特马丁

---

① 季诺维也夫（1883—1936），苏联早期领导人之一，共产国际主席。苏共清党时被捕，一九三六年被处死。

② 罗塞尼亚，指加利西亚·布科维纳和喀尔巴吁山地区，它被波兰、俄国等瓜分、统治。罗塞尼亚人今多已与乌克兰人融为一体。

根——德国的边境站驶去。三点十分，从这个时刻起世界的时钟有了另一样的走法。

## 封闭的列车

上百万颗毁灭性的炮弹在世界大战中投射出来，工程师们在设计重量更大、破坏力更大、发射更远的炮弹。但是在现代历史上没有一颗炮弹比这趟列车射得更远、更能决定命运的了。这趟列车装载着这个世纪最危险、最坚定的革命者，此刻正从瑞士边境呼啸着穿越德国，前往彼得堡，到那儿去炸毁时代的秩序。

这颗独特的炮弹、一趟有二等和三等车厢的列车在戈特马丁根停在线路上；妇女和孩子乘二等车厢，男人们乘三等车厢。一条粉笔线标明是中立区，它把俄国人的领地与两个德国军官的包厢分离开来，这两个军官是陪同运送这批活生生的烈性炸药的。

列车没有发生任何情况，滚滚向前，穿越黑夜。只是在法兰克福时突然拥来一群德国士兵，他们听到俄国革命者穿越旅行的消息。他们，还有德国社会民主党人想与这些旅行者进行交谈的企图都被拒绝。列宁知道得很清楚，如果他在德国土地上与一个德国人说上一句话，也会遭到怀疑。在瑞典，他们受到了隆重的欢迎。他们饥肠辘辘地扑向瑞典的餐桌，丰美的早餐对他们说来如同难以置信的奇迹。

随后，列宁才换掉那双笨重的矿山靴，让人给他买了一双新鞋和几件衣服。俄国边界终于到了。

# 炮弹发射出去了

列宁在俄国土地上的第一个举动是独具特色的：他不是去看人，而首先是扑到报纸上。他已经有十四年不在俄国了，他没有看到土地、国旗和身穿制服的士兵。但这个有钢铁般意志的思想家不像其他人那样热泪盈眶，不像女人们那样去拥抱惊恐得莫名其妙的士兵。

报纸，首先是报纸，《真理报》，去检查它们，看每一页是否坚决地站在共产国际的立场上。他愤怒地揉碎了报纸。不，不够，还一直是些祖国的废话，还一直是些爱国主义的滥调，还一直不完全是他的纯粹的革命思想。

他感到，他回来得是时候，去扭转舵轮，去实现他的生活理想，胜利或者失败。但是他能做到吗？最后的不安，最后的担心。米留可夫不会在彼得堡——那时还叫这个名字，但不会太久了——让人把他逮捕吗？前来车厢迎接他的朋友们，加米涅夫[①]和斯大林在阴暗的三等车厢里——灯光黯淡，一片朦胧——脸上露出一影奇怪的神秘的微笑。他们没有回答，或者他们不想回答。

然而现实做出的回答却是闻所未闻的。当列车驶入芬兰火车站时，巨大的广场上挤满了数以万计的工人，擎着各式各样的武器前来保护他的人群在等候这个流亡归来的人。《国际歌》呼啸而起。弗拉基米尔·伊里奇·乌里扬诺夫现在走出了车厢，这个前天还住在修鞋匠家中的男人，被上百只手抓住，举到一辆坦克上面。大楼上、要塞上的探照灯朝他扫了过来，他从坦克上向人

---

① 加米涅夫（1883—1936），苏联早期领导人之一，十月革命后任全俄中央执行委员会主席。一九三二年被开除出党，一九三六年被处决。

民做了他的第一次演讲。

大街震颤起来，不久“震撼世界的十天”[①] 开始了。炮弹发射出去了，一个帝国，一个世界被摧毁了。

（高中甫　译）

① 美国记者约翰·里德目睹十月革命，著有《震撼世界的十天》。

# 西塞罗之死[1]

## 公元前四十三年十二月七日

❖

当一个聪明，可不怎么勇敢的人路遇一个强者时，最明智的就是避开他，毫不羞愧地退让一边，直到路重新空出来为止。马库斯·图留斯·西塞罗，罗马帝国的第一个人文主义者、演讲大师、法律保卫者，在三十年的漫长时间里一直为维护继承下来的法律和共和国而不懈地努力；他的演讲已刻入历史的编年史，他的文学著作已刻入拉丁语言的条形石。与喀提林[2]的无政府主义作对，与威勒斯[3]的贪赃枉法和与战功赫赫的将军们中咄咄逼人

---

① 西塞罗（前106—前43），古罗马政治家、学者、演说家、作家、律师；先后任执政官、行省总督等职；力主共和政体，反对独战专治；恺撒被刺后，抨击安东尼的独裁统治。公元前四十三年，安东尼、屋大维、雷必达结成“后三巨头”同盟，不久西塞罗被安东尼杀害。他的演说内容充实，铿锵有力，辞藻华丽，富煽动性。留下多篇范例，是后代演说艺术的楷模。他在哲学、逻辑学方面有多种著作，为后世留下了弥足珍贵的遗产。

② 喀提林（前108—前62），罗马共和国末期的贵族，竞选执政官失败，阴谋策动政变，被西塞罗发表演说揭露，喀提林逃出罗马。喀提林率部向罗马进军，被击溃，阵亡。

③ 威勒斯（约前115—前43），罗马行政长官，因贪赃枉法而臭名昭著。在西西里任总督时，敲诈勒索，巧取豪夺，西塞罗对他提出控告。

的独裁专制为敌。他的《论共和国》[①] 一书在他所处的时代里被当作是理想的国家形式的道德法典。

但一个强者来了。这个人就是尤利乌斯·恺撒，开始时他作为一个老一代的人，一个更孚众望的人，毫无猜忌地帮助他，可此人却在一夜之间用他的高卢军团使自己成为意大利的统治者；作为军事权力擅权独断的主宰者，为了戴上皇冠，他只需把手一伸，安东尼[②] 就会在聚集起来的人群面前亲自奉上。一旦恺撒专断地践踏法律，西塞罗就会与他这种独裁统治进行徒劳的斗争。他曾无望地向自由的最后捍卫者们发起反对这个暴虐者的斗争。但是士兵却一再表现得比言辞越来越强大。

恺撒是一个有才智的人，同时也是一个有作为的人，他不停地取得胜利。如果他像大多数独裁者那样渴望复仇，那他在取得决定性胜利之后，会不加思索地把这个固执的法律捍卫者清除掉，或至少剥夺他的公权。

在胜利之后，尤利乌斯·恺撒看重他的那些军事上的胜利，他更看重西塞罗的巨大勇气。他没有任何羞辱的企图，让这个失败的反对者活下去，唯一的建议是让他离开政治舞台。这个政治舞台，只属于他一个人，在这个舞台上，每一个人担当的只是一个缄口和服从的跑龙套的角色。

对一个有才智的人说来，没有什么比被排斥出公众生活和政

---

①《论共和国》，西塞罗的名作，写于公元前五十四年，模仿柏拉图的《理想国》的形式，采用对话体，全书共六卷：《国家概念与国家体制》《罗马国家体制的优越性》《国家管理的正义理念》《国家公民的道德理念》《理想的国家管理者》《西庇阿之梦》。

② 安东尼（前 82—前 30），古罗马政治家、军事家、恺撒最重要的军队指挥官和管理人员，曾随恺撒征战高卢，公元前四十八年帮助恺撒打败庞培。公元前四十四年与恺撒共任执政官，恺撒被刺杀后，决心为他报仇。

治生活更幸运的事了；它把思想家、艺术家，从没有尊严，只有暴力或者阴谋诡计大行其道的领域里逼了出来，驱回到他们内心没有被触动和没有被毁坏的属地。每一种流亡的形式对于一个有才智的人来说，都是集聚内心力量的一种鞭策。西塞罗在最美好、最幸福的时刻遭遇到了这种值得庆幸的磨难。

这位伟大的雄辩家正逐渐接近生活的晚年，持续不断的风暴和紧张的生活只给他留下少许的时间去进行创作上的梳理。这个六十岁的人在他一生狭窄的空间里经历了那么多，那么多相互矛盾的事情！借助毅力、机敏和智力上的优势，这位新秀[①]克艰克俭，赢得了一系列公职和荣誉，而这通常对一个外省的小人物是闭门不纳的，只令人妒忌地保留给出身贵族的后裔。

他获得了高得不能再高的公众宠爱，感受到了深得不能再深的公众屈辱；喀提林失败之后，他在凯旋声中登上了卡皮托城堡[②]上的台阶，被民众戴上花冠，被元老院授予“祖国之父”的荣誉头衔；而另一面，在一夜之间他被流放，被同一个元老院判决，被同一群民众抛弃。他失去了自己曾供职其间的公职，失去了依靠自己不懈的努力而获得的高位。他曾在法庭上主持过审判，他曾在战地作为军人指挥过军团，他曾作为执行官执掌共和国的政权，他曾作为行省的副执政执权政务，数以百万计塞斯特斯[③]通过他的双手进出。由于他的双手债务累累，他曾拥有的帕拉丁山[④]上美轮美奂的住宅，现在却成为一片废墟——被他的敌

① 西塞罗并非出自名门贵族世家，他是自己家族中第一个担任高级官职的人，因而他一再称自己属于新人。

② 卡皮托城堡，西罗马城堡，元老院所在地。

③ 塞斯特斯，古罗马的一种货币。

④ 帕拉丁山，罗马城内一座略呈方形的小丘，是富人住宅区，西塞罗和喀提林的住宅都在这里。

人焚烧和捣毁。

他写过值得怀念的论文，做过经典性的演说；他生育过孩子，他失去了孩子；他曾经勇敢过、懦弱过、执拗过，随后又被赞誉过，十分受人羡慕，却又十分受人仇视，一种像天气一样变幻莫测的性格，完全是些碎片和荣耀。总而言之，是他那个时代最吸引人也是最令人激动的人物。因为这与从马略①到恺撒，四十年间发生的所有事件完全不可分离地联结在一起。

时代历史、世界历史，没有其他人像西塞罗那样经历过和活了下来。只有一点——这是最重要的——从没有给他留下时间来观察自己的生活。在他那追逐名利的狂热中，这位永不停下来的人从来没有找到时间，静下心来，好好地去思考、去总结他的知识、他的思想。

现在，恺撒篡权夺位，终于把他排除出国家事务，给了他机会去从事他个人富有成果的事业，这个世界的头等大事；西塞罗弃绝地离开了法庭、元老院和尤利乌斯·恺撒这位专制帝。这位被罢黜者开始在公众面前克制住自己的不快。他绝望了，其他人不愿来保卫民众的权利，角斗士竞技和赌博比他们的自由更重要；对他而言，他现在只有去寻找、去创造更多的、自己的、内心的自由。马库斯·图留斯·西塞罗在花甲之年第一次静心深思，向世界表明，他为何而作，为何而生。

这位天生的艺术家，他只是出于疏忽而从书籍的世界陷进政治的泥潭，现在，西塞罗试着明确地去打造符合自己年纪和自己内心深处渴求的生活。他离开了罗马这座喧嚣的都城，回到图斯

① 马略（前157—前86），古罗马将军，前后七次任执政军，恺撒是他的外甥。

库卢姆[①]——今日意大利的弗拉斯卡蒂。他住宅的四周是意大利最优美的风景之一。柔和的深绿色的树浪沿着山阜涌向坎帕尼亚平原[②]，泉水用银色的音乐冲破了荒野的寂静。在市集上、在论坛上、在战争时期和在驿车中，多年之后，这位创作力充沛的沉思者终于在这儿完全敞开了他的灵魂。

那座充满诱惑力，疲惫不堪的城市，它离得远远的，犹如地平线上一片光秃秃的烟雾。但它确也离得足够近了，朋友们经常前来进行极富机智、令人激动的交谈；他的挚友阿提库斯[③]，或者年轻的布鲁图[④]、年轻的卡西乌[⑤]，甚至有一次——一个危险的客人——伟大的独裁者本人，尤利乌斯·恺撒。

尽管罗马的朋友们没有前来，但另外一些朋友在场，出色的、永不令人失望的伙伴，不管是沉默不语还是喋喋不休：他的书籍——一座杰出的图书馆，一座真正永不枯竭的智慧蜂房。西塞罗把它建造在他的乡间住宅里，希腊智者的著作，接排的是罗马编年史和法律简编；与这样一些来自所有时代和所有语言的朋友们在一起，没有一个晚上是寂寞的。

清晨是工作时间。那个学识渊博的奴隶毕恭毕敬，总是在等待口授，他从心里喜爱的女儿图利亚为他的就餐节省了时间，教

---

① 图斯库卢姆，古罗马城市，是古罗马富人的疗养胜地，公元前四十五年，西塞罗在此完成其哲学著作《图斯库卢姆谈话录》。

② 坎帕尼亚平原，意大利西南部平原地区，罗马周围的平原。

③ 阿提库斯（前 109—前 32），西塞罗的同窗好友，富有的罗马骑士，在西塞罗的《论法律》一书中此人是与他对谈的人物。

④ 布鲁图（前 85—前 42），罗马共和国晚期的一名元老院议员，坚定的共和派，组织并参与了刺杀恺撒的行动。

⑤ 卡西乌（？—前 42），古罗马将军，刺杀恺撒的主谋者之一，事后赴叙利亚组建军队，后至希腊与布鲁图会合。

育儿子，每天带给他新的激动或者新的消遣。随后呢，是新的智慧：这个六旬的人做出了这个年纪最甜蜜的蠢事——他娶了一个年轻的女人，比他的女儿还要年轻。作为一个生活艺术家，他要去享受美，他也要在最性感、最具魅力的形体上去感受，而不是在大理石的雕像或在诗句中。

这样，西塞罗在六十岁时终于返回他自身——是哲学家，不再是煽动家；是作家，不再是修辞家；是逍遥自在的主人，不再是民众宠爱的忙忙碌碌的仆人。与其在市集广场对那些贪赃枉法的法官进行严词逼问，他宁愿完成他的《论演说家》，为他那些模仿者做出榜样，并同时在他的《论老年》论文中自己得到教益；一个真正的智者认识到断念是老年人和他的年代真正的尊严。

他的最美好、最和谐的书信都出之于他内心宁静的那段时间，甚至就在他遭到毁灭性厄运——他可爱的女儿图利亚死时，他的艺术帮助他得到哲学上的尊严：他写下了《论安慰》，这部著作几个世纪以来，使成千上万遭受同样命运的人得到慰藉。

后世感谢这次流放，它使这位一度忙忙碌碌的演说家成为伟大的作家。在这平静的三年里，他创作了那么多著作，他获得的身后荣誉远比此前消耗在国家事务中的三年时光要多得多。

看来他的生活已变成一个哲学家的生活了。每天从罗马来的消息和书信他都不屑一顾，他更像是那个精神的永久的共和国的，而非恺撒的独裁所阉割的罗马共和国的公民。尘世权利的老师终于知道了酸楚的秘密，也是每一个在公众事务中最终必然会体会到的秘密：一个人永远不能长久去保卫群众的自由，而只能永远保卫自己内心的自由。

这位世界公民、人文主义者、哲学家马库斯·图留斯·西塞罗就这样度过了一个值得祝福的夏季、一个创作硕丰的秋天、一个罗马的冬天；远远离开，如他所认为的那样，永远地离开时代和政治的喧嚣。每天来自罗马的消息和书信他都不予理睬，对他不再作为一方的游戏无动于衷。

看样子他已完全被文人爱慕虚荣的功名心激活了，他只是看不见的那个共和国的公民，不再是那个腐败堕落的、暴力肆虐的共和国的一员，这个共和国毫无反抗地屈服于恐怖。

这时，三月的一个中午，一个使者冲入家门，满身灰尘，喘息不已，他还能说出消息：尤利乌斯·恺撒独裁者在罗马的讲坛上被刺身亡。随后使者屈膝瘫倒在地。

西塞罗面色苍白。几个星期之前他还同这位慷慨的胜利者坐在同一张桌子旁，尽管他承认他也仇恨这个危险的能人，尽管他心存疑虑地观察他军事上的胜利，可他却一直固执地，对他唯一值得尊敬的敌人的独立自主的精神、组织才能和人性暗地里表示敬重。

虽然谋杀集团的所有理由令人憎恶，尤利乌斯·恺撒这个人，尽管有他的长处和功绩，但他本人不也是用卑劣的谋杀方式杀害了“祖国之子”？！难道他的天才不正是自由的罗马最危险的敌人吗？尽管这个人的死值得人们惋惜，但这桩罪行确实促进了神圣事业的胜利，因为恺撒的死能使共和国重新站起来：通过他的死亡，最神圣的思想、自由的思想取得胜利。

西塞罗首先克制住他最初的惊恐。他不愿看到这种残忍的行动，也许从不敢希望做这种迷梦。布鲁图和卡西乌没有让他搅入这场叛乱，尽管布鲁图在把血淋淋的匕首从恺撒胸膛中拔出来时喊叫过他西塞罗的名字，以此要求这位共和思想的老师作为他行动的证人。但是，因为这次行动已不可逆转，它至少对共和国是有利的。西塞罗认识到：越过这具君王的尸体，就是一条通向古罗马的自由之路，而向其他人指出这条道路就是他的义务。他不能错过这样一次唯一的时刻。

就在同一天，马库斯·图留斯·西塞罗离开他的书籍、他的文章和艺术家神圣的沉思默想。他心急火燎地奔向罗马，从恺撒的凶手和同样的从他的复仇者那里去拯救共和国，而共和国正是恺撒真正的遗产。

在罗马，他看到的是一个动荡不安、纷扰混乱和惊慌失措的城市。就在事情发生的当儿，谋杀尤利乌斯·恺撒的事件就表明，它比那些凶手更为出色。这个麇集一起的阴谋帮派就只是为杀害、为清除那个远胜过他们的人。但是要如何去利用这个事件，他们却都不知所措，不知该如何着手。元老院迟疑不决，是否赞同这次谋杀还是去谴责这件罪行；长期习惯于被一只无情的手所管束的民众也沉默无语。安东尼和恺撒的另一些朋友害怕，在叛乱者面前心惊肉跳，为自己的性命惴惴不安，而谋反者同样畏惧恺撒的朋友和他们的复仇。

在这一片惊恐之中，只有西塞罗是唯一显出果断、坚定的人。一向犹豫不决、畏畏缩缩，就像一直犯有神经病和精神病一样的人，现在却没有任何迟疑，就介入这桩他没有参与的事件中去。他笔直地站在还留有被谋杀血渍的地面上，在聚集起来的元老院成员面前，把独裁者的被清除称赞为共和思想的一次胜利。

“我的人民，你又一次回到自由之中了！”他大声疾呼，“你们，布鲁图和卡西乌，你们不仅为罗马，而且也为整个世界做出了伟大的功绩。”

但他同时要求，赋予这次谋杀行动以最崇高的意义。谋反者要强力地夺取恺撒死后留下的政权，加速地去拯救共和国，去重新恢复古罗马的宪法。安东尼被解除执政官职务，执行权移交给布鲁图和卡西乌。这个洞悉法律的人为了一个短暂的世界性的时刻，第一次破坏了僵化的法律，为的是逼使独裁永远屈服于自由。

但现在，谋反者显露出了他们的弱点。他们只能搞一次叛乱，只能完成一次谋杀。他们只能把一把五寸[1]长的匕首插进一个没有武器的人的肉体，随之，他们的坚定性就化为乌有了。他们不去夺取政权，不去恢复共和国，而是费力地去乞求一种廉价的赦免，去与安东尼进行谈判。他们给恺撒的朋友时间去聚集力量，这样他们就错过了最宝贵的时机。

西塞罗清晰地看到了危险。他注意到安东尼正在准备进行一次反击，此人不仅要消灭叛乱者，还要消灭共和思想。西塞罗进行警告，热心奔走，宣传鼓动，四下游说，来逼使谋反者、逼使民众去采取果断的行动。但是，世界历史意义上的重大错误，是他自己不行动起来。

现在，所有的可能性都掌握在他的手上。元老院已着手帮助他，民众在等待一个坚定、勇敢的人，能从恺撒强壮的双手接过掉下来的缰绳。没有人会反抗，所有人都会轻快地松下口气来，他现在只要把握住执政权，就能在一片混沌中建立起秩序。

自他发表那篇激情洋溢的《控告喀提林的演说》以来，西塞罗的历史时刻终于在三月十五日这一天（即恺撒被刺的日子）到来了，连同他的思想一道。他若是知道去利用它，那我们在学校中学到的将是另一种样子的历史了。他就不仅是一位著名的作家了，而是共和国的拯救者，是罗马自由的真正守护神。西塞罗的

① 寸，长度单位，1 寸约合 3.33 厘米。

名字会在李维[①]和普鲁塔克[②]的编年史中流传下来。他不朽的荣誉：夺了一个独裁者的政权，自由地把它重新还给人民。

但是在历史上，悲剧不断地重复。恰恰是这个有才华的人，内心受到责任的困扰，在关键时刻却很少成为一个行动的人。在这个有才智和创造性的人身上，又一次陷入同样的分裂之中。因为他很清楚地看到时代的愚蠢，这逼使他去介入，为了激情的一刻，他狂热地投入到政治斗争之中。但同时，他也迟疑不决，用暴力去对抗暴力。要采取恐怖的手段和流血杀戮，他内心的责任感惊恐不安起来。这种犹豫不决和顾虑重重，恰恰是在那唯一不仅是实施甚至是要求他采取极端手段的时刻，使他的力量瘫痪了。

在最初的热情昂扬之后，西塞罗清晰地看到局势的危险性。他注视到那些他昨天还称赞为英雄的谋反者，现在只是些软弱无能的人，对自己的行动避之犹恐不及。他望向民众，他看到，他们早已不再是古罗马的民众，不再是他梦想中的英雄民众，而是一些变种了的市侩，他们追逐的只是利益和享受，只是吃喝和玩乐，他们第一天向谋杀凶手欢呼，第二天就为号召向谋杀凶手复仇的安东尼助威呐喊，而第三天又转向多拉贝拉[③]——他让人把恺撒的塑像推倒在地。

他认识的人中没有一个人在这变成畸形的城市里还一直忠诚地以自由思想为念。他们只追求自己的权力和幸福：恺撒被清除掉了，但于事无补，所有的人都在为取得他的遗产、他的金钱、他的军团和他的权力而相互勾结、尔虞我诈、争吵厮打；都只是

---

① 李维（前59—17），古罗马历史学家，著有《罗马史》。

② 普鲁塔克（约46—约120），古希腊历史传记作家、哲学家、历史学家，著有《希腊罗马名人传》。

③ 多拉贝拉，元老院成员，恺撒被刺后，他被递补为执政官。

为了自己，没一个人是为了罗马的事业。

过于匆忙的热情消失之后，西塞罗在这两个星期里变得越来越疲惫，越来越疑虑重重。除了他，没有任何一个人去关心共和国的重建，民族的感情不见了，自由的思想完全消失了。到最后，这动荡骚乱的局面令他感到厌恶。他的话不起任何作用。他不能再长时间欺骗自己了；他必须承认他的失败，他扮演的平衡角色已经完结，他不是太软弱无能就是太缺乏勇气，终究无法去挽救陷入内战危险的祖国。于是，他让它听天由命。

四月初，他离开罗马，他又一次被打败了，失望地回到他的书堆里，回到那不勒斯海湾近旁普托里[①]孤独的寓所里。

马库斯·图留斯·西塞罗第二次离开世界，逃回孤寂之中。现在他终于认清了，他作为学者、人文主义者和法律的维护者，从一开始就错误地进入一个权利大于法律，寡廉鲜耻大行其道，智慧和宽容销声匿迹的地带。他面带惊恐，不得不承认，那个他为了祖国而梦寐以求的理想共和国——古老罗马道德的复活，在这个颓败的时代已经不可能再实现。

在现实处于难以驾驭的物质世界里，虽然他自己不能完成他的拯救行动，但他至少要为了一个智慧的后世来拯救他的梦想。一个六十岁的生命，其生命的努力和知识不能毫无用处地付之东流。

于是他凝神立意，集聚他的力量，他在这寂寞的日子里撰写他最后，同时也是一部伟大的著作——《论义务》，作为他给后人的遗嘱。这部著作是论述义务的学说，它谈及一个独立的有道德感的人，对自身、对国家应尽的义务。这是他在公元前四十四年的秋天，同时也是他在普托里的秋天写下的他的政治遗嘱、他

---

① 普托里，古地名，今意大利的波佐利，地处意大利西南部的坎帕尼亚平原。

的道德遗嘱。

这篇论及个人与国家关系的著作是一篇遗嘱，是一个被黜免和弃绝一切激情的人最终的报答之词，这篇著作的谈话证明了这点。《论义务》是写给他儿子的，西塞罗向他的儿子坦率地承认，他不是出之冷漠而退出公众生活，而是因为他作为自由的有识之士，作为罗马共和国人，他要保持他的尊严和荣誉，不能去为一个独裁者服役。

“只要这个国家还被那些由他本人所选出的人执掌，那我就要把我的力量和我的思想贡献给国家。但是，自从个人独裁统治一切，那就不再有公众服务的或者权威的空间了。”

自元老院被废除，法庭被关闭，他那保持的几分自重还能在元老院或者在论坛上找到什么呢？直到现在，公众活动和政治事务剥夺掉他太多自己的时间了。“写作的人无暇安逸”[①]，他从没有用严谨的形式写下他的世界观。但现在，他被逼得无事可做，那他至少要在西庇阿[②]对他自己说的那句伟大名言的意义上，去利用这个机会，“当他无事可做时，他从没有事情做得如此之多，当他孤身独处时，他从没有感到寂寞如此之少”。

西塞罗向他的儿子阐发的关于个人与国家之间的思想在许多方面不是新的和原创的。它与他所读的与所抄录下来的是联系在一起的：在六十年里，一个雄辩家不会突然就成为一个诗人，一位编纂者不会突然就成为一位首创者。但是西塞罗的观点，这次借助悲戚和痛楚发出的声音赢得了一种新的激情。在血腥的内战

① 此处的原文为拉丁文：Scribendi otíum non erat。

② 西庇阿（约前 185—前 129)，这里指小西庇阿，古罗马名将、演说家，大西庇阿长子的养子。罗马人授予他“阿非利亚的西庇阿”的称号，爱好希腊文艺，庇护希腊学者、文人。

和在权贵集团和党派帮伙为政权而厮杀的时代里，一位真正有才智的人，又一次——在这样的时代里总只是个别人——梦想借助道义与和解去恢复世界永久的安宁。

只有正义和法律才是国家值得尊敬的基石。权力必须由心地诚实的人，而不是由那些煽动家来掌握，这样，法律在国家才能得到维护。任何人都不允许把他的个人意志和他的专擅妄为强加给人民，拒绝服从那些从人民手中夺走政权的野心家，这是每一个人的义务。作为一个不屈不挠的独立的人，他断然拒绝为每一个与独裁者沆瀣一气的团伙和在他的统治下服务。

西塞罗论证，暴政统治强暴任何法律。当个人不是从其公职中谋取个人益处，在任何公众团体中都排除个人的私利，真正的和谐才能在一个共同体中产生。只有当财富不在奢侈浪费中被消耗殆尽，而是被掌管起来，转化为精神文化和艺术文化时，只有当贵族放弃他们的傲慢，平民不受那些煽动家蛊惑，把国家出卖给一个党派，并要求自己的天然权利时，这个共同体才是健康的。正如所有人文主义者都是折中之道上值得称赞的演说家一样，西塞罗要求消除对立。罗马不需要苏拉[①]，不需要恺撒，也不需要格拉古们[②]；独裁是危险的，革命也同样是危险的。

西塞罗所说的很多此前在柏拉图[③]的《理想国》[④]中可以找到，

---

① 苏拉（前138—前78），古罗马统帅，独裁者。

② 格拉古们，指古罗马格拉古兄弟，（兄：提比留·森普罗尼·格拉古，前162—前133；弟：盖约·森普罗尼·格拉古，前153—前121），皆为古罗马政治家，兄实行土地法，弟实行粮食法。

③ 柏拉图（前427—前347），古希腊伟大的哲学家，西方哲学乃至整个西方文化最伟大的哲学家和思想家之一。

④《理想国》，柏拉图的名作，是柏拉图的重要对话录，以苏格拉底之口通过与他人对话的方式设计了一个真善美相统一的政体，即可以达到公正的理想国。

此后又可以在卢梭[①]和所有理想的乌托邦[②]主义者那里读到。但是，他的这份遗嘱如此惊奇地超越他的时代，是那种新的情感，在基督教诞生前的半个世纪之前，在这里第一次提到了人文主义的情感。

在一个极为野蛮的残暴时代，一个恺撒在占领一座城市时甚至还让人砍掉两千俘虏的双手，刑讯拷打和角斗厮杀、十字架死刑和杀戮都成为每天司空见惯的事。就在这样的时代里，西塞罗是第一个也是唯一对每一种暴力的滥用都提出了抗议的人。

他谴责战争是野蛮人的手段，他谴责他自己民族的军国主义和帝国主义，谴责对行省的盘剥豪取，唯一要求只借助文化和道义，而从不用刀剑让别的国家归属罗马国。他激烈地反对对城市的破坏、蹂躏，他要求——这在当时的罗马是一种荒诞的要求——甚至是对不受法律保护中最不受法律保护的人——奴隶——给予宽容和善待。

他用先知的眼光看到罗马的衰亡，这是它的过速胜利和它的不健全得只通过军事开疆拓土的结果。自从苏拉开启了民族战争以来，人们就只知掠夺，而在国内，甚至正义都已丧失殆尽。当一个民族用暴力剥夺另一些民族的自由时，它同时也在神秘的复仇中失去了他自己神奇的力量。

当军团在野心勃勃的将领们率领下向帕提亚[③]和波斯，向日尔曼尼亚和不列颠，向西班牙和马其顿进军，去为一个帝国贪得

---

① 卢梭（1712—1778），法国启蒙思想家、哲学家、教育家、文学家，其在著作《论人类不平等的起源和基础》和《社会契约论》中阐发的政治思想对法国大革命产生过重要影响。

② 乌托邦，即空想的国家，乌托邦主义为空想社会主义。

③ 帕提亚，亚洲西部的古国，位于里海东南，相当于今伊朗东北部。公元前一世纪罗马人入侵帕提亚，公元前五十三年，拉苏率七个军团出兵帕提亚。

无厌的疯狂效力时，在这里响起一个孤独的声音，对这种危险的胜利提出抗议。因为他看到，掠夺战争所播下的血腥的种子，收获的是血腥的内战。这个人类没有实权的代言人，向他的儿子提出庄严的恳求，把人的共同合作尊为最高和最重要的理想。

这个长时间身为雄辩家、律师和政治家的西塞罗，为了金钱和荣誉，无论是为一件坏事还是一件善事，他都曾以同样的勇气去为之辩护，甚至本人去钻营每一种能为他带来财富、荣誉和民众的欢呼声的公职。现在，在他生命的秋天，他终于清醒地认识到这一切了。就在他的生命即将终结的时候，西塞罗直到这时为止，还只是一个人文主义者，现在他成了人文主义的第一位律师。

西塞罗在他的偏僻寓所里平静而安闲地为一个道德国家的宪法的内容和形式深思熟虑，此时，罗马国已陷入日益增长的不安。

元老院还一直没有做出决定，民众也没有做出决定，是称赞还是流放杀害恺撒的凶手。安东尼在准备对布鲁图和卡西乌进行战争，意想不到的是，一个新的要求继承王位的人出现了——屋大维①，恺撒指定此人是他的继承人，他现在要来继承这笔遗产。

他刚一抵达意大利，就写信给西塞罗，请求他的支持，但与此同时，安东尼也向西塞罗提出前往罗马的请求，布鲁图和卡西乌从他们的营地也同样向他发出召唤。

他们都在向这个辩护人讨好、奉承，要他来为他们辩护，他们都在拉拢这位著名的法律老师，要他把他们的不法行为说成是合法举动。他们这些人出于一种正确的本能，如所有那些要得到权力的政治家样，只要他们还没有得到权力，就总是要才智出

① 屋大维（前63—14），是恺撒的姐姐尤里莉娅的女儿的儿子，恺撒在遗嘱中把他收为养子。

众的人作为自己的支柱。一旦得手，随后就蔑视地把他们用脚踢开。西塞罗若还是像从前那样是一个虚荣的、野心勃勃的政治家，那他就会误入歧途。

但西塞罗变得半是疲惫半是聪明，这两种情感经常都是危险的。他知道，现在只有一点是急需要他做的：在他的有生之年完成和整理他的著作，梳理他的思想。像奥德修斯[①]堵上他内心的耳朵，避免听到女妖[②]的歌声一样，他对这些权势人物的召唤充耳不闻。他对安东尼的，对屋大维的，对布鲁图和卡西乌的呼叫都置若罔闻，甚至对元老院和他的朋友也是如此：言辞胜于行动，一人独处要比在帮派中间更为聪明，他就在这样的心境中不断地，不断地写他的书，预感到这将是他同这个世界诀别的遗言。

当他完成了他的遗嘱时，他才举目四望。这是一种心绪恶劣的苏醒，他的国家，他的故乡，正处于内战的边缘。安东尼掠取了恺撒的国库，毁坏了神殿，他用偷来的金钱，成功地招募雇佣军。但是有三支军队对抗他，他们都武器齐备：一支是屋大维的，另一支是雷必达[③]的，第三支是布鲁图和卡西乌的。和解和斡旋已经太迟了，现在必须决个胜负，是被安东尼主宰罗马的一个新的恺撒统治，或者是共和国继续存在。现在每个人都必须在这个时刻做出决定。就是这个最谨慎从事，最小心翼翼的马库斯·图留斯·西塞罗，尽管他一直都在寻找平衡，超越党派，或者在它们中间犹豫不决、摇摆不定，也必须要最

---

① 奥德修斯，荷马史诗《奥德赛》中的主人公，是希腊城邦伊塞卡的国王，特洛伊战争中希腊联军的领袖之一，曾献木马计，使希腊联军获胜，后遭到天神惩罚，使他在回家途中漂流大海十年，历尽艰险。

② 女妖，半人半鸟半人半鱼的女海妖，以迷人的歌声诱惑过往的水手，使驶近的船只触礁沉没。

③ 雷必达（约前 90—约前 13），古罗马政治家，恺撒遇刺后参加安东尼阵营。

终做出决定。

可事出意外，自从西塞罗把他的《论义务》，也是他的遗嘱留交给他的儿子之后，出于对生命的蔑视，仿佛一种新的勇气充溢全身。

他知道，他的政治生涯，他的文学活动已经结束了。凡是他要说的，他都说了，他还要经历的，已经屈指可数了。他老了，他完成了他的著作，这微不足道的余生还值得去保卫吗？就像一只疲于逃命的动物一样，当它知道狂吠的猎犬就紧跟在身后时，它就会突然掉转身来向猎犬迎头撞去，求得尽快结束这场追逐；于是西塞罗大无畏地怀着必死的勇气又一次投身斗争之中，站到危险的位置上。成年累月，他使用的是他沉默无语的笔，现在，他又启用起雷斧剑石般犀利的演说，掷向共和国的敌人。

令人惊悸的演出：十二月，这位头发灰白的老人重新站在罗马的广场上，再一次向罗马民众大声疾呼，又一次光荣地显示出先辈们的尊严，他发表十四篇《反腓力辞[①]》，尖厉地反对拒绝服从元老院和民众的篡位者安东尼——他完全知道徒手去反对独裁者意味着怎样的一种危险——这个独夫已经把他嗜血成性的军团集结起来，准备行动。但是，谁是第一位站出来大声疾呼的人？那他就要有坚定的力量，并显示出榜样的勇气。西塞罗知道，他不能像昔日那样，在这个广场上用温文尔雅的言辞去战斗，这次是为了他的信仰献出他的生命。

从演讲台上，他发出铿锵有力的声音：“当我是一个年轻人时，我保卫过共和国。尽管我已经变老了，但我不会弃它不顾。

① 反腓力辞，古希腊政治家和雄辩家狄摩西尼斥责马其顿国王腓力二世的演说辞，后用来比喻义正词严的演说或文章。

我已经准备好了，如果这座城市通过我的死亡而能重新获得自由的话，那我乐于献出我的生命。我唯一的愿望，是可以用我的死换得罗马民众的自由。不朽的众神赐予我没有比这更大的恩宠了。”他斩钉截铁地说，“现在已不再有时间与安东尼谈判了，人们必须支持屋大维，尽管这个人是恺撒的血亲和继承人，但他代表共和国的事业。事关神圣的事业，不再计较个人。事业最终和最特殊的决定权：为了自由。但凡是在这种神圣的自由受到威胁的地方，游移不定便是毁灭性的。”

这位和平主义者西塞罗，要求共和国的军队对抗独裁者的军队，他像他后世的学生伊拉斯谟[①]一样仇恨暴乱，仇恨内战超越一切。他提议，国家进入戒严状态，剥夺篡位者的公权。

自从他不再是令人怀疑的审判案中的辩护人，而是一项崇高事业的律师以来，西塞罗这十四篇演说词确实是精彩非凡，慷慨激昂。

“即使其他民族愿意生活在奴役之中，”他向他的同胞呼喊，“我们罗马人也不愿意。如果我们也不能拥有自由，那就让我们去死。”即使国家真的走到它最终的衰亡，这个统治全世界的民族也应当像身为奴隶的角斗士在竞技场里所做的那样：宁愿面对敌人而死，而不愿被拽去杀掉。宁愿尊严地去死，也不愿耻辱地苟活。

元老院惊恐地在细心倾听这篇《反腓力辞》，集聚起来的民众也在细心倾听。一些人或者在想，在广场上说出这样的言辞可能是几个世纪以来的最后一次。不久，人们在那里更多的是在皇

① 伊拉斯谟（约1466—1536），荷兰人文主义学者，欧洲文艺复兴运动中的重要人物，著有《愚人颂》。

帝的大理石雕像前奴隶般地卑躬屈膝，在恺撒帝国，被允许的只有谄媚者和告密者阴险地窃窃私语，而不是言论自由。一阵惊恐令听众骇然，对这个老人半是恐惧半是惊羡，他孤独地，以一个绝望者的勇敢，一个内心怀疑者的胆量，去保卫思想者的独立和共和国的权利。他们迟疑地对他表示赞同。但就是演说的火焰，也不能再使罗马人为之骄傲的业已腐朽的躯体燃烧起来。就在这个孤独的理想主义者在广场呼吁牺牲精神的期间，在他的背后，卑鄙的掌权者正与军团缔结了罗马历史上最无耻的协定。

就是这同一个屋大维，西塞罗把他誉为共和国的保卫者，就是这同一个雷必达，西塞罗曾因他为罗马人民建立的功勋而要求建立一座雕像，这两个人为了消灭篡位者安东尼，都离开了罗马，集结力量。可现在，两人却宁愿完成一笔私人交易。这三个军队首领中任何一个人，不管是屋大维，还是安东尼，或是雷必达，都不能单独一个人把罗马国家作为战利品，一人独吞。这三个死敌达成了协议，最好是私下瓜分；罗马一夜之间，三个渺小的“恺撒”便取代了一个伟大的恺撒。

这是一个历史性的时刻，这三位将军拒绝服从元老院，蔑视罗马人民的法律，而自行去组成他们的三人同盟，并把一个涵盖地球三大洲的巨大帝国作为廉价的战利品进行瓜分。在一个靠近博洛尼亚，雷洛河和拉维诺河交汇的地方，搭建起一座帐篷，三个匪徒就要在这里会见。

不言而喻，没有一个不可一世的战争英雄会信任另一个。他们在各自的公告里称对方是骗子、无赖、篡位者、国家的敌人、强盗和窃贼，人们无法弄清楚他们之中哪一个更为卑鄙无耻。对于这几个权欲熏心的人来说，重要的只是权力，不是信念，只是掠夺，不是荣誉。

这三个伙伴极为小心谨慎，一个接着一个来到会谈的地点；这几个未来世界的统治者彼此证明，他们之中没有一个能使用武器来杀害新的同盟伙伴，随之，他们面带微笑，友好地相望，并共同踏入帐篷，未来的三巨头同盟就在这里结成和建立起来。

安东尼、屋大维和雷必达在这座帐篷里停留了三天，没有任何证人在场。他们只有三件事要做。

第一件，他们怎样分配这个世界，他们很快达成了协议，屋大维得到阿非利加和努米底亚[①]，安东尼得到高卢，雷必达得到西班牙。

第二个问题，如何轻而易举地筹到一笔款，他们拖欠军团和帮伙的钱已有数月之久了。根据一种多次仿效的办法，这个困难很快便迎刃而解：简单地就在国内抢夺富豪的财产，且同时就把他们清除掉，这样他们就不会大声抱怨了。三个人心安理得地坐在自己的桌子旁写下一份黑名单（一份被蔑视者的名单通告），上面有两千名罗马富豪的名字，这其中有一百个元老院的成员。这三个人，每人都提出自己认识的富豪的名字，还有他们的私敌和反对者。经过短暂的磋商、改动，这个新三人同盟在领地划定解决之后也完全解决了经济问题。

现在谈到第三个问题。谁要是建立一种独裁，为了使其统治巩固长久，首先就必须使独裁政权永远的敌人沉默不语——他们是独立的人，是那种无法根绝的乌托邦，精神自由的捍卫者。在这份最终敲定的名单上的第一个名字，是安东尼提出的马库斯·图留斯·西塞罗。安东尼太熟悉这个人的真正本性了，径直地提出了他的真名实姓。他比所有人都危险，因为他有一种精神力量

① 努米底亚，北非古国，处在今阿尔及利亚东北部。

和一种要求独立的意志。此人必须清除掉。

屋大维怔然，他表示拒绝。作为一个年轻人，他还没有变得完全冷酷无情，还没被政治的奸刁阴险完全毒化，他还羞于用清除意大利最著名作家的手段来建立他的统治。西塞罗曾是他最忠实的辩护人，曾在民众和元老院里赞扬过他；最近，几个月前屋大维还对他的帮助、他的忠告谦卑地表示感激，并毕恭毕敬地称他为自己“真正的父亲”。屋大维感到羞愧并坚持反对。出于一种对西塞罗敬重的本能，他不愿意把这位拉丁语最显赫的大师交给雇佣的杀手，捅上卑鄙的一刀。

但是安东尼坚持，他知道精神和暴力永远是敌对的，对独裁者而言，没有人比大师的言辞更危险。为了西塞罗这颗头颅进行了三天的争论。最后，屋大维屈服了，就这样用西塞罗的名字结束了也许是罗马历史上最卑鄙无耻的一份文件。有了这样一份不受法律保护的名单，共和国的死刑判决书才能真正签署生效。

西塞罗在得知他从前的三个死敌联合起来的时刻，他就知道他失败了。他清楚，他成了安东尼不受保护的猎物，他曾用炽烈的言辞揭露其人各种卑劣的本能，权欲的、虚荣的、残忍的和寡廉鲜耻的，怎能希望从这样一个血腥暴力的人那里得到恺撒的宽容大量呢！可就这样一个人，莎士比亚毫无道理地把他抬高为一个才智之士[①]。西塞罗要想救自己的命，唯一可行的方法就是迅速逃亡。西塞罗必须到希腊，去布鲁图、去卡西乌、去加图[②]那里，逃进共和国最后的自由军营。

---

① 莎士比亚于一六〇七年创作的悲剧《安东尼与克利奥佩特拉》，把他描写成一位勇敢的将军。

② 加图，此处茨威格有误。小加图（前95—前46），罗马共和派政治家，反对庞培，后兵败自杀。西塞罗出逃时，小加图业已死亡。其父大加图亦是罗马政治家。

在这里，他至少不会被派来的凶手杀害。这个不受法律保护的人实际上已做出二次、三次决定了，准备出走逃亡。他一切准备停当，通知了他的朋友，他已乘船开始上路。但西塞罗总是一再地中断行程；谁要是认识到流亡的颠沛流离，那他甚至在危险之中，也会感受到对故乡土地的至爱，感受到在永久逃亡之中没有尊严的生活。一种远离理性，甚至是对抗理智的意志力逼使他把自己交付给等待他的命运。这个变得疲惫不堪的老人渴求从他最后的生命中得到一两天的休息时间。这只是因为他要静心沉思，要写几封信，要读几本书，随后就听天由命，顺其自然。

在这最后几个月里，他时而躲在一家庄园、时而躲在另一家庄园。一旦危险来临，总是不断改变地点，但没有一次能完全躲掉。就像一个发烧的病人不断改换枕头一样，他不断地改变这种半明半暗的蔽身之处，他既没有完全果断地去面对他的命运，也没决定去规避它；他好像用这种等待死亡的心态无意识地去完成他在《论老年》中写下的生活准则：一个老人既不可以寻求死亡，也不能去拖延死亡；它总会在某个时候到来的，必须泰然地去接待它。对于一个神志坚强的人来说，不存在什么耻辱之死。

就是在这种意义上，在逃向西西里的中途，西塞罗突然命令他的随从再一次掉转船头返回充满敌意的意大利，在卡伊埃塔，即今天的埃登塔，着陆上岸，他在那里有一座小庄园。

一种疲倦，不仅是四肢的，是神经的疲倦，还是生命的疲倦，一种对死亡、对大地的充满神秘怀念之情主宰了他。他又一次呼吸故乡的甜蜜空气，并进行告别，同这个世界告别，哪怕只有一天或一个小时，那他也要安下心来休养生息！

刚一登陆，他就敬畏地向神圣的家庭守护神拉伦顶礼有加。他累了，这位六十四岁的人，海上之行令他精疲力竭，于是他躺倒在卧室里，闭上双眼，在安适的睡眠中去享受长眠之前的短暂快乐。

但西塞罗刚一躺下，一个忠实的奴隶就冲了进来。在附近发现了一些可疑的身带武器的人。一段时间，他一直十分善待的一个管家，为了一笔钱向杀手出卖了西塞罗停留的地点。西塞罗想逃跑，快点儿逃跑，早就准备了一抬轿子，那些家奴要武装起来保卫他，通过一条捷径就能来到船的停泊处，只要上船就安全无虞了。

但这个精疲力竭的老人拒绝了。“算了吧，”他说，“我累了，不逃了。我累了，不活了。让我就在这个地方，这个我曾拯救过的地方死去。”但这个忠实的老仆人说服了他，武装起来的奴隶抬着轿子穿过一片小树林，绕道直奔小船。

但是他家中的那个叛徒却不想白白地失去这笔告密的钱，他大声喊来一个百人队长，召集几名士兵。他们向那批猎物追去，穿过森林，及时赶到。

武装起来的奴隶立即护在轿子的四周，准备进行抵抗。可西塞罗却命令他们镇静下来。他自己的生命已经走到尽头，这些陌生的和年轻的人还要为此牺牲？在这最后的时刻，这位永远犹豫不决，永远彷徨不定，并且难得勇敢坚强的人，他什么都不怕了。他感到，他作为罗马人只有在这最后的考验里能凛然无畏地面对死亡。

他的仆人按他的命令退让了。他没有武器，没有反抗，把他灰白的头颅向凶手伸了过去，从容不迫地说了一句话：“我一直知道，我会死的。”但凶手不要哲学，而是要报酬。他们不会犹豫太久。百人队长强力的一砍击倒了这个没有抵抗的人。

马库斯·图留斯·西塞罗就这样死了，这位罗马自由最后的辩护人，在这个最后的时刻里，他表现得比他此前生活的千百万个小时更为英勇、更为刚强、更为坚定。

紧接着，这场悲剧是血腥的狂欢丑剧。恰恰是安东尼指挥了这场迫不及待的谋杀，凶手们猜想到了这颗脑袋必然有特殊的价值——他们估量的自然不是世界和后世精神结构上的价值。为了毫无争辩地拿到奖赏，完成执行命令的实证，他们决定亲自把西塞罗的头颅带到安东尼的面前。于是匪首把头颅和双手从尸体上砍了下来，塞进一个口袋里，把这个还滴着被害者鲜血的口袋背在肩上，疾奔罗马，好获得独裁者的欢心。罗马共和国最杰出的保卫者就以这样普通的方式被除掉了。

那个小匪徒，这群匪徒的头头计算得十分周到。那个大匪徒，这次谋杀的下令者，为了这次恶行所带来的喜悦，付出了高额的奖赏。他让人掠夺和杀害了罗马两千名富翁，安东尼终于能慷慨解囊了。就是为了一个装有西塞罗被砍下的双手和遭到毁坏的头颅的血淋淋的口袋，他付给了百人队长白花花的一百万塞斯特。但是安东尼的仇恨仍一直难消，于是这个嗜血者的狂暴仇恨又使他想出了给死者一种别样的羞辱。意想不到的，这件事却使他自己留下千古骂名。安东尼命令把西塞罗的头颅和双手悬于讲演台上方，西塞罗曾在这里向台下的民众呼吁反对安东尼，保卫罗马的自由。

翌日，一场卑劣的戏剧在等待罗马民众。在西塞罗做过不朽演讲的演讲台上方，挂着这颗最后的自由辩护士被砍下的头颅。一颗笨重生锈的铁钉贯穿过他的额头——数以千计的思想就是从这里涌出的；双唇苍白而痛苦地合一起，比拉丁语言中所有那些闪闪发亮的词句更加绚丽多彩的言辞就是从这里成形；青色的眉毛遮住了眼睛，就是这双眼睛六十年来一直在警卫共和国；双手无力地伸张开来，就是这双手写出了这个时代最文采斐然的书信。

这位伟大的演说家，曾在这个讲台上控告过野蛮、暴政、无法无天，而现在，他那沉默的、被谋杀者砍掉的头颅如此雄辩地反对非法的暴力，任何控告都无法与此相比。民众小心翼翼地拥在被亵渎了的演说台四周，他们心情恶劣，面带愧容，他们重又站立两侧。没有一个敢谈一个不字，这是独裁专政！但是一阵痉挛在挤压他们的心脏，他们的共和国被钉在十字架上，它的这幅悲剧性的象征图画令他们惊恐地垂下了双眼。

（高中甫　译）

# 梦的破灭

威尔逊[1]在巴黎和会上
一九一八年十二月十三日至一九一九年四月十五日

❖

一九一八年十二月十三日，伍德罗·威尔逊总统乘巨大的战舰“乔治·华盛顿”号前往欧洲大陆。迄自世界肇始至今，还没这样一艘船、这样一个人被成千上百万人怀着如此之多的希望在翘首期盼。欧洲各国四年来在嗜血厮杀，它们相互杀死了成千上百万名它们最优秀的、风华正茂的青年，用机枪、用大炮、用火焰喷射器和毒气弹，四年来它们相互之间说的话和写的文字只是仇恨和恶毒的攻击。

但是所有被煽动起来的激愤无法使人们心中一种神秘的声音沉默下来：它们所做的和它们所说的都是荒谬的，都是对我们这个世纪的一种亵渎。所有这些数以百万计的人，不管是意识到还

① 威尔逊（1856—1924），美国第二十八任总统，第一次世界大战期间，他提议建立国际联盟的主张，并于一九一八年一月提出“公平和持久和平”的十四点纲领。在巴黎和会上，他提出的和约草案几经周折方被接受，但在国内却遭到各方反对，最终经过公民投票，修改后通过。他吁请公众支持的国际联盟，但结果却是提出国际联盟原则的美国却不参加。一九二一年他再次竞选总统失败，同年十二月他被授予诺贝尔和平奖。一九二四年二月三日，他在睡眠中逝世。

是没有意识到，私下里都知道了，人类已经跌回到未开化的和早已消失的野蛮世纪。

这是从世界的另一部分，从美国传来的一种声音，它清彻地响在硝烟弥漫的战场上空，提出了要求："永远不再有战争。"永远不再有分裂，永远不再有罪恶的秘密外交——正是这种外交把既不知情也不情愿的人民大众驱向屠宰场，要求一个新的和更美好的世界秩序。"依法执政，其基础是被治理者的赞同，并得到人类有组织的舆论支持。"

令人惊奇的是，在所有国家和语言中，人们立即理解了这种声音。战争，昨天还是为了一片领土，为了边界，为了原料和矿藏而进行战争，突然间就有了一种更为高尚的，一种几乎是宗教的意义：永远的和平、公正和人道主义的救世主[①]国家。骤然间，成百上千万人的鲜血不再无辜地流淌了；遭受苦难的这样一个族类，因此就不再在我们的地球上受苦受难了。

被一种信赖的狂喜所主宰，数以百万计的声音在呼喊一个人，这个人就是威尔逊，他要使胜利者和被战胜者和解，从而缔造一种公正的和平。他，威尔逊，另一个摩西[②]，让陷于迷途的各个国家坐在一起建立一个新的联盟。

在很短的几周之内，伍德罗·威尔逊的名字就变成了一种宗教的，救世主的力量。街道、建筑物和孩子以他的名字命名。每一个处在困境或感到受到歧视的国家都向他派出了自己的代表；数以千计的内含建议、请求、期盼的书信和电报，从地球五大洲纷至沓来，其中还有整箱整箱地装在船上，驶向欧洲。整个

① 救世主，基督教徒对耶稣基督的称呼。

② 摩西，见《圣经·旧约·出埃及记》，犹太人的古代领袖，他率众逃出埃及，在西奈山接受上帝的十诫，并演示给犹太人。

欧洲、整个地球都异口同声地要求这个人做他们争吵的最终仲裁人，达成他们梦寐以求的最终和解。

威尔逊不能抗拒这种呼声。他在美国的朋友劝他不要亲自前来参加这次和会。作为美利坚合众国的总统，他负有义务，不能离开他的国家，最好是从远地来领导进行谈判。但伍德罗·威尔逊不为所动。对他说来，即使是他的国家的最高尊严——合众国的总统职位，与这项要求他履行的任务比起来，也是无足轻重的。

他要为之服务的不是一个国家、一个大洲，而是整个人类；不是为了一个瞬间，而是为了一个美好的未来。他要代表的不是狭隘的美国利益，因为“利益不能使人团结，利益使人分裂”，他代表的是所有人的利益。他觉得，他本人必须十分警觉，不能让外交家和军人再次控制民族的激情，人类联合起来，对他们险恶的职业就意味着敲响了丧钟。他本人必须是保证人，逼使与会人说出的话是人民的意志，而不是他们领袖的意志，面对世界，他们在这次，人类最后一次也是最终一次的和会上说的每一句话应当是堂堂正正、光明磊落的。

威尔逊站在船上，望着从雾霭中显露出的欧洲海岸，它模糊不定、欲隐欲现，就像他自己那个未来各国人民博爱的迷梦一样。他立起身来，一个身材魁梧的男人，面庞刚毅，眼镜后那双眸子锐利清澈，下颚前突，是美国式的，强劲有力，但肥厚的双唇紧闭。

他是基督教长老会牧师的儿子和孙子，他身上有父辈和祖父辈人的严厉和狭隘，对于他们说来只有一种真理，他们笃定地只知道一种真理。在他的血液和加尔文信仰的热情中充满了虔诚的苏格兰和爱尔兰先人的渴求，他从领路人和导师那里得到了拯救罪孽深重的人类的任务，在他的身上，异教徒和殉难者固执的理念在顽强地起作用。他们宁愿为了他们的信仰而焚身，也不愿离开圣经退让半步。

对他，一个民主主义者、一个学者而言，人性、人类、自然、和平等概念不是冷冰冰的字眼，而是他父辈们的福音书；对他而言，不是意识形态的和空洞的概念，而是宗教的信条。他决心去保卫这信条中的每一个字、每一个词，像他的祖辈去保卫福音书一样。他进行过许多战斗；他感觉到了，正如他望到的这片欧洲国土在他眼前越来越清晰一样，这将是一场决定性的战斗。他的肌肉不由自主地紧张起来，“为新秩序而斗争，我们能够取得一致，我们必然会有分歧”。

但不久，他眺望远方目光中的严峻和缓了下来。布列斯特港仅是按照联邦共和国总统的规格用礼炮和旗帜欢迎他、尊敬他；但是从岸上爆发出来的对他的欢呼声，他觉得，这不是台面上的、组织起来的接待，而是整个民族火一般的激情。

凡是列车经过的地方，每一个乡镇、每一个村庄、每一幢房屋，都挥动希望的旗帜。向他伸出双手，在他四周响起了震耳欲聋的呼喊声。当他穿过香榭丽舍大街时，热情的声浪从马路两侧形成墙壁的人群上方翻腾起来。巴黎人民，法兰西人民是欧洲远处每一个国家人民的象征，他们喊叫，他们欢呼，他们向他表达他们的希望。

他的面容越来越放松下来，他露出了他的牙齿，绽放出一种自由的、一种幸福的、一种几乎是陶醉的微笑。他向左边、他向右边挥动帽子，好像他要向所有欢迎者，向整个世界致意似的。是的，他做对了，自己前来这里；只有鲜活的意志才能取得对僵冷的法律的胜利。一座这样幸福的城市，一个充满热望的人类，他难道不能，难道不应当永远为他们，为所有人劳作吗？还有一夜的时间安下心来和进行休息，随之，明天立即就要开始了，给世界以和平，这是世界千百年来梦寐以求的和平，这是一个为尘世人完成的最伟大的事业。

在法国政府给他安排的宫殿前、在外交部的走廊里、在克里龙饭店、在美国代表团的驻地，挤满了焦急不耐的记者，仅是这一批人就是一支庞大的军队。单是从北美来的就有一百五十人之多，每个国家、每座城市都派来了它们的记者，他们都有参加所有会议要求的入场证。参加所有的会议！因为大会已向世界全体公众郑重做出了许诺，这一次，没有秘密会议或者秘密协定。“十四条纲领”的第一条明文规定：“公开的和平条约，公开的缔结，缔结后不应有任何种类的秘密的国际谅解。”秘密条约要求更多的死者，远比瘟疫要多，它应当通过威尔逊式“公开外交”的新的免疫血清而被彻底根除。

但令这些蜂拥而至的记者们失望的是令人尴尬的推诿、搪塞。当然，他们会被允许参加所有大型的会议，这些公共会议的记录——实际上所有紧要部分都进行了化学式的消毒——会向世界发布，但是，首先还没有得到任何通报。首要的是必须确定谈判程序。失望的记者必然感到一定出现了一些不和谐的问题。但是会议的发言人说的不是完全不真实的。

事关谈判程序，在这个问题上，威尔逊在第一次讲话时，就觉察到协约国四大首脑的反对：不能什么都加以公开，且理由十足。在所有参战国的文件柜和公文包里都装有秘密的条约，确保每一个国家都得它们那一部分和它们的战利品，这都是秘而不宣的私货。为了不致会议事前就爆出丑闻，某些事情首先就得闭起门来磋商和解决。

不仅在会议程序上有分歧，而且也在更深层次上矛盾重重。基本上是一清二楚地分成两派，美国的和欧洲的，立场鲜明，一个是左，一个是右。在这次会议上缔结的不是和平，实际上有两种和平，两种完全不同的和约。一种和平是暂时性的，是现时的，战争要同放下武器被战胜的德国一道结束。与此同时的另一种和平是未来的和平，它应当使未来，战争永远成为不可能。一方要求和平按照古老、严酷的方式，另一方是新的，威尔逊式条款的和平，这是国际联盟要缔结的和平。两种和平哪一种该首先进行谈判呢？

这里，两种观点发生了尖锐的冲突。威尔逊对暂时的和平没有多大兴趣。边界的划定、战争赔款数额都应当基于十四条纲领确定的原则由专家和委员会进行处理。这是次要的工作，是附带的工作，是专家的工作。国家的领导人的任务则相反，是创造新与变，是国家的统一体，是永久的和平。

每一派都极力坚持他们的观点。欧洲协约国理由十足地指责说，经过四年的战争，世界已是精疲力竭，满目疮痍，不能月复一月地等待和平，否则欧洲将会一片混乱。首先，是现实的事情，边界的问题和赔款事宜要解决好，那些还持武器的男人要回到他们的妻子和孩子的身边，稳定货币、恢复贸易和交通，然后在一个巩固的地球上，让威尔逊的海市蜃楼大放光华。

正如威尔逊内心对一种现时的和平不感兴趣一样，克列孟梭[①]、劳合·乔治[②]、索尼诺[③]这些狡猾的策略家和谈判高手，从内心深处就对威尔逊的要求十分冷淡。他们出于政治上的考虑，部分也出于对他发自内心的同情，于是为他人性的要求和理念鼓掌喝彩。因为他们不管是知道还是不知道，一种不谋私利的原则，在他们国家的人民那里会成为一种极富魅力和令人心悦诚服的力

① 克列孟梭（1841—1929），时为法国总理。
② 劳合·乔治（1863—1945），时为英国首相。
③ 索尼诺，巴黎和会时任意大利外相。

量。因此他们准备，用某种弱化和附加条款来讨论他的计划。但是首先是与德国的和平，作为战争的结束，然后是讨论纲领。

可威尔逊本人是个高手，他知道，他们通过拖延，能使一个生机勃勃的要求枯萎和破灭。他自己知道，如何摆脱这些纠缠不休的质问，他不是只因为理想主义才能当上美国总统的。因此他毫不屈服地坚持他的立场，必须先制定国际联盟的章程，他甚至要求，必须逐字逐句写进对德和约中去。

他的要求有机地形成了第二个冲突。因为这些原则的建立对协约国而言，负有罪责的德国预先就得到了它不该得到的未来人道主义原则的奖赏，而就是这个德国侵入比利时，野蛮地侵犯人权，霍夫曼①将军用铁掌在布列斯特立托夫斯克创下了依恃暴力的一个极端恶劣的先例。他们要求，首先是用金钱来清账，然后才谈新规。土地还一片狼藉，整个城市残垣断壁；为了使威尔逊印象深刻，他们要他亲自视察。

但威尔逊，这个不切实际的人，有意地在废墟旁一晃而过。他只望向未来，他忽视被毁坏了的高楼大厦，他要看到的是永远的建筑。他唯一的任务就是，废除旧的秩序，建立一个新秩序。尽管他自己的顾问兰辛②和豪斯③反对，他依然毫不动摇地、顽固地坚持他的要求。首先就是国际联盟的盟约，先是全人类的事业，然后才是各个国家的利益。

斗争十分激烈，充满灾难性地显现出来，耗费了许多时间。伍德罗·威尔逊不幸地耽搁了预先把他的梦的形式固定成型。他

---

① 霍夫曼，德国将军，一九一八年一月，他在布列斯特立托夫斯克与苏俄代表谈判时用拳头猛击桌子，要苏俄必须接受一种强制性的和平。

② 兰辛（1864—1928），威尔逊任总统期间，第二任国务卿。

③ 豪斯上校，威尔逊的私人顾问。

带来的纲领方案没有最终的定本，而只是一个初稿，首先，它得在无数次的会议上，必须加以改动、润饰、强化和弱化。此外，礼仪要求他在此期间前往巴黎，对他的同盟伙伴的国家首都进行访问。于是威尔逊前往伦敦，在曼彻斯特发表演说，前往罗马……

在他离开的这段时间，其他的政治家们根本就没有真正的乐趣和爱心关注方案的进展。一整个多月的时间就这样过去了。在第一次和会召开之前，这一个月里，在匈牙利、在罗马尼亚、在波兰、在巴尔干、在达尔马提亚的边界上不时发生正规军和民兵的战斗，占领边界。在维也纳，饥饿蔓延；在俄国，事态更为尖锐和令人忧心。

但是，甚至在一月十八日举行的第一次和会上也只是理论上确定了，方案应当是和平条约的一个重要组成部分。文件还一直没有定稿，还一直没有在讨论中轮流阅看，从一个政府转到另一个政府手中。

又一个月过去了，这一个月，欧洲陷入极端恐怖的骚动不安之中，越来越迫切地要求一个实实在在的，真正的和平；直到一九一九年二月十四日，停火的三个月之后，威尔逊拿出了国际联盟章程的最后版本，它最终被一致通过。

世界又一次欢呼起来，威尔逊的事业胜利了，未来和平的保证，不是通过暴力和恐怖，而是通过谅解和对一种至高无上的公正的信念得到保证。当威尔逊离开凡尔赛宫时，他受到了暴风雨般的欢呼。他又一次，也是最后一次骄傲地、面带幸福微笑地望向拥在他周围的人群，感受到在这个民族后面的其他民族，它们遭受了那么多的苦难，感受到这一代人后面的一代人，未来的人，由于这项最终的保证将永远不会知道战争的灾祸、签下的屈辱条约和独裁者的专政。

这是伟大的一天，同时也是他幸福的最后一天。因为威尔逊自己毁掉了他的胜利，他过早离开他的战场凯旋了。就在翌日，二月十五日，他返回美国，以便向他的选民，向他的同胞送上这份保证永久和平的大宪章，在他归来之前他签下了另一份，最后的战争和约。

当华盛顿号从布雷斯特启航时，又一次响起了雷鸣般的礼炮声。可是拥挤的人群不是那么多了，也冷淡多了。巨大的充满激情的紧张感，各民族的救世主般的期望已有些冷却下来，因为威尔逊离开了欧洲。

就是在纽约，他受到冷冰冰的接待。没有飞机在归来的战舰上空盘旋，没有暴风雨般的欢呼，他在自己的办公室里、在参议院里、在国会上、在自己的党内、在自己的民众中间，人们向他表示欢迎，但目光里却含着深深的疑虑。欧洲不满意，因为威尔逊走得不够远。美国不满意，因为他走得过远了。欧洲觉得，他远没有达到把各种对立的利益联合在一起，成为普遍的人类利益；在美国，正觊觎下一届总统位置的人选，他的政敌对手在进行煽动，称他没有权力把新大洲与一个骚动不安的、难以捉摸的欧洲在政治上结合得太紧，而这是有悖于国家政策，有悖于门罗主义[①]的。

人们急迫地提醒伍德罗·威尔逊，他不是一个未来梦的国度的创建者，不应当去思考外国的事，而应当首先想到美国人，是他们出于自己的意愿把他选举为总统。这样一来，威尔逊，这个

① 门罗主义，詹姆斯·门罗总统在一八二三年第七次对国会演说的国情咨文中提出的美国的外交原则，表明欧洲列强不应再殖民美洲，或涉足美国与墨西哥等美洲国家之间主权相关的事务。而对于欧洲各国之间的争端，或各国与其美洲殖民地之间的战事，美国则保持中立。相关战事若发生于美洲，美国将视为具敌意的行为。

因欧洲的谈判而精疲力竭的人，必须开始进行新的谈判，同他自己党内的伙伴，同他政治上的对手。

首先，他必须在这座为之骄傲的国际联盟大厦——他认为建立起的这座大厦，是不可侵犯的和无法攻占的——补开一个后门，这是为美国退出这个国际联盟采取的危险性的预防措施。美国在它愿意的时候可随时退出。这样一来，从这座为永恒所设计的国际联盟大厦中挖掉了第一块基石，大墙上的第一道裂缝出现了，它是灾难性的，导致这座大厦的最终坍塌。

但是，尽管有些限制性条款和修正，威尔逊的大宪章像在欧洲一样，也在美国获得了通过，可这顶多算是半个胜利。不像第一次赴欧那样，不再是那么怡然自得，不再是那么自信笃定，威尔逊返回欧洲去完成他的任务的第二部分。

战舰再次驶向布列斯特海港，不再是同样充满希望的目光——他曾用这样的目光望向这片海岸。他变得衰老了，疲倦了，因为他失望了，在这短暂的几周里，他的脸绷得更紧了，变得更僵硬了，在他的嘴部四周流露出一种苦涩和冷峻的表情，他的左额时而抽搐，这是身患疾病的一种闪电性的警告。陪伴医生不错过任何机会提醒他得保重身体。

一场新的，或许是更为残酷的斗争。他知道，贯彻原则比制定原则要更困难得多。但他是坚定的，决不牺牲他的纲领上任何一个条款。不是全有就是全无，不是永久和平就是没有和平。他不再听到上岸时的欢呼声了，不再听到巴黎大街上的欢呼声了，报刊在观望，显得冷淡，人们谨慎和疑虑重重。歌德的话又一次变得真实：“热情不是商品，一次可用百年。”只要时间对他有利，无须忙于利用，只要炽热的铸铁还是软的和可塑的，那就不要忙于按自己意志去锻造：威尔逊让他的欧洲理想计划先僵在那里。

他不在的一个月时间，一切都改变了。与此同时，劳合·乔治与他一样，离开会议前去度假，克列孟梭由于遭到一个暗杀者的枪击受伤，两周不能视事，一些党派的头面人物怀着私利，利用这段混乱的时间，想挤进各种委员会的会议厅里。最强有力和最危险的是来自军人的元帅和将军，四年的时间里，他们一直站在利益的关键点上，他们的话、他们的决定、他们的专横，四年来使千百万人俯首帖耳，唯命是从，他们根本就不愿意退出舞台。

一部纲领就剥夺了他们的权力手段：军队。它要求废除军队义务兵制和所有形式的普遍义务兵制，这威胁到他们的生存。因此，这种永久和平的废话必须无条件地清除，或者把它推到一条死路上去，因为它要剥夺他们职业的意义。他们进行威胁，要求增加军备，而不是威尔逊的裁减军备，要求新的边界和国家的保障，而不是超越国家的解决；人们不能用十四条在空中画出一幅和平的图画，来保证一个国家的幸福，而只能武装自己的军队和解除对手的武装。

在这些军国主义的后面麇集了一群工业集团的头头，他们要使他们的军火工厂运转，中间商要从中赢利；外交家们越来越动摇不定，在他们背后，反对党在威逼利诱，他们每一个人都想为他的国家增加一块沃地，扩展一块领土。

在公众舆论这架钢琴上，灵活的手指按动几次，所有欧洲报纸、美国报纸的帮衬者，各种语言变奏演出同一个主题：威尔逊要用他的胡思乱想拖延和平。他那值得称赞和肯定的充满理想主义精神的乌托邦阻碍了欧洲的稳定。现在再没有时间浪费在道德上的考虑和超道德上的瞻前顾后了！如果现在不立即缔结和约，欧洲将陷入一片混乱。

不幸的是，这些指责并不是完全没有道理的。威尔逊把他的计划设定为几个世纪，可他测定时间的标准与欧洲的迥然不同。四个月、五个月对于他承担的一项实现千年梦想的任务来说，太微乎其微了。但是在此期间，由欧洲东部的黑暗势力所组成的一些自由军团在进军，占领了疆土，整个地区还不知道是属于谁的，该属于谁的。德国和奥地利的代表在四个月后还没有被接纳，在还没被划定边界的后面，民众变得不安起来。种种迹象清楚地表明，明天的匈牙利，后天的德意志，由于绝望会把自己交付给布尔什维克[①]。外交家们催逼，应迅速得到一个结果，缔结一次协定，不管是正当的还是不正当的，便成了当务之急。

首先，要扫清路上的障碍物：第一个障碍就是不幸的国际联盟条约！在巴黎的头几个小时就已经足够使威尔逊看到了他在三个月所建造的，在他不在的一个月里被挖空和危及坍塌的一切。福煦元帅[②]几乎成功地使联盟章程从和平条约中消失，头三个月好像是毫无意义地被浪费掉了。但事到关键的时候，威尔逊显示出钢铁般的坚定，一步也不退缩。

翌日，三月十五日，他通过报纸正式宣布，一月二十五日的协议像此前一样，今后依然有效，盟约将成为和平条约的一个重要的构成部分。这个声明是威尔逊的第一次反击，针对那种要把对德和约建立在协约国秘密达成的条约基础上，而不是以国际联盟章程为依据。

威尔逊总统现在很清楚，就是这些此前还郑重其事尊重民族自决权的强国蓄意要求它们的战利品：法国要得到莱因莱和萨尔

---

① 布尔什维克，意即多数派，一九〇三年，俄国社会民主工党第二次代表大会上，以列宁为主的布尔什维克党宣告成立，后成为俄国马克思主义者的代名词。

② 福煦（1851—1929），第一次世界大战期间任协约国军总司令，后升为法国元帅。

地区，意大利要得到阜姆港和达尔马提亚；罗马尼亚、波兰和捷克斯洛伐克也想得到自己的那一份。如果他不进行抵抗，那和平将再次被烙上拿破仑、塔列兰和梅特涅[①]的印记，而不是按照由他所提出和庄严地被采纳的原则缔结的和平。

在严峻的斗争中，十四天过去了。威尔逊本不愿意法国吞并萨尔地区，因为他把这视为破坏民族自决权的一个先例，其他国家会群起效仿。事实上，意大利的所有要求都是以法国作为榜样的，并威胁准备离开大会。法国报纸煽风点火，布尔什维克在匈牙利势头正旺，协约国有理由称，不久布尔什维克就要在整个世界泛滥开来。就是威尔逊最亲近的顾问豪斯上校和罗伯特·兰辛的抗拒也越来越明显。甚至他从前的朋友也提出劝告，当务之急，鉴于欧洲混乱的现状，应尽快缔结和约，哪怕是牺牲一两个理想的要求。

威尔逊面临一条统一起来的战线，来自美国，由他的政敌和竞争对手所煽动起来的公众舆论在攻击他的后背；某些时刻，威尔逊觉得他已精疲力竭。他的一个朋友承认，仅他一个人无法再长时间坚持下去反对众人。他决定，如果他的意志不能贯彻的话，那他会离开大会。

在这一人反对众人的斗争期间，又来了一个最后的敌人，是来自内部，是来自他自己的身体。在四月三日，恰恰是在血腥的现实和尚未成形的理想之间的斗争处于决定性的时刻，威尔逊无法再保持稳定的状态了。流行性感冒逼使这位六十三岁的人卧床养息。

---

① 梅特涅（1773—1859），奥地利外交大臣和宰相，推行“梅特涅制度”，利用各种势力平衡欧洲形势，建立欧洲“新秩序”，主要目的是维护奥地利的国际地位。

但是时间的紧迫性比他发烧的血液更为强烈，它使病人得不到安歇；灾难性的报告如同从阴云密布的天空不停射出的闪电；四月五日，共产主义在巴伐利亚掌握了政权，慕尼黑成立了苏维埃共和国。处于半饥饿状态和夹在一个布尔什维克的巴伐利亚和一个布尔什维克匈牙利之间的奥地利随时都可能与之合并。这种一人为了大众的责任感随着每一个小时的抗拒也变得增强起来。

人们来到床边，来催促、来逼迫这个业已身心俱疲的人。在病榻邻室，克列孟梭、劳合·乔治和豪斯上校在商榷，他们决定，不惜任何代价，必须得出一个结果。而威尔逊的要求和他的理想就是要付出的代价；现在，所有人都一致要求他必须撤回他的“持久和平”，因为这样的和平关闭了真正的、军事的、物质的和平之路。

但威尔逊尽管精疲力竭，健康受到疾病的损害；尽管他受到舆论的攻击，把和约的迟迟不能签订归罪于他；尽管他烦躁不安，被自己的顾问离弃，被其他政府的代表攻击，但他仍一直不放弃。他觉得，当他把这样一个和约与非军事化的、持久的和与未来的和平相符一致时，当他为了拯救欧洲的“世界秩序”竭尽全力时，他不能言而无信，他只能为这样一个和约去进行有理有据的斗争。

刚一从床上下来，他就采取果断的行动。四月七日，他给华盛顿的海军部发去一封电报：“华盛顿号最早何时能驶向法国布雷斯特港，最快抵达布雷斯特港是什么时间？总统希望这艘船尽快启航。”与此同时向世界宣布，威尔逊总统已指令他的乘船前来欧洲。

这个消息犹如一声霹雳，立即就被理解了。地球上的人都知道了：威尔逊总统拒绝哪怕只是损害国际联盟章程上一个条款的和约，并决定，宁可离开大会也不愿屈服。

一个历史性的时刻到来了，它决定了欧洲和世界几十年甚至几百年的命运。威尔逊在会议的席位上站了起来，随即，一个陈旧的世界秩序崩溃了，混乱开始了，但也许一颗新星从中诞生出来。

欧洲焦急地战栗不安：难道要其他的会议参加者来承担这份责任？难道他自己来承担这份责任？关键的几分钟啊。关键的几分钟。在这一瞬间，伍德罗·威尔逊仍屹立不动，决不妥协，决不屈服，决不要"冷酷无情的和平"，而是"公正的和平"。不是把萨尔给法国，不是把阜姆港给意大利，不是把土耳其肢解，不是民族的迁徙交换。

正义战胜强权，理想战胜现实，未来战胜当前！"正义必须走自己的路，世界应该沉沦"[①]。这短暂的时刻使威尔逊变得伟大，更为伟大，更为人性，是他更为英勇的瞬间：如果他有力量使这瞬间持续下去，那他的名字在屈指可数的真正的人类之友的名册上将永占一席之地，做出了无与伦比的功绩。

但是在这一时刻，这一瞬间之后是这样的一周：各种事务从各个方面涌向他、催逼他；法国的、英国的和意大利的报纸在抱怨他，称这位和平的创造者却由于理论上的和神学的僵化思想而破坏了和平，为一种个人的乌托邦而牺牲了现实世界。甚至对他抱有众多希望的德国，由于受布尔什维克主义迅猛发展的影响，转而反对他。他自己的同胞豪斯上校和兰辛不断恳求他撤回自己的决定，他自己的国务秘书图马尔蒂几天前还从华盛顿发来电报鼓舞他："只有通过总统的勇敢一击，欧洲甚至世界才能得以拯救。"可现在，却通过海底电缆发来电文，因为威尔逊挥动了勇敢的一

---

① 此处原文为拉丁语，据说是斐迪南二世的座右铭。

击，华盛顿陷入一片惶恐："退出和会是不智之举，可能会给国内和国外带来极大的危险……总统应当把中断大会的责任推给原本应负责任的那些人……在这个时候退出会议会被看作是一种逃跑。"

困惑、绝望以及由于这种众口同声的催逼，威尔逊的坚定性动摇了。他环顾四周，没有一个人站在他这一边，在会议大厅的所有人都反对他，在他自己的参谋部里所有人都反对他，那千百万无法显身的人，从远方传来恳求他坚定和忠诚的声音，他却无法听到。

他预想不到，如果他把他的威胁付诸实现，那他的名字将会世代长存；如果他保持忠诚，那他的未来理想将作为一再更新的要求毫无瑕疵地留传下来。他预料不到，他对贪婪、仇恨和愚昧力量说的这个"不"字会产生怎样的创造性的力量。他只感觉到孤孤单单，太软弱无力去承担这最后的责任。

威尔逊就以这种灾难性的方式，慢慢地屈服了。他的倔强软化了。豪斯上校牵线搭桥，各方都做出让步，边界的谈判翻来覆去进行了八天。终于在四月十五日，历史上黑暗的一天，怀着一颗沉重的心和怅然若失的良知，他同意了克列孟梭显然降低了声调的军事上的要求：萨尔地区不是被永远兼并，而只是十五年。

这位迄今一直没有妥协的人第一次做出了妥协，翌日，巴黎报纸上的声调就像一座魔山似的，变得迥然不同。昨天他还被当作是一个和平的干扰者和世界的毁灭者，被大加痛骂，今天却被赞誉为世界上最有智慧的政治家。但是这种赞美对他而言，就像是深入到内心的一种谴责。威尔逊知道，他或许真的挽救了和平，这是短暂的和平。但是基于在宽容精神上的持久和平，这唯一应拯救的和平却错过了、丧失了。荒谬战胜良知，狂热战胜理智。在向一种超越时代理想进行冲锋时，世界被击退了。而他，作为领袖和旗手，输掉了一场决定性的战役，一场反对自己的战役。

在这命运攸关的时刻，威尔逊做得对还是不对，谁能对此予以评说？不管如何，在这历史性的、不可逆转的一天做出了一次决定，它的影响远远超出几十年和几百年，我们将再次用我们的血、我们的绝望和我们软弱无力的困惑为这个过失付出代价。从这一天起，威尔逊的力量，一种在他的时代道义上无可比拟的力量被撕成碎片。他的威望已失去力量。谁一旦做出一次妥协，就再也不能止步。妥协被迫导向一连串新的妥协。

不忠创造不忠，暴力创造暴力。被威尔逊当作是一个完整的梦想和持久的和平变得残缺不全，成为一个不完整的产物，因为它不是在未来的思想上形成的，不是由人道主义精神和理性的纯洁物质制造出来的。失望的，又一次遭到众神遗弃的世界，模糊和迷惘地感受到了：一次唯一的机遇，也许是历史上最攸关命运的机遇，就这样被可怜地浪费掉了。

这个曾被看作是给世界带来福祉的人得到过欢迎，现在回国了，可没有人再把他当作是一个救世主，除了是一个疲惫的、濒临死亡的人，什么都不是。再没有欢呼声陪伴他，再没有向他挥动的彩旗。当战舰离开欧洲的海岸时，这位失败者背转过身去。他拒绝把他的目光朝向多灾多难的欧洲，它几个世纪以来渴求和平和统一，可却从来没有实现。在迷雾中、在远方，人道主义世界永久的梦之图画又一次破碎了。

（高中甫　译）